吕世伦法学论丛

第八卷

法学概论

A General Introduction
to Jurisprudence

吕世伦　编著

黑龙江美术出版社
Heilongjiang Fine Arts Publishing House
http://www.hljmscbs.com

图书在版编目（CIP）数据

法学概论 / 吕世伦编著 . —— 哈尔滨：黑龙江美术出版
社，2018.4

（吕世伦法学论丛；第八卷）

ISBN 978-7-5593-2701-7

Ⅰ.①法… Ⅱ.①吕… Ⅲ.①法学—概论 Ⅳ.① D90

中国版本图书馆 CIP 数据核字 (2018) 第 082843 号

法学概论

A General Introduction to Jurisprudence

编　　著 / 吕世伦

出 品 人 / 金海滨

责任编辑 / 赵立明　王宏超

编辑电话 / （0451）84270530

出版发行 / 黑龙江美术出版社

地　　址 / 哈尔滨市道里区安定街 225 号

邮政编码 / 150016

发行电话 / （0451）84270514

网　　址 / www.hljmscbs.com

经　　销 / 全国新华书店

制　　版 / 黑龙江美术出版社

印　　刷 / 杭州杭新印务有限公司

开　　本 / 710mm×1000mm　1/16

印　　张 / 13.5

版　　次 / 2018 年 4 月第 1 版

印　　次 / 2018 年 5 月第 1 次印刷

书　　号 / ISBN 978-7-5593-2701-7

定　　价 / 88.00 元

本书如发现印装质量问题，请直接与印刷厂联系调换。

探索理论法学之路

（总序）

《吕世伦法学论丛》出版了,此亦垂暮之年的一件快事。值此之际,几十年求法问道的点点滴滴,学术历程中的风风雨雨,不免时常浮现脑海,思之有欣慰也有嘘唏。当年如何与法学结缘而迈入法学的门槛,在浩瀚的法学领域中如何倾情于理论法学,理论法学的教学与研究中所经历的诸般坎坷与艰辛,对自己平生言说作文的敝帚自珍之情,如此等等,都时常萦绕心间。借这套书出版的契机,整理一下思绪,回首自己的学术人生,清贫守道,笔砚消磨,个中冷暖甘苦,或可絮叨一二,喟然叹曰:"著书撰文求法意,一蓑烟雨任平生。"

一、"我是中国人"的觉醒

我的法学之梦是在一种极为特殊情况下形成的。本人出生于甲午战争后被日本军国主义侵占的大连地区。少年时期读过不到两年的私塾,先是接受童蒙类的教育,继而背诵《论语》《唐诗三百首》等。稍长便开始翻看一些信手拈来的古典小说如包公、彭公、施公"三案"书,当代文学小说,"四大才子书"等。尽管很多地方似懂非懂,但读书兴趣愈发深厚,颇有贪婪的劲头。彼时追求的是知识,与政治无关。进小学不久,太平洋战争爆发,学校里不准孩子讲中国话,只许讲日语(叫"国语常用"),否则便会遭受处罚;每周除了上几堂日语会话之外,其余时间便是军训,种地,四处捡废铁、骨头和采野菜,支援"大东亚圣战"。社会上传播的声音,一方面是因不堪忍受横征暴敛、苦工奴役、饥寒交迫、恐怖虐杀而引起的怒吼,另一方面是关内尤其是隔海相望的山东不断流进八路军率领群众抗日壮举之类所引起的欢呼。大连地区迅速变成一座即将爆发的反日火山。我们中间,也与日俱增地盛传鬼子兵必败的消息,背地里玩着诅咒日本的各种游戏。对我来说,这是头脑中第一次萌发反抗外敌压迫的观念。

1945 年 8 月 15 日,我的心灵受到从未有过的巨大震撼,因而这一天成为我永生难忘的日子。那天,我亲眼看到的历史性场景是:上午,日本宪兵、警察及汉奸们还在耀武扬威,横行霸道,民众敢怒不敢言地躲避着他们;而正午 12 点,收音机特别是街心的高音喇叭突然播出"裕仁天皇"宣布日本无条件投降的颤抖声音。顷刻间,人们蜂拥而出,塞满街巷,议论着、欢呼着,脸上挂着喜悦、激动的泪花。大连 42 年被殖民地化和民众被"亡国奴"化的耻辱，一洗而净。大约半个小时之后，鼎沸的人群中响起一片"报仇的时候到了""抓狗腿子去"的喊叫声，瞬间大家三五成群地分散奔跑而去。我们几个小朋友也兴冲冲地尾随大人们四处颠簸，眼瞅着一些又一些"狗腿子""巡捕"从各个角落被揪出来示众和推打；一些更胆大的人则手持棍棒，冲进此前唯恐躲避不及的"大衙门"（警察署）和"小衙门"（派出所）拍桌子、缴枪，而这些往日肆无忌惮的豺狼们，则个个瑟瑟发抖，交出武器，蹲在屋角，乞求给一条活命。

"八一五"这天上、下午之间的巨大反差和陡然引爆的空前的中华民族大觉醒，对我有着决定性的影响，就是使我确切知道了自己是一个中国人。追想起来，几世代大连人的命运，是那样难以表达的不幸。从我懂事的时候起，总听到老人们念叨："这世道，大清国不回来就没个好！"这是由于他们所经历的是大连被沙皇俄国和日本占领，不知道有个"中华民国"，也不知道有个大人物孙中山，而一直没有忘记自己生下来就是"大清国"的子民。

行文至此，我不禁忆起1944年冬天遇上的一件事：一天下午，金州城东街一个墙角处，有位衣衫褴褛、踏着露出大脚趾的鞋子的醉汉坐在地上晒太阳。不一会儿，迎面走来个腰挂短刀的日本警察，用大皮靴狠狠地踢他，问"你是什么人？"汉子被惊醒，连忙回答："我是中国人。"那警察更凶恶地继续踢他，说："我要踢的就是中国人！"汉子赶快改口说："我是满洲国人（指伪满人）。"警察也说不对。汉子显得不知如何应答，便冒出一句："我是日本人。"警察轻蔑地反问："你够格吗？！"还告诫："记住，你是洲人。"（当时日本把大连地区叫做其所属的"关东洲"。）"洲人"，这个怪诞的称呼，包含多少令人心酸苦楚的蕴意。其时，我脑际里随即浮现一种强烈的感受：做一个中国人，做一个有尊严的中国人是多么艰难，又多么值得珍惜啊！

二、马克思主义的启迪

日本投降之后，大连地区一天之间变成无人管理的"无政府"状态。此时，出现了大多数人以前未曾说过、处于秘密状态的共产党与国民党两股力量的争夺战。街墙上贴满红红绿绿的条幅，红色的歌颂共产党、毛主席、八路军，绿色的歌颂国民党、"蒋总裁"、"中央军"。有识者解释，这叫"标语"。1945年8月22日，在居民的欢迎下，苏联红军进驻大连，社会秩序有了个支撑点。但苏军却并不怎么管事，其欠佳的纪律又造成新的秩序问题。当时，更醒目的现象是，猛烈的意识形态争夺战展开了。一方面，莫斯科国家外文出版局中文版的马列书籍大量输入，而且大都是漂亮的道林纸的精装本，堆满街道，几乎不要用钱购买。其中，我印象最深的有《马克思恩格斯选集》《列宁文选》（上、下集）、斯大林的《列宁主义问题》、《联共（布）党史简明教程》及《1936年苏联宪法》（又称"斯大林宪法"）等，还有不少马克思主义经典著作的单行本。继而是刚刚闭幕的中共"七大"文献，如毛泽东的《论联合政府》、刘少奇的《论党》、朱德的《论解放区战场》。另一方面,国民党则以"正统"自居,兜售蒋介石的《中国之命运》和一个日本人写的《伟大的蒋介石》等几本书。当时,我面对这些令人眼花缭乱的各类书籍,感到非常好奇,尽力收集,而且勤奋阅读,细心琢磨。不用说,许多东西看不懂,但慢慢也大概知道什么叫马克思主义、列宁主义、社会主义与共产主义;而毛泽东的著作通俗易懂,讲的又是中国的事,读之更觉亲切。当然,作为一种先进的博大精深的意识形态体系,不会那么容易就能把握,遑论尚处在幼稚时期的人。但我确信它是真理,内心里希望追随它。由于这个缘故,便自觉地按照中共党组织的号召行事。当时主要围绕三个主题进行宣传活动:第一,拥护党组织领导的"人民政府";第二,中苏友谊,向苏联"老大哥"学习;第三,解放战争的胜利。我还曾参加过金洲皮革厂"职工会"的成立工作,在城墙上刷大标语,在北城郊"山神庙"的外墙壁上办黑板报。1947年进入中学之后,担任校学生会学习部部长与校通讯组组长,组织各年级喜欢写作与思想进步的同学,以消息报导、文艺小品或散文等形式,给大连地区各报刊撰稿,宣传党的政策。自己先后在《旅大人民日报》《民主青年》杂志及苏军司令部机关刊物《实话报》(即《真理报》的另一种中文译名)和《友谊》杂志等发表数十篇文章。

这一时期,由于读马列书籍引发了对理论的兴趣,我逐渐尝试写点小型评论,如对"生产力要素"的讨论、评维辛斯基联大演讲"原子弹已不再是美国专有的",等等。使我无法忘记的是,从那时起,我已开始申请加入仍没公开的中共党组织,但因为出身家庭非工人、贫下中农而未遂愿,只能于1948年春加入"东北青年联合会"。就读高中期间,作为校党支部培养的"积极分子",我担任"党的宣传员",每周六下午到低年级各班讲解政治时事。我继续利用课余时间为报刊撰稿,获得过优秀作品奖。临近毕业,按照组织分配,经过简单的培训,我成为大连中学的一个教师。我讲授的是政治课,主要内容包括介绍毛主席和列宁、斯大林著作里的一些政治观点以及中国人民政治协商会议《共同纲领》。在《共同纲领》的备课与授课中,我认真比照那本一直保留着的《1936年苏联宪法》,这是平生第一次关注到法律问题,并对它产生了兴趣。后来还翻阅过新中国成立初期为数很少的几个立法文件。从此,我对政治理论方面的爱好逐渐同法学理论融汇起来,自此终身行走于这条专业道路。

三、正式迈入法学之门

1953—1957年,我在中国人民大学法律系读本科。因为学法律是当初报考的第一志愿,所以学起来很带劲。客观上,这四年恰逢国家处于完成国民经济恢复,转向全面进入社会主义经济建设的新阶段,因而猛烈的政治运动较少,大学生们能安稳地学习专业。通过一批青年老师的热心教学,学生系统掌握到苏联专家传授的苏维埃法学理论;有的老师还尽量做到联系当时中国法律的实际。除了课堂教学以外,还有较长时间到法院、检察院、律师所实习,来应用所学的东西。此间,令学生们获益匪浅的马列主义基础(《联共(布)党史》)、中共党史、哲学、政治经济学这"四大理论"课,对确立与强化未来一代法学家和法律实务家的马克思主义世界观与方法论起到重要作用。确实,离开这种世界观与方法论,很难称之为社会主义国家的法学。我热衷于理论法学的学习与研究,与此有重要联系。

本科毕业后留校任教,我选择了法理专业。十分遗憾的是,恰好从1957年起,政治运动浪潮一个又一个地滚滚而来。反右派,高举"三面红旗"(总路线、大跃进、人民公社),反右倾机会主义,"四清",社教,直至十年之久的"无产阶级文化大革命"。显而易见,这么一来,留给教师们教学与科研和学生们课业学习的时间,几乎化为乌有了。即令断断续续上一些课,皆是重复政策性的内容而且每门课彼此相差不多,即"党的领导"与"群众路线";对立面便是批判"右派"观点。这种情况同1958年中央北戴河会议有很大关系。当时,中央一位领导人说:"什么是法?党的政策就是法,党的会议就是法,《人民日报》社论就是法。法律不能解决实际问题,不能治党、治军,但党的政策就能解决问题。"另一位领导人补充说:"我们就是要人治,不是什么法治。"接着,各层级的领导干部便迅速传达和贯彻首长讲话的精神。我们教师正是以这种"人治"思想为指导,国家的宪法和为数不多的几部立法也被淡化了。

1958年开展了"大跃进"运动,法学研究也跟着"大跃进"。法理方面,撰写《论人民民主专政和人民民主法制是社会主义国家的锐利武器》(出版前,作为兼职党总支学术秘书,我建议改为《论人民民主专政和人民民主法制》);刑法方面,撰写《中华人民共和国刑法是无产阶级专政的重要工具》;刑事诉讼法方面,撰写《中华人民共和国司法是人民民主专政的锐利武器》。其中都突出"专政",而社会主义法制如何保障和发扬社会主义民主则没有得到应有的研究与阐发。至于民法和民事诉讼法,因对私有制与私有权利的恐惧,没有出版教科书,也很长时间不开课。司法中的"重刑轻民",在学校中亦有明显的反映。事实证明,用政策替代法律、以"无法无天"的群众政治运动当作治国基本方略、讲专政不讲或少讲民主、重权力轻权利、重刑事法轻民事法,把法律程序说成是"刁难群众"等,皆同人治思想密不可分。

此外,当年还曾出现过的一种情况是,反右派之后,为配合批判资产阶级观点,还搞了一段时间的"教学大检查"。即发动每个学生仔细翻看课堂笔记,查找"错误"观点,然后写大字报贴在学生宿舍楼侧的墙壁上公示。例如,一些大字报认为"人情""爱情"这类字眼是"不健康"的,把自由、平等、人权、人性等词说成是资产阶级或右倾的,甚至个别大字报上说"人民"的提法也"缺乏阶级性"。在这种出口即错、动辄受咎的情况下,教师便难于登讲台;要讲,只能念中央文件和首长讲话。至于撰写文章,更令人不安:多一事莫若少一事,与其挨批判不如落个清闲自在。在国际间法学信息交流方面,新中国成立之后,来自国外的图书资料已基本上见不到,但毕竟尚有苏联的东西可谈。比如,我们能订阅到《苏维埃司法》等杂志。1959年中苏交恶,读俄文资料的机会也失去了。之后,除需要批判右派言论、右倾机会主义、资产阶级法律思想之外,当然还需要批判苏联修正主义，法学的政治螺丝拧得更紧了。简言之，随着政治运动不断升级，尤其是十年"文革"的暴风骤雨，"知识无用"论、"资产阶级知识分子统治学校"论，以及"四人帮"倡导学生反对教师、"交白卷"等，不一而足。

我之所以回忆这些，不光是表明此二十余年间自己成长的客观环境与条件，更重要的是要总结在这样的环境与条件下自己的法学思维受到哪些影响。从积极方面说，它确实不断地强化我对党的领导、社会主义道路的信念。从消极方面说，主要是"极左"思想的影响。这些在我的讲课和撰写的文章中，都不乏明显的表现。

毛主席从来强调学习马列，在"运动"中尤其如此。学马列很投合我的喜好。在长期坚持翻读马克思主义经典著作的基础上，又加上系统的"四大理论"和国家与法权理论等课程的培养，我在法律系讲坛所授第一课便是"马列法学著作选读"，对象包括本科生和研究生班。这些法学著作有：毛泽东《新民主主义论》《论人民民主专政》，马克思、恩格斯《共产党宣言》《法兰西内战》，列宁《国家与革命》等。可以说，我备课认真，讲课严谨。如，为了讲《国家与革命》，除广泛查阅国内资料之外，还看过苏联和日本出版的相关书刊，一般都做笔记或摘要。日本共青团（左派）机关报《青年战士》登载的长篇论文《〈国家与革命〉研究》，我甚至全部译出。凑巧的是，"文革"中人民大学解散，我被分配到北京医学院宣传组，仍然负责学院和各附属医院领导干部（也包括"工宣队""军宣队"负责人）学习马列著作的讲授工作。虽然这个讲授说不清有几多效果，但我本人是负责任的，积累下一大堆资料和手稿。

在法律科学研究方面，我深知一个理论法学教师欠缺扎实的学术功底是难以胜任的。这就需要以多读书、勤思考为依托，并训练撰写论文。1958年，我作为法律系科研秘书，不仅要定期向最高人民法院和司法部报告系内学术动态，还在《法学研究》杂志上发表相关的通讯报道。在1959—1961年三年经济困难期间，党组织要求师生尽量多休息，"保证身体热量"，因而"运动"也暂时中止。

新中国成立后，党中央一直强调批判资产阶级法律观。因此，平时我经常考虑，要批判就必须弄清其对象究竟是个什么情形，否则就会陷于尴尬的境地。鉴于此种想法，我便集中力量阅读或复读西方法学名著以及法律思想史类的图书，觉得心得不少，制作了许多卡片，对西方法律思想史滋生了浓厚的兴趣。1963年4月，我在《人民日报》理论版发表《为帝国主义服务的自然法学》，继而在该报内部刊物发表《美国实在主义法学批判》。可以想见，在当时对发表文章存在恐惧心理的法学界，载于中央机关报上的这篇文章不免产生一些震动。自不待言，在那种"极左"大潮下，作者亦备受影响，从两篇文章的题目上就可看得出来。翌年，我又在《人民日报》国际版上发表了一篇关于美国儿童状况的政治短评。"文革"前夕给《光明日报》撰写《读列宁〈国家与革命〉》论文，打过两次清样，报社方面也收到人民大学党委宣传部"同意发表"的回复。但是，"文革"凶潮突然袭来，报社编辑部也被"造反"，那篇论文亦不知所踪。此前，我还曾与孙国华教授合作，在《前线》杂志上发表《国家与革命》讲座文章。1958年，《苏维埃司法》杂志刊载《美国人谈美国司法制度》论文,我读完后便顺手翻译出来,并在1959年春《政法译丛》上发表。同年,从苏联归来的朋友送给我一本《苏维埃刑法中的判刑(函授教程)》小册子,以为颇有新意,便翻译出来交人民大学出版社打印。在日文资料方面,除前面提到的研究列宁《国家与革命》的论文外,还翻译过《现代法学批判》一书;该书重点是对西方和日本新兴起的"计量法学"的社会法学思潮的系统评论,国内尚没有介绍过。

四、后半生的理论法学探索

终于熬过漫长的十年"文革",国人无不欢欣。1978年,十一届三中全会提出"改革开放"新政策,使社会主义中国社会、经济、文化和科学焕发勃勃生机,亦为法治建设和法学繁荣创造空前有利的条件。邓小平深刻总结新中国成立以来成功的经验与失误的教训,提出始终以经济建设为中心,实行民主的制度化、法律化,大力建设社会主义法制,提出"有法可依,有法必依,执法必严,违法必究"十六字方针;提出近期需要培养一大批法官、检察官、律师。这就为中国社会主义法学的发展开拓了坦途。我的法学生涯由此而发生巨大的转折与提升。党中央倡导解放思想与实事求是的精神,使我倍加注重独立思考,走学术创新之路,理论思维与方法亦有颇大改变。与此相应,教学与科研的热情与进取心更加高昂。

我开出的课程,先后有:本科的西方法律思想史和全校法学概论,硕士生的法理学、现代西方法哲学、黑格尔法哲学、马列法学原著选读,连续多年为法学院和全校博士生进行法学专题讲座。此外,应邀为中国政法大学前五届研究生和西北政法大学(当时称"西北政法学院")开讲"现代西方法理学"课程;为浙江大学分出来的杭州大学和安徽大学本科讲授西方法律思想史;为国内数十所高校及日本一桥大学、关东学院大学、山梨学院大学、立命馆大学等做过法学专题演讲。在吉隆坡,同马来西亚下议院副议长和前财长进行中国法学问题的交流。

近四十年来,在报刊发表法学论文300余篇。与授课情况相一致,科学研究的主题集中于三个方向,即:理论法学①、西方法律思想史与现代西方法哲学、马克思主义法律思想史。

(一)发表的主要论文

(1)理论法学的论文。第一,法的一般理论,其中除纯粹法理学②之外,还有法哲学、法社会学、法经济学、法政治学、法伦理学、法文化学、法人类学、法美学等边缘性诸

---

① 理论法学包括法的一般理论和法史学两大部分。但是,法史学内容广泛,涉及古今中外,故应把它从理论法学中分别开来,独成体系。

② 纯粹法理学指专门研究法律概念与规范的学科,也有西方学者称之为"法教义学"。

学科。在法学的这些学科领域中，发表的论文多寡不一，有的学科极少涉及。第二，在研写论文的过程中，每每重视紧密联系中国特色社会主义理论与国家建设，尤其法治建设的论文。其内容包括普法评论，党的政策与法，社会主义民主与法治，人治与法治（大辩论），法治与德治，人权问题，当代中国社会性质（社会主义社会还是契约社会），社会主义市场经济的法律精神，依法治国基本方略，根本法·市民法·公民法·社会法，以人为本的法体系，从法视角研究市民社会的思维进路，和谐社会与法，法治思维与法治方式，社会主义政治的制度化、规范化、程序化，法学的基本范畴（权利与权力、权利与义务、职权与职责），社会主义司法制度，廉政建设，国家主义与自由主义法律观评析，公平与正义，中国先贤治国理政的智慧等。

（2）有关西方法律思想史与西方法学家的论文。第一，对西方法学思潮研究的论文，涉及自然法学、人文主义法学、分析实证主义法学、社会学法学、历史法学、存在主义法学、行为主义法学、经济分析法学、功利法学、德国古典法哲学、新康德主义法学、新黑格尔主义法学、符号学法学、美国现实主义法学、斯堪的纳维亚现实主义法学、后现代法学、女权主义法学、种族批判法学等。第二，对西方著名法学家的研究论文，包括托马斯·阿奎那、孟德斯鸠、卢梭、斯密、休谟、康德、黑格尔、费希特、彼得拉任斯基、杜尔克姆、赫克、马里旦、德沃金、拉德布鲁赫、布莱克等。第三，对西方政治法律制度的评论，包括政党政治、三权分立、选举制度、司法制度及现代西方主要政治思潮。

（3）马克思主义法律思想史和马克思主义经典著作的研究论文。第一，马克思、恩格斯法律思想研究，其中包括：马克思、恩格斯法律思想史教学大纲，马克思、恩格斯法律思想的历史轨迹，马克思主义与卢梭，马克思主义法哲学论纲，《黑格尔法哲学批判》中的法律思想，《德意志意识形态》中的法律思想，《共产党宣言》中的法律思想，《资本论》及其创作中的法律思想，《路易·波拿巴的雾月十八日》中的法律思想，《反杜林论》中的法律思想，《家庭、私有制与国家的起源》中的法律思想，恩格斯晚年历史唯物主义通信中的法律思想。第二，列宁法律思想研究，其中包括：列宁法律思想史的历史分期，列宁社会主义法制建设理论与实践，《国家与革命》中的法律思想，列宁民主法治思想。第三，毛泽东、邓小平法律思想研究，其中包括：毛泽东民主、法制思想研究，毛泽东湖南农民运动时期的法律思想，邓小平中国特色社会主义法律理论解读，邓小平民主法制思想解读，邓小平民主法治思想的形成与发展。

（二）出版的法学著作

自人大复校以来，出版法学专著40余部，其中不含主编的"西方法学流派与思潮研究"丛书（23册）、"西方著名法哲学家"丛书（已出20册）。

（1）理论法学著作。包括：《法理的积淀与变迁》《法理念探索》《理论法学经纬》《社会、国家与法的当代中国语境》《当代法的精神》《法学读本》《以人为本与社会主义法治》（司法部法学理论重点项目）、《法的真善美——法美学初探》（国家社科基金项目）、《法哲学论》（教育部人文基金项目）等。

（2）马克思主义法律思想史著作。包括：《马克思恩格斯法律思想史》（初版与二版，国家第一批博士点项目）、《列宁法律思想史》（国家社科基金项目）、《毛泽东邓小平法律思想史》、《马列法学原著选读教程》等。

（3）西方法律思想史著作。包括：《西方政治法律思想史》（教程）、《西方政治法律思想史增订版》（上、下）、《西方法律思潮源流论》（初版与二版）、《西方法律思想史论》、《黑格尔法律思想研究》、《现代西方法学流派》（上、下）、《当代西方理论法学研究》等。

（三）论著的意义与创新

尽管我在学术上执拗地努力，并出版了若干本著作和发表了一批论文，但表达的多属平庸之言。然而近几年来，经常有人尤其学生，非让我谈"学术成就"。每逢这种情况，我总是闻而生畏，设法回避，但有时又不允许我闭口不说。在这里，就把我考虑过的和别人概括的看法略示如下，就算是对自身的一点安慰吧。

（1）马克思主义法律思想史"三部曲"，是国内率先出版的著作①。该书的策划、研写和出版的过程，长达30余年之久。作者们埋头于马克思主义经典作家们浩瀚的书海中，竭尽全力进行探索才得以成书；每出一本著作皆需耗时数年。其中《马克思恩格斯法律思想史》（一版）在市场上销售告罄之后，又忙于出修订版（二版），也很快售完。直至近几年，仍陆续有人向出版社或主编索取该书。可以看出，它是备受欢迎的。当然，"三部曲"的主要意义并非在于其出版早的时间性，而在于能够帮助读者特别是从事法学研究的读者系统地了解马克思主义经典作家们有关法学的基本观点与其发展的历史脉络，并以之作为思考法律现象和问题的指导思想。平素间，亦可作为阅读或查阅马克思主义法学经典著作的得力的工具书。

（2）我在研究西方法律思想史的历程中，一个新的起点便是与谷春德教授一起编写的《西方政治法律思想史（上、下）》的教程。这是高等学校恢复招生之后面世的国内第一部西方政治法律思想史教程，因而产生了广泛的影响力。此后，我主持编写了关于西方法律思想源流、现代西方法学流派、现代西方理论法学和两套"丛书"，以及与此相应的一批论文。这些著作与论文，有些属于论述性的，有些属于评介性的。对于读者来说，或者用于教材，或者作为理论观点的参考，或者当成资料，都有一定的意义。

在这些著作中，需要专门说一下《黑格尔法律思想研究》，它开创了国内研究黑格尔法哲学之先河。我国黑格尔研究泰斗贺麟先生在《光明日报》上发表的书评里写道，该书"熔哲学与法学于一炉，可以说填补了黑格尔研究的一个空白"。

（3）《法的真善美——法美学初探》，是我用三年时间同博士生邓少岭探讨国内外均涉足颇少的问题，遑论法美学学科。此间，我们发表多篇相关的学术论文，并在这个

---

① 喜见2014年11月公丕祥、龚廷泰二位教授主编的《马克思主义法律思想通史》四卷本已出版，该书比我们的"三部曲"更为详尽与深刻。

基础上凝结成一部专著。它获得学界的赞许,还获得司法部的奖励。

(4)《法哲学论》。参与写作者有文正邦教授及张钢成、李瑞强、吕景胜、曹茂君等博士,亦系国内头一部系统阐发法哲学的作品。全书分为本体论、法价值论和法学方法论三部分,有青年学者对此研究分类持不同意见,这是令我高兴的好事。从总体上说,该书自成一体,有独立见解,而且引用率较高。

(5)论著中的主要创新观点。

第一,关于民主、法治问题。在法治与人治的大辩论中,我与合作者发表《论"人治"与"法治"》一文,力主法治,并有说服力地解释了"人治论"和"人治法治综合论"的偏颇。《人民日报》以"不给人治留有地盘"为题,转载了论文中的基本观点。在民主问题的讨论中,我率先提出政体意义上的民主和国体意义上的民主的区别,指出前者属于形式民主或程序民主,后者属于实质民主或实体民主,该观点得到普遍的认同。

第二,从法的视角阐发社会主义社会与市民社会的关系。我在《市场经济条件下的社会是怎样的社会》《"从身份到契约"的法学思考》《市民法·公民法·社会法》《"以人为本"的法体系》①等论文中指出:在现今的我国社会,社会主义属性是本体性的,而市民社会是从属性的;社会主义社会是"有契约的社会",而非等同于西方19世纪的"市民社会"或"契约社会"。

第三,批判国家主义与自由主义的法律观。我认为,马克思主义法律观是通过批判这两种法律观,或者说通过这两条战线的斗争而形成的。沿着这样的思考,对西方的政党政治、三权分立、选举制度进行批判性研究的同时,也对国家主义进行系统的探索,揭示了国家主义法律观的几个基本特征,即"重国家、轻社会,重权力、轻权利,重人治、轻法治,重集权、轻分权,重集体、轻个体,重实体、轻程序"。无疑,这种理论探索对我国民主与法治建设是有重要意义的。

第四,人权观点。从20世纪90年代初我国正式宣布"人权保障"伊始,便流行"主权是人权的前提和基础"的命题,而且把它当作不容争辩的真理。我在仔细考察马克思、恩格斯和列宁的人权思想之后,辩证地分析该命题。在《人权研究的新进展》论文中,我指出:从国家主权对国内人权的管辖、反对西方国家人权话语霸权和保护国家主权的独立性而言,这个命题是可取的。不过,从权力(主权)与权利(人权)二者基本关系方面来说,这个命题则是不正确的、不可取的。因为,在民主国家尤其社会主义国家奉行"人民主权"论,权力(主权)来自权利主体的人民并且是以服务人民权利为目的的,即通常所说的"人民当家作主"。所以,权利应当是权力的前提和基础。文中所讲的结论和基本论据均出自马克思主义经典作家的指教,是经过历史实践验证过的真理。这种论述尽管引起一阵"风波",但最终还是被广泛地默认,以至于很少有人再提

---

① 后三篇论文系与任岳鹏博士合写。

起那个命题了。后来,我又发表《权利与权力关系研究》①一文,进一步强化前述观点,具有很强的说服力与启发性。

于今,我已是 80 岁的老迈之人。回顾过往时日,自知碌碌无功,但却没有枉费宝贵的光阴。时至今日,倍感欣慰者有二:一是,目睹一茬又一茬学士、硕士、博士学成离开,并各有所长、各有作为,在各个岗位上为中华民族伟大复兴的梦想而奉献力量。二是,眼下幸运地逢到一个机会,将自己一生在理论法学方面的重要论著(其中许多得益于合作者的启发与帮助)予以系统整理和付梓。这是对个人学术经历的一个回顾,也希望可以得到更多的批评和指教。

在此选集的策划出版过程中,史彤彪、吕景胜、冯玉军、李瑞强、任岳鹏等多位教授与博士以及北京仁人德赛律师事务所负责人李法宝律师,对拙作的出版事宜先后予以大力的支持和帮助。拙作的出版资助款来自一直关心我的学生和学友以及南京师范大学法学院、南京审计学院法学院。我的 2000 级学生王佩芬为拙作出版的各项繁杂工作,陆续付出一年有余的心力和辛苦。这里,对于前列的相关人士与单位,一并表示深深的感谢,并铭记于怀。

吕世伦

2018 年 5 月

---

① 与宋光明博士合写。

第八卷出版说明

本书原为作者编写的《法学概论》及《法学概论自学辅导》。前者为北京人文函授大学编写的课程教科书;后者为解放军军事学院(现国防大学)师以上干部自修大学的辅导教材。两者紧密结合,相得益彰。本次将两书合编出版。

本书《法学概论》部分,原由文化艺术出版社出版于 1988 年 5 月;《法学概论自学辅导》部分,原由军事学院出版社出版于 1985 年 7 月。本次编集,在原版的基础上稍作订正,并依照选集体例对本书结构略作调整。

编 者
2018 年 5 月

目录 CONTENTS

上篇 概论

下篇 自学辅导

上 篇

概 论

第一讲　法的一般理论

【内容提要】法学及其沿革；学习《法学概论》的重要意义。法和法的特征；法与道德、法与政策的关系。法的产生，法的历史类型；社会主义法是最高历史类型的法。社会主义法律规范及其分类；社会主义法制定的原则；社会主义法的渊源和系统化。社会主义法的遵守和适用；社会主义法的效力、解释和类推适用。社会主义法律关系及其要素。社会主义法的体系。社会主义法制及其基本要求。社会主义民主和社会主义法制的辩证关系。社会主义民主建设和社会主义法制建设紧密结合的根本表现，是使社会主义民主制度化、法律化。社会主义法律意识对于加强社会主义法制的重要意义。

绪　论

法学，是专门以法和法现象为研究对象的科学。

法是国家用以调整社会关系、维护阶级统治的一种基本手段。因此，有国家便意味着就有法。法的历史同国家的历史一样的古老。当法在客观上发达到一定的水平，就要求人们对它加以研究，即要求法学的产生。法学作为一门独立的科学，其萌芽时期：在西方是古代希腊和罗马国家；在中国是春秋战国时代。法学教育也大体上始于同一时期。如，战国时代的韩非子提出要"以法为教，以吏为师"；罗马帝国时期的大法学家盖优斯已编写出系统的法学教材《法学阶梯》。但是，法学发展的高峰，还是资本主义商品货币关系的产物，是资产阶级民主和法制的产物。

法学研究的范围极其广阔，而且越来越广阔。到现在为止，法学所包括的相对独立的学问领域，大体上可分为如下几类：第一，理论法学。其中，有法社会学、法史学、比较法学、法哲学或法理学、法的一般理论，等等。第二，应用法学。其中，有法政策学（立法学）和法解释学。第三，部门法学。它是同各个部门法相对应而建立的学科，有宪法学、行政法学、刑法学、民法学、婚姻家庭法学，以及经济法学、劳动法学、社会保障法学等等。第四，从主权国家角度上，又可把法学分为国内法学与国际法学两大部分。

我们要讲授的《法学概论》课，其主要内容，一是法的一般理论，二是各最基本的部门法学，都属于概述性的东西。

在当前，学习《法学概论》的意义是什么呢？

　　首先,有助于更充分地实现人民群众当家作主的地位。法是极为重要的。历史上任何统治阶级都要运用法的手段来维护自己的统治。我国社会主义的法是党的路线、方针、政策的定型化和条文化,是全国人民利益和意志的集中体现。凡涉及国家的一切重大问题都要制定成为法律,以便使整个社会能够普遍地了解和遵守执行。人民正是通过法这个手段来管理国家,实现自己广泛的民主自由权利。由此可见,人民群众学点法学,可以熟悉我们国家的法律和制度,了解社会主义制度的优越性,热爱人民的政权,养成遵纪守法的习惯,以高度主人翁的姿态保卫、管理和建设自己的国家。

　　其次,有助于促进国家的现代化建设事业。从党的十一届三中全会以来,我们党和国家工作的重心已转入四化建设的轨道。这是关系我国前途命运的根本大业。为指导和调整现代化建设,国家需要运用行政手段、经济手段和法律手段,但归根结底都表现为法律手段。我们的法律是客观的社会规律、经济规律与自然规律的反映,以及经济建设工作经验的总结。人民群众掌握法律知识,会更深入地了解为什么以及怎样来投身于经济建设事业,为什么以及怎样才能搞好当前的经济体制的改革。

　　再次,有助于提高共产主义道德水平。共产主义道德和社会主义法是相辅相成的。任何一项法律规范都有相应的道德规范作根据,都体现道德规范的要求。而且,法律规范的实现也离不开道德力量的支持。反过来,社会主义法律对于充分发挥共产主义道德的作用,对于维护和发展共产主义道德,也是一种举足轻重的力量。既然社会主义法渗透着共产主义道德的内容,那么,人民群众学点法律,增强法的观念,同时也就必然受到共产主义道德教育,提高道德观念。我们的法律用系统而明确的形式告诉人们,应当做什么和不应当做什么,应当怎样做和不应当怎样做。这就使群众清楚地了解正确行为和错误行为、正确思想和错误思想的界限,想有遵循,行有准则,避邪趋正,明确前进的方向。

　　最后,有助于提高人民群众同坏人坏事作斗争的自觉性。我们的法是人民民主专政的工具,承担着镇压一小撮敌对分子,包括反革命分子、严重刑事犯罪分子和严重经济犯罪分子的任务。与此同时,还要惩罚人民之中各种违法犯罪行为。要做好这项工作,就需要使专门的国家机关同广大人民群众结合起来。人民群众学习、了解法律知识,善于划清合法与违法、罪与非罪的界限,就能更敏锐地识别和揭发违法与犯罪现象,使之无可逃避地受到法律的制裁,造成良好的社会主义社会秩序。

　　前面所讲的学习《法学概论》的意义,对于我们从事秘书专业的同学们也是适用的,而且应当说更为重要。根据社会主义法制的精神,党政机关都要在国家的宪法和法律的范围内活动,都要依据法律来部署、指导和开展各项工作,否则就一定会偏离党的政策,违背人民的利益,从而使工作归于失败。学习基本的法律知识,增强社会主义法律意识,才能成为一位出色的社会主义工作者,一位党和国家的好干部。

第一章　法的概念

第一节　法的定义

法是上升为法律的统治阶级意志，即国家意志。它是由国家制定或认可的，依靠国家强制力保证实施的行为规范的总和。法是阶级社会中特有的上层建筑现象，其目的在于确认、保护和发展有利于统治阶级的社会关系和社会秩序，为社会经济基础服务。

这个法的定义，系统地表达了法的本质和特征。

一、法是上升为法律的统治阶级意志，即国家意志

马克思、恩格斯合写的《共产党宣言》，在分析资产阶级意识形态时，指出："你们的观念本身是资产阶级的生产关系和所有制关系的产物，正像你们的法不过是被奉为法律的你们这个阶级的意志一样，而这种意志的内容是由你们这个阶级的物质生活条件来决定的。"①这段话是直接揭示资产阶级法的本质和基本特征的。但是，它对于我们认识一切法的本质和特征也具有普遍的指导意义。

所谓统治阶级意志，指的是反映统治阶级根本利益的共同意志或整体意志。法反映统治阶级的意志，排斥被统治阶级的意志。但是，这并不意味着被统治阶级的意志对于统治阶级的法没有任何影响。在西方，特别是当代的资产阶级法律中，常常可以看到有关社会福利、扩大选举权等反映劳动人民要求的一些条款。这应当理解为资产阶级的一种统治的策略。资产阶级为了确保自己的统治，通常是这样办的：在维护其基本阶级利益（财产和政权）的前提之下，在一些法律条文里，一方面照顾一下它的同盟者或它试图争取的同盟者的部分利益，另一方面还得敷衍一下它的敌人即劳动人民。这一切，归根到底取决于实际的社会阶级力量对比的状况，尤其取决于劳动人民开展斗争的状况。它要不要让步以及作出多大让步，全看劳动人民进行斗争的程度和垄断资本经营生产的需要。上面说的反映劳动人民要求的某些法律条款，正是劳动人民斗争的成果，不是资产阶级的恩赐。对于劳动人民说来，这些规定或者是往往流于形式的东西，或者是仅仅提供维持他们生存的极其有限的条件。真正反映劳动人民意志的法律，只能是由劳动人民自己制定的法律，即社会主义法律。

谈到法的意志性问题，还要知道，这种意志不是统治阶级的随便什么意志，它只是"被奉为法律的"（上升为法律了的）统治阶级意志，或者借助国家政权来表达的统治阶级意志，也就是"国家意志"。列宁指出："意志如果是国家的，就应该表现为政权机关

---

① 《马克思恩格斯选集》第 1 卷，第 268 页。

所制定的法律,否则'意志'这两个字只是毫无意义的空气震动而已。"①唯有认识到法是国家意志,才算把握了法的特征。因为,统治阶级的意志表现的范围十分广泛,其中只有法才是国家意志。

二、法是由国家制定或认可,并依靠国家强制力保证实施的

法作为一种国家意志,主要表现在两个方面。

(一)法是由国家制定或认可的

法由许许多多的法律规范所构成。它们是分别地由不同的国家机关,按照严格的法定权限和程序制定的。除了制定以外,国家还可以认可已经存在的一些社会规范(如风俗习惯、宗教信条等)具有法律效力。在这种情况下,这些社会规范也就成了法律规范。在一切社会规范中,只有法这种规范才是由国家产生出来的。严格地从国家的角度上说,只有法才要求全体社会成员必须一体遵行。

(二)法是依靠国家强制力保证实施的

列宁说:"如果没有一个能够迫使人们遵守法规的机关,权力也就等于零。"②法是必须遵守的,但却不能自动地被社会一体遵守。这首先由于被统治阶级不愿遵守它,其次也由于统治阶级内部也常常有人破坏它。为此,保证法的实施就必须有巨大的强制力作后盾。这就是国家权力(军队、警察、法庭、监狱等)本身。当有谁不执行法律规定时,便给予国家的惩罚。

三、法是特殊的社会规范

人们要在社会中从事生产和过生活,必须有一定的行为规范和规则作指导,而不能随心所欲地从事。这些行为规范可分为两类:一类是社会性规范,它调整人和人之间的相互关系即社会关系;一类是技术性规范,它调整人和自然的关系,即规定人们如何运用自然界的力量以及运用生产工具的规则。

法属于社会规范。同其他社会规范相比,法的特殊性在于:第一,法是国家制定或认可的。第二,法依靠国家强制力保证实施。一切社会规范都有强制性,如道德规范由良心和社会舆论的强制作保证;宗教信条对于教徒的强制力表现在所谓神的惩罚与教会组织的惩罚;社会团体的规章,对其所属成员也有强制力。但这些强制,既不是国家的强制,也不是由国家强制力保证执行。第三,法具有普遍的效力。它必须得到全体社会成员的遵守。而其他社会规范则不一定是这样。

技术规范和社会规范有性质的差别,技术规范受自然规律的制约。它本身同任何意志(包括国家意志)无关,因而也没有什么阶级性。不过,在阶级社会中,人们同自然作斗争的得失成败,与统治阶级有直接的利害关系。由于这个原因,统治阶级必然要重视运用法律手段来调整人和自然的关系以及在同自然作斗争中的人与人的关系。

---

① 《列宁全集》第25卷,第75页。
② 《列宁全集》第26卷,第458页。

这一点,在现代,尤其第二次世界大战以后非常突出。这些由国家制定的技术性规范也就上升为法律规范,纳入国家法律体系之中,以便为统治阶级的利益服务。

四、法的目的是确认、保护、发展有利于统治阶级的社会关系和社会秩序,为社会经济基础服务

统治阶级不是把法本身当作目的。法的目的是为了确认、保护和发展有利于统治阶级的社会关系和社会秩序。其途径就是用法律来规定人们在各种具体社会关系中的地位,即规定权利、义务关系。这样一来,人们的相互关系都被控制在法律的轨道之内,社会便有了"秩序"。

法是社会经济基础的上层建筑,必须为其经济基础服务,也就是为统治阶级经济制度服务。这是法的本质和作用的集中表现,也是评价一定社会和一定历史时期的法的一个最主要根据。

第二节　法与其他社会规范

懂得法与其他社会规范的关系,才能深入把握法的概念。本节仅讲两组关系。

一、法与道德

道德是人们关于善与恶、正义与非正义、公正与不公正、光荣与耻辱等的观念和行为规范的总和;它是依靠社会舆论和人们内心确信来维持的。

道德属于社会上层建筑。在阶级社会中,道德具有鲜明的阶级性。每个阶级都有自己的道德,在一定社会中,占据统治地位的道德,只能是统治阶级的道德。

由于法和统治阶级道德之间,在根本的社会阶级属性方面的一致性,决定了二者必然是互相配合、补充和渗透的关系。一方面,法积极保护统治阶级道德,不断地把它提升为法律规范加以推行。另一方面,统治阶级道德积极地替法作辩护,影响社会舆论,驱使人们遵守法。事实是,每条法律规范都有统治阶级的道德作根据。因此,在人们中间大力灌输统治阶级道德观念,对于维护法制必然有重要作用。

尽管如此,法和道德毕竟不是一个东西。它们的区别主要在于:第一,存在的时间不同。法只是阶级社会中的现象,而道德则始终是与人类社会共存的。第二,调整的范围不同。道德调整的范围比法广泛得多。凡法所禁止的行为,必然同时是统治阶级道德所谴责的。但道德谴责的行为,却不都是法所明文禁止的。这二者之间,有严格界限。第三,实施方法不同。法借助国家强制力保证实施,道德则不是。第四,表现形式不同。法一般是以国家机关的规范性文件形式来表现,而道德存在于人们的观念和风俗习惯之中,一般没有固定形式。第五,在国家之中,法的体系只有一个,即一元的;而道德体系则是多元的,每个阶级均有自己的道德体系。第六,法与统治阶级的道德相一致,但与被统治阶级的道德相对抗。

上述所谈法与道德关系的基本原理,一般地也适合于社会主义法与共产主义道德之间的关系。

二、社会主义法与共产党的政策

在社会主义国家,党的政策和法是联系得最紧密的两种社会现象。党的政策和法的关系,说到底,就是党和国家的关系即党政关系。

政策和法的关系应当是怎样的呢?

(一)党的政策是法的指导

党是国家的领导核心。这种领导,最主要的是路线、方针、政策的领导。党的政策是以马列主义、毛泽东思想为指导,根据社会发展规律,适应革命和建设形势的需要,在总结人民群众实践经验的基础上提出和制定的。它集中反映我国社会历史发展的客观要求,集中代表人民的利益和意志。因此,党的政策就成为社会主义法的出发点和归宿。

"党的政策是法的指导"这个说法,其含义就是指出政策决定法的性质、内容和方向。具体说,第一,法是根据政策制定的,是政策的条文化,具体化。从这个意义上说,法的实质是政策。列宁指出:"法律是一种政治措施,是一种政策。"①这句话的意思即在于此。第二,在国家的实践中,还要根据政策精神来理解和运用法。第三,在缺乏法的明文规定时,就要直接根据政策办事。这时,党的有关政策实际上起着法的作用。简言之,法如果脱离了党的政策就会偏离正确的政治方向,就会使法制建设脱离党的领导。

(二)政策不能代替法

强调政策是法的指导,丝毫不意味着政策就等于法。政策和法是有区别的,主要表现在:第一,党的政策本身是工人阶级先锋队的意志,而不是国家意志或人民群众意志。它要成为国家意志,还需经过国家机关的制定和认可。这也就是把先锋队意志化为广大人民意志的过程。第二,党的政策是由党组织提出和制定的,它同法相比,更多地带有一般的号召性和原则的指导性。而法,相对地说更具体、更富于实践性。第三,党的政策本身不具有国家强制性。党不能代替国家直接向人民发号施令,不能强制人民来遵守它的政策。第四,党的政策的内容极为广泛,不是所有党的政策都需要制定为法律,使人人遵守。至于哪些政策要制定为法,以及制定成为怎样的法,要根据客观形势和实际需要来确定。第五,党的政策,除了法以外,更多的是通过党的文件、党报社论以及其他非一般规范性文件的形式来表达。

历史的教训证明,鼓吹"政策就是法"之类的观点,是极左的错误观点。它必然导致以党代政,以政策代法,从而造成法律虚无主义,削弱广大干部和人民群众的法制观念。

---

① 《列宁全集》第23卷,第40—41页。

第二章　法的历史发展

第一节　法的起源

法和国家一样,是特定社会历史时期的现象。它有一个产生、发展和消亡的过程。

一、原始社会中的社会规范

原始社会是人类最早的社会形态。当时,由于没有私有制和阶级,就不需要,也不可能有用来保卫私有制和进行阶级压迫的国家和法。

原始社会中最典型、最重要的社会组织是氏族,即以血缘关系联结而成的集团。在氏族的基础上又形成胞族、部落及部落联盟,构成一整套社会组织体系。

与这种社会组织相伴而存在的原始社会的规范,主要是习惯。这些习惯包括对上天、神灵、祖先的祭祀;对老年人的敬重和对妇女、儿童的爱护,氏族成员间的相互帮助,英勇地共同与敌人和野兽作战;为遭到凌辱和杀害的本氏族成员,而向外氏族的肇事者实行血族复仇或同态报复等等。这些习惯性的社会规范,调整社会生活的各个方面的关系,维持着社会秩序,使一切井井有条。

原始社会的习惯体现全体氏族成员的利益和意志,对所有的人都有同样的约束力。这种规范的遵守,完全用不着依靠特别的暴力措施强制。这完全依靠人们祖辈传留下来或自幼养成的观念,依靠社会舆论力量,由每个人自觉地遵守。偶尔遇有个别成员破坏了它,那就要被当成对整个氏族组织或全体成员的侵犯,而受到共同的谴责和制裁。最极端的惩罚就是把犯规者逐出氏族组织。

二、氏族制度的解体和法的产生

在原始社会后期,由于私有制和阶级的形成,原有的氏族组织便日益软弱无力了。氏族内部分化成富人和穷人、剥削者和被剥削者、主人和奴隶,彼此的矛盾越来越激化。在这种情况下,那个在经济上占据统治地位的奴隶主阶级,为了保卫自己的利益,对付奴隶阶级和贫苦自由民的反抗,便越来越迫切地需要有一种特殊的暴力组织代替原来的氏族组织。这个特殊组织便是国家。

法与国家是同步产生的。作为一小撮奴隶主阶级意志集中体现的法,现在便成为国家意志和国家的统治工具。同国家一样,法也是阶级矛盾不可调和的产物。最初出现的法,其规范主要是渊源于国家认可的习惯以及司法实践的记录,很久以后才采取成文法的形式。

三、法的历史类型

法有着强烈的阶级性。从这样的观点出发,我们可以将各国历史上存在过的法,进行最基本的分类。即,凡建立在同样经济基础之上或具有相同阶级性的法就归于一类。这便是通常所说的"法的历史类型"的概念。

自文明社会以来,有四种社会形态。相应的,就有四种历史类型的法:奴隶制法,封建制法,资本主义法和社会主义法。前三种法,统称剥削类型的法。唯有社会主义法,是非剥削类型的法。

法的历史类型的更替,不是自发实现,而是通过社会革命实现的。新兴阶级只有运用革命手段夺取政权,才能用新的历史类型法代替过时的旧历史类型法。

第二节　奴隶制法的特征

一、维护奴隶主阶级的私有权

奴隶制的法首先确认奴隶主对奴隶的私有权。法律规定,奴隶不过是其主人的一种物件和会说话的工具。他们不能成为法律关系的主体,不享有法律上的权利,也不担负法律上的义务;他们仅仅是法律关系的客体,是法律关系主体的权利义务所指向的标的物。因此,一般地说,一个自由人杀伤他人的奴隶不算犯罪,即不承担刑事责任,他仅仅承担财产上的损害赔偿的民事责任。其次,奴隶制法也严格地维护奴隶主的其他生产资料及各种动产的所有权。

二、以十分残酷的惩罚措施保卫奴隶主的政治统治

奴隶制法对于任何敢于反抗的奴隶,规定了极其野蛮的刑罚。如在我国西周实行过墨、劓、剕、宫、大辟的"五刑"。在古代罗马国家,对于暴动的奴隶,广泛采用钉十字架的刑罚。

三、公开规定自由民之间的不平等

奴隶制法是确认奴隶主内部不平等的等级特权法。例如,在古巴比伦国家的《汉穆拉比法典》中,把自由民分为阿维鲁姆(君子)和布什根努(小人),前者享有完全的公民权利,后者则没有完全的公民权利。古印度国家把居民分为婆罗门、刹帝利、吠舍、首陀罗四个种姓,也包含自由民之间不平等的意义。甚至像古希腊的雅典民主共和国宪法,也公开规定按照财富的多少来分配政治权利。

四、保留着浓厚的原始社会规范的残迹

这种原始社会规范的残迹,包括父权家长的宗法制度、宗教规则、礼仪规则,此外,还有同态复仇的惩罚规则。

第三节　封建制法的特征

一、维护封建土地私有制和农民对封建主的人身依附关系

封建土地所有制是整个封建制度的基础,因此,一切封建制的法无不竭力维护封建主的土地所有权。封建制法还规定:农奴世代束缚在封建主所领有的土地上,受着

超经济的剥削;农奴充其量只有半独立的人格,封建主虽然不得任意杀死农奴,但却可以把他连同土地一起当作民事法律关系的客体而加以买卖、抵押、转让。

二、确保封建的等级特权制

封建主阶级内部分为不同等级,每个等级享有不同的特权。全国最大的特权者是拥有专制权力的君主。在我国,封建制法把一切触犯皇帝权力、尊严和人身的行为和言论,当作"大逆罪"即最严重的犯罪加以重罚,并株连亲族。封建制法对于君主以下的各个等级的贵族规定了相应的特权,如免缴捐税,封妻荫子,世卿世禄,同罪异罚甚至有罪不罚等等。封建制法对于不同等级之间的通婚、服饰、礼仪、生活样式都予以区别。

三、用野蛮残酷的手段镇压人民的反抗

封建制法是封建主阶级对农民阶级专政的工具,对于一切反对封建制度的人规定了酷刑,它不仅惩罚人们的行为,而且还惩罚思想。例如:我国从秦汉以来长期惩罚所谓"非所宜言罪""腹非罪"。唐朝武则天和明朝推行的特务政治过程中,大量迫害嫌疑犯。至于当年秦桧处置岳飞时,公然地把"莫须有"作为罪名。

四、封建邦国间的条约和宗教信条是成文法的重要渊源

在中世纪的欧洲,各种类型的封建邦国星罗棋布。这些邦国之间签订的条约,既是调整这些当事国的国际法规范,又具有国内法的效力,使所有这些国家的臣民都必须遵守。

宗教的信条,通常对于封建国家起着举足轻重的影响作用。例如,《圣经》和各种天主教戒律,对于封建时代的欧洲各国说来,同时就是政治信条和法律规范。教会法广泛地干预世俗案件,成为镇压人民、迫害异端、摧残科学的凶恶手段。在封建的伊斯兰教国家中,《古兰经》也起着类似的作用。

第四节 资产阶级法

一、资产阶级法的产生和两大资产阶级法系

资产阶级法是资产阶级革命的产物。由于资产阶级革命仍然是剥削阶级的革命,因而它可以利用现成的旧国家机器,也可以直接继承封建阶级的法,为己服务。不过,因各国历史条件的不同,资产阶级继承旧法的情况便不会都一样。英国1688年革命是以资产阶级同封建阶级的妥协而告终的,因此它仍然承认旧法的效力,承袭了大量旧法的形式。相反,1789年法国资产阶级大革命,是资产阶级对封建阶级的彻底胜利。资产阶级宣布不承认旧法的效力,而重新制定一套完整的新法律。资产阶级著名的两大法系即英国法系和大陆法系,正是同这一历史背景分不开的。

法系,一般指一套独具特点的法律系谱或法律传统。

英国法系，又叫英美法系、普通法系。它直接来源于英国封建时代的传统。在英国，从 11 世纪开始，王室巡回法官经常参考地方的习惯来审理案件，逐渐产生了一系列的判例。至 15 世纪，这些判例便构成全国性的法律体系，称为"普通法"，使之高于和区别于地方法。当然，英国普通法并没有，也不可能完全排除罗马法的影响。

大陆法系，又叫罗马法系、民法法系和法典法系。它直接来源于古罗马法（主要指罗马私法），经过中世纪封建时期的日耳曼法、大陆国家的地方习惯法和教会法的媒介，最后以 19 世纪初法国《拿破仑民法典》作为近代大陆法系的正式开端。《拿破仑民法典》是一部最典型的资本主义民法典。

英国法系对于前英国殖民地（包括美国）起着重大的影响作用；而大陆法系，除欧洲大陆国家（尤其法、德两国）之外，对日本和旧中国起着重大的影响作用。

两大资产阶级法系的主要区别在于：

第一，英国法系国家有判例法，即承认各种法院判例有法律规范的意义。所以，法官审理案件时，首先要研究和引用以前相类似的案例。大陆法系国家没有判例法，所以只能引用立法机关的制定法。

第二，英国法系国家只有零碎的法规，很少搞法典。大陆法系国家却尽可能地制定法典，尤其民法典，因而各法律部门的划分比较清楚。

第三，在审判中，英国法系国家实行当事人间的辩论方式或对抗方式，大陆法系国家实行法官讯问的方式。

第四，法律的范畴、用语的许多不同，等等。

现代，这两大法系越来越表现出相互靠拢的趋势。总起来说，同奴隶制法和封建制法相比，资本主义社会的成文法要发达得多。

二、资产阶级法的主要特点

（一）宣布私有财产的神圣不可侵犯

资产阶级法的根本任务是确保资本。因此资产阶级的宪法和法律普遍地宣布"私有财产神圣不可侵犯"。在资本主义社会，拥有财产的是少数资本家，而占人口绝大多数的劳动者没有或很少有财产的；因此，财产的自由与权利，实际上仅仅是资本家的自由与权利。

不过，资产阶级法在确认资本的所有权时，力图将财产权说成是人对物的统治即"物权"。但这不过是借助法律的形式，巧妙地掩盖资本对人的统治、资本家对工人阶级的统治。这种"物权"，实际上是资本家的"人权"。

（二）实行"契约自由"制度

所谓"契约自由"，指一切人都能按照自己的自由意志去订立商品交换契约，不受任何人的限制和外来的干涉。

应当怎样分析契约自由？第一，资产阶级国家用契约来调整资本家和雇佣工人之间的关系。这就意味着让工人"自由"地出卖劳动力，资本家"自由"地购买劳动力这个特殊商品。对于一无所有的工人而言,这就是使资本家的意志强加给自己,从而保障资本家从自己身上榨取剩余价值。第二,在资本家之间,契约自由意味着交换产品、原料、设备等自由,也就是保证资本主义自由地竞争,保证弱肉强食和资本的无限积累。

(三)法律面前人人平等

资产阶级在反封建特权和封建等级制度的斗争中,提出法律面前人人平等的口号;在资产阶级夺取政权后,把它上升为宪法原则。

不过,法律面前人人平等的口号,对于资本才是真实的,而对于无产阶级则是虚伪的。第一,资本主义社会,一个人权利的多少,实际上是按照资本的多少区分的,资本就是事实上的特权。第二,资产阶级法律一方面规定公民的某些自由平等权利,另一方面又有许多"但书"来限制或取消这些权利。前面肯定,后面否定。第三,资产阶级国家司法人员和律师大都是由资本家喂养的"看门犬"。它们竭力袒护资本家,而歧视、刁难和坑害穷人。

(四)确定资产阶级的法制原则

资产阶级之所以需要法制原则,根本上也是由资本主义生产关系的特点决定的。从资产阶级内部来说,法制可以保障资本不受任何特权者的侵犯,能够自由地进行竞争。从资产阶级同人民群众的关系上说,法制除了它能掩盖资本所有者的统治以外,还由于资本不需要人身依附的劳动者,而需要能自由地出卖劳动力的劳动者。所以,列宁说,一般的自由资产阶级"不能不追求自由和法制,因为没有自由和法制,资产阶级的统治就不彻底、不完整、无保证"①。

到了帝国主义时期,由于垄断资产阶级总的趋向是反动政治,因而也趋向于对法制的破坏。尤其在阶级斗争形势比较严峻的时刻,还会出现法制的危机,最明显的是法西斯政治猖獗的时期。但垄断资本主义不会完全放弃法制,它还需要凭借法制手段来调整其内部关系,来欺骗和镇压人民群众。

第五节　新型的社会主义法

一、社会主义法的概念

什么叫社会主义法?社会主义法是体现工人阶级及其领导下的人民意志,由社会主义国家制定和认可,并依靠社会主义国家强制力保证实施的行为规范的总和。社会主义法是实现无产阶级专政或人民民主专政的工具。它的目的是确认、维护和发展新型的社会主义的社会关系和社会秩序,建设高度文明、高度民主的社会制度和政治制度,保障社会主义社会逐步地向共产主义社会过渡。

---

① 《列宁全集》第18卷,第350页。

二、社会主义法的产生

社会主义法是无产阶级革命推翻剥削阶级统治,取得国家政权之后建立的。社会主义革命的性质和任务决定了,它不能像以往剥削阶级革命那样地利用现成的旧国家机器和旧的法来为自己服务,而必须打碎旧国家机器,废除旧的法。这是一项重要的马克思主义原理。

但是,因各国条件不同,革命运动的具体道路不同,每个国家无产阶级革命在废除旧法、创建新法方面的具体情形也不会完全一样。在我国,革命分为新民主主义革命和社会主义革命两阶段,人民民主专政相应地也有两阶段。这样,革命的法必然分作两阶段,即:在革命根据地所颁布实施的新民主主义法和建国后颁布实施的社会主义法。社会主义法是新民主主义法的继承和发展。这是我国社会主义法产生的一大特点。

中华人民共和国诞生前夕,1949年1月毛泽东主席代表党中央发表《关于时局的声明》,提出必须废除伪宪法、伪法统。2月,中共中央发布《关于废除国民党六法全书与确定解放区司法原则的指示》,规定:"在无产阶级领导的工农联盟为主体的人民民主专政政权下,国民党的六法全书应该废除。人民的司法工作,不能再以国民党的六法全书为依据,而应该以人民的新的法律作依据。在人民的新法律还没有系统地发布以前,应该以共产党的政策以及人民政府与人民解放军所发布的各种纲领、法律、条例、决议作依据。"这个文件为我国社会主义法体系的建立和发展确立了根本指导原则,指明了方向。

三、社会主义法的本质和作用

社会主义法与剥削阶级法的根本区别就在于,它已不再是少数剥削者意志的反映,而是工人阶级领导下的广大人民意志的反映,代表社会绝大多数人的利益,符合社会发展的客观规律。

我国社会主义法有哪些主要作用? 可概略地表述为如下几点:

1. 对于一小撮人民的敌人实行专政,其中包括反革命分子,也包括那些严重的刑事犯罪分子和严重的经济犯罪分子。这些人都是反动剥削阶级的残余势力。

2. 充分保障社会主义民主,包括维护人民的政权和人民切身的各项民主自由权利。同时,社会主义法也充当人民进行自我教育的一种有效手段。

3. 保障和促进社会主义经济的组织和建设,其中包括对非社会主义经济的改造,维护社会主义公有制,保卫公共财产和公民个人合法财产的所有权。尤其重要的,社会主义法是调整国民经济,不断实现国民经济体制改革的强大手段。1984年中共中央《关于经济体制改革的决定》中正确指出:"经济体制改革和国民经济的发展,使越来越多的经济关系和经济活动准则需要用法律形式固定下来,国家立法机关要加快经济立法,法院要加强经济案件的审判工作,检察院要加强对经济犯罪行为的检察工作,司法部门要积极为经济建设提供法律服务。"只有这样,才能推动我国社会生产力的强大发展。

4.保障和促进社会主义精神文明的建设。

社会主义法也是最后一种历史类型的法。到了共产主义社会,随着国家的消亡,法也将一起消亡。这是社会主义法必然的历史发展前景。

第三章　社会主义法的制定和实施

第一节　社会主义法律规范

一、社会主义法律规范的概念

社会主义法律规范,就是社会主义国家制定或认可,由国家强制力保证实施的行为规则。社会主义法律规范是构成社会主义法的细胞。

从理论上说,作为一项法律规范,都必须具有一般性。法律规范所要调整的行为,应当是一类的行为或模式行为,而不是某一特定行为。国家机关调整特定行为的决定,是非规范性的法律文件。如任命某人担任何种职务,行政部门发给的营业执照,检察院制定的起诉书或签署的逮捕证,法院的判决或裁定等等。一切非规范性的法律文件都以有关的现行法律规范为根据,并为了实现法律规范。否则,便是非法的文件。

二、社会主义法律规范的结构

社会主义法律规范的结构,指形成规范内容的各个要素及其相互关系。

任何一项社会主义法律规范都包含假定、处理、制裁三个要素,是三要素密切结合的整体。第一,假定,是规定适用这项法律规范的条件和情况的那一部分。说的是,规范中所要求或禁止的行为,应当在什么具体时间、地点和对什么人才能够适用。第二,处理,是法律规范中行为规则本身的那一部分。它即是准许做什么和不准做什么,必须怎样做和不许怎样做的规定。这是法律规范的主体要素,是其规范性的主要表现。第三,制裁,是指明不遵守这项法律规范将要引起什么法律后果的那一部分。在我国,根据违法的性质,法律的制裁大体上可分为民事制裁、行政制裁、刑事制裁三种。制裁是法律规范强制性的主要表现。

法律规范和法律条文之间,是内容和形式的关系。一项法律条文可能正好表达一项法律规范。但是,一项法律条文也可能表达几项法律规范;或者,一项法律规范借助几项法律条文表达。

三、社会主义法律规范的种类

我国社会主义法律规范,数量很大,内容很广,系统地予以把握相当困难。为此,就需对它们进行科学的分类。

(一)根据权利和义务方面的特性划分

根据法律规范内容中所包含的权利和义务方面的特性,我国社会主义法律可分为:第一,禁止性规范,即直接规定禁止公民在某种情况下做某一行为,如果做了就要给以惩罚。第二,义务性规范,即直接规定公民有义务或责任在某种情况下做某一行为,如果不做就要受处罚。它的要求的形式,恰好同禁止性规范相反。第三,授权性规范,即授与公民在某种情况下能够借助自己的行为(作为或不作为)来享受一定权利。禁止性和义务性两类规范均带有命令性质,而授权性规范则是任意性的。公民对于这种取得自己权利的行为,可以做,也可以不做。

不过,从最严格的意义上说,任何一项法律规范,都责成人们做一定的行为:或者直接责成他做一定的行为,或者责成他抑制一定的行为,或者责成其他人不得有妨碍他人依法自由表达本人意志的行为。

还有许多法律规范,既属于义务性或禁止性的规范,又属于授权性规范。

(二)根据行为规则的确定程度划分

根据法律规范中行为规则的确定程度,我国社会主义法律可分为:第一,确定性规范,即直接规定某一行为规范的全部内容,而不依赖别的规范来说明或补充。这类规范居大多数。第二,委任性规范,即不确定性的规范。它本身不包含确定的行为规则的内容,而是委任特定的国家机关来确定。委任性规范是特殊的授权性规范;因为,受委任者在被要求的范围内所作的行为,不仅是它的权利,也是它的义务。第三,准用性规范,即规定在适用此项规范时准许引用其他有关的规范,而它本身则没有就有关的内容作出具体的表达。

委任性规范与准用性规范都依靠别的规范表达自己的具体内容。但准用性规范所引用的那些规范是事先已经存在和确定了的,因而也应看成确定性规范,只不过没有将准用的具体内容直接表达出来罢了。

第二节 社会主义法的制定

一、社会主义法的制定的概念

社会主义法的制定,就是有关的国家机关,在其权限范围内,按照一定的程序,创制、修改和废除旧法律规范,从而实现把工人阶级领导的广大人民的意志上升为国家意志的活动。

社会主义法的制定是社会主义国家的特有的活动之一。一切其他社会组织和个人都没有这种权力。但是,说只有国家才能制定法,并不意味着所有国家机关都有这方面的权限,也不是有权制定法律规范的国家机关的权限范围都相同。

社会主义法的制定,要遵照一定的程序。这种程序由法律明文规定,它通常包括草案的提出、讨论、通过、批准、公布等环节。违反法定程序而制定的法律规范,是非法的、无效的。

社会主义法的制定,除创立新的法律规范以外,也包括修改与废除过时的旧法律规范。从本质上说,前者和后者的意义是同等的。并且,有关国家机关进行法律规范的创新、修改和废除的活动,其权限和程序也往往是一致的。

社会主义法的制定是把人民的意志上升为国家意志的过程。所以,它生动地体现了人民的当家作主的地位。

二、社会主义法的制定的原则

这里所说的社会主义法的制定的原则,指总结我国法制建设中贯彻和实现"四项基本原则"的经验而提出的若干原则。

(一)从实际出发

坚持从实际出发,主要应当做到:第一,完整地、准确地把马克思主义关于社会主义法制建设的一般原理,同我国立法工作的实际相结合。第二,通过切实的调查研究,总结建国以来立法工作的第一手经验;同时也能认真研究我国历史的及外国的一切有用的东西。第三,及时根据我国形势的变化,开展相应的法的立、改、废活动。第四,恰当掌握制定法律规范的时机。

(二)国家机关与群众相结合

这就是"从群众中来,到群众中去"的方法。它要求:制定法律规范的目的,永远是从广大群众的利益出发;立法工作立足于总结群众的经验;积极主动地、广泛地倾听群众的呼声,吸收他们参与法的制定的过程。

(三)原则性和灵活性相结合

原则性表现法的基本目的和要求。这基本上是民主原则和社会主义原则。法的制定要紧紧围绕着建设富强、民主和文明的社会主义现代化国家的目标来进行。

灵活性指制定法律规范时要考虑到时间上的步骤性和方法上的多样性;坚持法制的全国统一,又适当地给各地方与部门以制定法律规范的权限。

制定法律规范的原则性与灵活性的结合,关键在于正确、恰当,避免片面性。

(四)保持法的稳定性、连续性、权威性

法的稳定性,指一个法律文件一经生效,就不能轻率地予以变更。

法的连续性,指被取代的旧法律与新法律之间的连接关系。强调法的连续性在于:新法律没有正式生效前,旧法律继续保持效力;新法律应尽量吸收旧法律中合理的、仍然有用的成分。通常的情况是,前一个法律是后一个法律的基础,后一个法律是前一个法律的继续和发展。

法的权威性,指整个社会对法有很高的信赖与积极的服从。对于破坏法律的人,法的权威性则表现为强大的威慑力量。

(五)使法律具有纲领性

社会主义法,既要总结过去的经验和记录人民群众奋斗的成果,又要向人民群众提出未来的目标和方向。

三、社会主义法的渊源

法的渊源,指各种法律规范由哪些国家机关制定,并通过什么具体形式表示。

我国的法律渊源,可概括为两大基本部分。

(一)法律

法律,是拥有立法权的最高国家机关,按照严格的程序制定和颁布,有最高法律效力的规范性文件。法律的特征是:第一,法律由最高国家权力机关制定。在我国,只有全国人民代表大会及其常委会才能行使立法权,制定法律。第二,法律要经过特殊程序制定。一般要经过立法倡议、法律草案的讨论、表决通过、公布四个阶段。第三,法律涉及的是根本的社会制度、国家制度以及主要的社会关系。第四,法律具有最高规范效力。其他一切法律规范都从属于它,并为了保证它的实施,如果同它的精神相抵触就无效。按照其内容的重要程度,我国法律可分为几种:第一,宪法性法律。这是国家的根本法和最高的法律。它由全国人民代表大会制定。第二,基本性法律。它规定国家某个方面的基本制度,也由全国人民代表大会制定。第三,其他法律。它由全国人大常委会制定。

(二)从属于法律的其他规范性文件

国务院有权规定行政措施,制定行政法规、决定和命令,这些是最高行政性规范文件,有全国效力。

国务院所属各部、委员会,有权发布命令、指示和规章。全国县级以上各级人民代表大会及其常委会、各级人民政府,有权制定地方性法规、决议、决定和命令。这些只在所辖区域内有效。

民族自治地方(自治区、自治州、自治县)的人民代表大会,有权制定自治条例和单行条例。

由国家机关认可的习惯是法律渊源之一,但习惯不是主要的法律规范的渊源。

我国同他国签订的包含规范性内容的条约,也是法律规范的渊源。

第三节　社会主义法的实施

一、社会主义法的实施的概念

法的实施,指法律规范在社会中的实现。它包括如下两条渠道。

(一)法的遵守

法的遵守就是平常所讲的"守法"。法的遵守因法律规范性质的不同,表现对人们行为的要求也不同。义务性规范的遵守,表现为义务承担人积极履行自己义务的作为;禁止性规范的遵守,表现为人们的不作为等等。

人人都需要守法。只有这样,才能巩固无产阶级专政和社会主义制度,保障人民群众充分享受社会主义的民主自由权利,以及在人民内部贯彻民主集中制;维持正常和良好的生产、工作、学习和生活的秩序。社会主义国家里法的遵守与资本主义国家不同,主要不是靠强迫,而靠广大群众的自觉性。

（二）法的适用

法的适用就是国家机关及其工作人员，按照法定的权限和程序，为了完成其特定的职务而运用法律的活动。在我国，法的适用也叫作执法。

法院、检察院、公安机关以及某些行政机关（如劳改机关、行政监察机关、公证机关、仲裁机关等），是专门的法适用的机关。

一个国家法的适用，最能表现其法的阶级本质。

二、社会主义法的适用的原则

（一）以事实为根据，以法律为准绳

以事实为根据，是坚持唯物主义认识论。这就要求办案人忠实事实真相，深入实际，调查研究，而不能先入为主，偏听偏信，歪曲事实真相，不能粗枝大叶，不能搞不正之风。

以法律为准绳，是要求忠实于法律。办案人员在工作中遵照法定程序，处理结论以法律为标准，不能以自己想法代替法律，不能滥用法律，不能枉法。以事实为根据和以法律为准绳二者是统一的，相互依赖的。

（二）公民在法律适用上一律平等

这个原则表明，每个公民都要遵守法律，享有法律规定的权利和履行法律规定的义务，不允许任何人有超越法律之外、凌驾法律之上的特权；不管谁，违反法律都要同等地追究责任。

公民在适用法律上一律平等原则，同社会主义法的阶级性是完全一致的。

（三）坚持群众路线

人民对于国家机关和公职人员的活动是否符合法律，是否符合自己的意志和利益，最为关心，最有发言权。国家机关和公职人员应自觉地把自己的活动置于人民的监督之下，虚心倾听人民的呼声。

许多案情往往都掌握在群众手中，所以脱离群众来孤立办案是不能成功的。吸收群众参与法的适用过程，也是帮助他们熟悉和掌握法律、受到活生生的法制教育的好方法。

三、社会主义法律规范的效力

法律规范的效力，指它的适用的范围。

（一）空间效力

法律规范的空间效力，即它在什么地区内有效。全国性的法律规范，在国家全部领土内有效；地方性规范，在相应的地区内有效。但法律规范本身也可以特别规定其效力的空间范围。

本国法律和他国法律相互间的局部域外效力问题，需要通过有关国家的具体协议解决。

（二）时间效力

法律规范的时间效力，即它开始生效、终止生效和是否溯及既往的问题。法律规范开始生效的日期，一般都在规范文件中作出明文规定。法律规范终止生效的日期，大体情况是：第一，由法律文件本身明文规定；第二，由于新规范的颁布，有关的旧规范当然终止时效；第三，有权机关作出专门决定加以宣布。

我国新颁布的法律，一般地对于过去发生的行为，没有溯及既往的效力。这是为了引导公民按照已有的和他们已知的法律来行动，为了利于社会主义法制建设。在个别情况下，为维护国家与人民的利益，法律也溯及既往，但通常采用从轻处罚的原则。

（三）对人的效力

我国公民在本国领土内，一律适用我国法律。我国公民在外国，我国法律原则上对他们是适用的，但又存在着适用所在国法律的问题。妥善的解决办法，往往要依靠两国谈判。

在我国居住的外国人或无国籍的人，除享有外交特权和豁免权者外，都适用我国法律。享有外交特权和豁免权者有违反我国法律的行为，对其责任的追究，通过外交途径解决。

外国人在外国侵犯我国或我国公民利益的事件，我国有权要求适用我国法律。

四、社会主义法律规范的解释

法律规范的解释，就是说明它的涵义。只有正确地解释法律规范，才能准确地适用它。

法律规范的解释，从不同角度可以有不同的分类。

（一）从解释的主体上可分为：

第一，正式解释（有权解释），其中包括立法解释、行政解释、司法解释。立法解释是立法机关对于法律规范的解释。宪法规定，解释宪法和法律的权力属于全国人大常委会。更广泛地说，立法解释也可以指制定该项法律规范的国家机关的解释。行政解释是国家行政机关在自己职权范围内对法律规范进行的解释。司法解释是法院在审判过程中对所适用的法律规范进行的解释。最高人民法院审判委员会进行的司法解释，对全国法院有约束力。但是，所有法院在处理具体案件中所作的司法解释，仅仅对这个案件有约束力。

第二，非正式解释（无权解释），其中包括学理解释和任意解释。学理解释是在法学研究中对法律规范的解释。任意解释是纯私人的解释。一切非正式解释都没有法律效力。

（二）从解释法律规范的外延上可分为：扩充解释、限制解释、字面解释。其中，字面解释最常见。不论哪种解释，都是为了符合立法的精神。

（三）从解释的方法上可分为：文法解释、逻辑解释、历史解释（通过对该规范制定的历史条件的分析所作的解释）、系统解释（通过阐述该规范在一定法律体系中的地位所作的解释)。

五、社会主义法律规范的类推适用

法律规范的类推适用,指在司法实践中,由于缺乏法律的直接规定,而适用性质上最接近的法律规范的情况。

这种类推适用,显然用以补充立法的不足。但需知,再完备的立法也不可能包罗生活中的一切情况。尤其在形势变化很快的情况下,也不能要求立法机关事先预见到一切需要。所以,类推适用的必要性,总是或多或少存在的。另一方面也不得不承认,类推毕竟不如直接规定那么准确,而且难以掌握,容易违背立法精神。鉴于这一点,应当严格限制类推适用。我国刑法规定:"本法分则没有明文规定的犯罪,可以比照本法分则最相类似的条文定罪判刑,但是应该报请最高人民法院核准。"其中就体现了从严掌握的精神。这对维护法制有重要意义。

六、社会主义法律规范的系统化

我国有关的国家机关,在不同的历史时期,针对不同问题,以不同的形式,颁布过大量的法律和其他规范性文件。为便于法律的适用,便于制定新法律时的参照,便于研究和查阅,就需要对已经颁布过的法律进行加工整理,使之系统化。这种系统化,分为法规汇编和法典编纂两种。

法规汇编,就是按照年代、法律部门及其他分类方法,对法律规范简单地加以集中和编排,汇成书册,而不改动法律规范的内容。法规汇编属于技术性工作,不是立法工作。这项工作本身也不具有任何法律上的权威性和约束性。

法典编纂,同法规汇编有本质的不同。它不只是要使法律规范系统化,而且本身就是立法活动。在这一活动过程中,要按照最新宪法的精神和法制统一的原则,将一个部门的法律规范,全部地重新进行审查,然后编纂成为一部有严密内在联系的、系统的法律文件,即法典。法典编纂包括法律规范的创制、修改、废除的工作。就是说,要以新规范填补空白,消除原有规范之间的相互冲突或不一致之处,修正那些含糊不清的、过了时的和个别失误的地方,废止已经不适用的规范。由此可见,法典编纂实际上是用一部完整的部门法文件,来代替以前的有关法律或规范性文件。

第四节　社会主义法律关系

一、社会主义法律关系的概念

社会主义法律关系,是一种特殊的社会主义社会关系。它是社会主义法律规范在调整社会生活过程中产生的关系。这种关系通过人们之间的权利义务关系表现出来。

(一)社会主义法律关系是一种特殊的社会关系

整个社会关系分为物质关系和思想关系,或者叫作经济基础关系和上层建筑关系。法律关系是由经济基础决定的上层建筑关系,或思想关系。而在思想关系中,法律关系又有自己独特的表现形式:第一,用来调整这种社会关系的法律规范本身就是国家意志,即被集中起来的统治阶级思想;第二,这样那样的具体法律关系,一般都是由它的参加者的意志所引起的。因此,法律关系的思想色彩非常明显。

(二)社会主义法律关系是社会主义法律规范调整社会生活过程中产生的关系

这就是说,法律关系必须以法律规范的存在作为不可缺少的前提。假若缺乏某一方面的法律规范,便不会产生相应的法律关系。换个说法也一样,即某一种社会关系,如果不是由相应的法律规范而引起的,那么它就不是法律关系。按照人们喜欢举的例子,像友谊关系、爱情关系之类,就不是法律关系。因为,这类社会关系没有必要规定为法律。这样一来,参与这类关系的各方,就没有什么法律意义上的权利和义务。

(三)社会主义法律关系是通过人们之间的权利义务关系获得表现的

严格地说,权利、义务本来就是法律概念。因而,在没有法律的社会中,也就不存在权利和义务的区分。如同恩格斯所说,在原始社会中就谈不到权利义务问题。那里有的是道德上的应当不应当,有的是个人意志中的愿意不愿意的问题。如同人们对于吃饭的态度一样。

法律关系作为阶级社会中特有的一种社会关系,其重要的特征在于,这种关系的参与者都作为法律规范所规定的权利义务的承担者之间的关系,从而受到国家强制力的维护。

二、社会主义法律关系的要素

社会主义法律关系,同其他各种类型社会中的法律关系一样,由主体、客体和内容三大要素构成的。

(一)法律关系的主体

法律关系的主体,亦称权利主体。它指的是参与法律关系,从而享有权利和承担义务的人。

什么叫权利? 什么叫义务? 权利是法律规定的可以做或不做一定的行为;权利人在法定范围内,处于主动的地位。义务就是必须做或不做一定的行为;义务人处于被动的地位。

作为一个法律关系的主体,要具备权利能力和行为能力的条件。权利能力指有参与法律关系,享有权利并承担义务的能力。行为能力指有以自己的行为来享受权利并承担义务的能力。由此可知,凡具有行为能力的人都具有权利能力;但具有权利能力的人却不一定具有行为能力(如未成年人、精神病患者等等)。

权利主体的范围,因社会情况不同而不同。我国法律关系中的权利主体的范围很广泛。大体上有:第一,公民。第二,外国侨民和无国籍的人,按照我国法律或有关国际条约的规定,可以成为某些法律关系的主体。第三,作为整体的国家,不仅是国际法律关系的主体,也是某些重要的国内法律关系的主体。如:它是全民所有财产的主体,保卫公民权利义务的主体等等。第四,各种国家机关、企业、事业单位。第五,各集体所有制单位。第六,各人民团体。第七,中外合资经营企业、中外合作企业,等等。

(二)法律关系的客体

法律关系的客体,亦即权利客体。它指的是法律关系主体的权利、义务指向的对象。由于社会性质或国家性质的不同,权利客体的内容也不同。比如,奴隶制和封建制的法律关系的重要特点,就是公开地把人(奴隶或农奴)当作客体。资本主义社会一般不允许把劳动者当作权利客体,但法律把婚姻家庭关系等当作物与物的关系,实际上是变相地把人当成权利客体。

而社会主义国家则不同。在这里,权利客体有两类:第一,物,即有一定使用价值的财产,其中包括精神或知识的财产(如著作权、发明权、商标权)。第二,行为,即一定的作为或不作为。如在家庭的法律关系中,父母与子女间的互相扶养义务就是要求作为;禁止互相虐待和遗弃就是要求不作为。特别需要强调的是,在社会主义国家绝不允许公开地或变相地把人当作权利客体。

(三)法律关系的内容

法律关系的内容,就是指法律关系主体之间的权利和义务。法律关系主体之间是相互的权利和义务的承担者的关系。

法律的权利和义务是对立统一的关系。正如马克思明确指出的那样,"没有无义务的权利,也没有无权利的义务"。① 但是,在剥削类型的国家里,权利义务的一致仅仅是法律形式上的。事实是,这种社会"几乎把一切权利赋予一个阶级,另一方面却几乎把义务推给另一个阶级"。② 在社会主义国家里;由于建立在生产资料社会主义公有制基础上的人民根本利益的一致,人民是国家的主人,真正实现了法律面前一律平等。因而,法律的权利和义务不仅在形式上而且在实际上都是一致的。

社会主义法律的权利和义务的一致性,在具体法律关系上的表现是:(1)权利和义务发生的同时性。在某些法律关系中,主体在取得权利的同时,也就承担了义务。他没有取得权利,就谈不上承担义务;反之,他不承担义务,也就不享有权利。(2)权利和义务的对应性。法律关系的一方主体的权利,是另一方主体的义务。(3)权利和义务的相对性。法律关系主体的特定行为,是行使权利,也是履行义务。如:行政机关对被管理人行使权利,对于国家来说则是履行义务。

三、法律事实

由于各种各样的原因,法律关系是在不断变化的。概括地说,凡是能引起法律关系产生、变更和消灭的那些情况,就叫作法律事实。

法律事实包括两类。第一,事件。它是不以人们意志为转移而发生的一些事情,

① 《马克思恩格斯全集》第16卷,第16页。
② 《马克思恩格斯选集》第4卷,第174页。

如死亡、天灾、人祸、时间的推移等等。第二,行为。它是通过人们意志而发生的一些事情,其中又分为作为和不作为。

构成法律事实的行为,可以是合法行为即符合法律规范所要求的行为,也可以是违法行为即违反法律规范所要求的行为。违法行为有民事性违法行为、行政性违法行为、刑事性违法行为的区别。但它们的共同点都是侵犯了法律规范所保护的客体,从而必然损害相应的权利主体的利益,也损害社会和国家的利益。因此,违法者要承担法律责任,受到法律规范规定的制裁。

第五节　社会主义法的体系

一、社会主义法体系的概念

社会主义法的体系,指一个社会主义国家现行法的各个部分所构成的有机统一整体。

这里所说的法的体系的各个构成部分,包括:第一,各项法律规范。第二,由若干法律规范构成的规范小组,也就是法律制度。如,所有权制度、合同制度、婚姻制度、上诉制度,等等。第三,由若干法律规范或法律制度构成的法律部门。如,国家法(宪法)、行政法、民法、刑法、诉讼法等等。一个国家法的体系,就是由这些法律规范、法律制度、法律部门的相互协调而成的。其中,特别是法部门,对于一个国家法体系的建立和发展有直接的关系。

社会主义法的各个部门的区分,以客观存在的社会主义社会关系的多样性为基础,而不是人们任意确定的。在这方面,立法机关的任务就在于能够正确反映这多样社会关系的要求,及时制定出相应的法律规范来调整它们。一个法的部门,就是调整某一类社会关系的法律规范的总体。这就意味着,划分法部门的主要标准,是作为它所直接调整的对象的社会关系的性质。法所调整的对象不同,决定了它对人们行为进行调整方法的不同。例如,对刑事方面的社会关系,多采取国家机关集中的方法、执行权力的方法来调整;对民事方面的社会关系,多采取当事人间的分散的方法、自由表示意志的方法、平权的方法来调整。尽管调整方法在区分法部门上是个派生的、从属的因素,但如果能自觉结合调整方法来分析法所调整的不同社会关系,无疑对于划分法部门是有益处的。

法部门的划分虽有其质的规定性,但也包含相对性即可变性。第一,由于社会关系的复杂,往往一种社会关系会同时由几个不同的法部门来调整,其中每一法部门只在本身特定的任务和直接调整对象的范围内来调整这种关系。也就是说,它仅仅调整这种关系的一个侧面,而不是全体。最明显的,像财产关系,民法、经济法、财政法、行政法等部门,都对它进行部分地调整。第二,在社会主义事业的发展过程中,不可避免地会产生一些新的社会关系,消灭一些旧的社会关系,相应地就要求新的法制度或法部门的产生。

在西方国家,普遍地把法体系划分为"公法"和"私法"两大部分,而法部门则被分别归属于公法、私法之下。如一般地,将宪法、行政法、刑法、诉讼法等包括在公法中;将民法、婚姻家庭法、商法等包括在私法中。这种做法完全同资本主义私有制相一致。私法是私有制的直接表现;公法则是作为维护私有制的外部条件而存在,保障资本家的整体利益。在社会主义国家,根本不存在划分公法和私法的基础。列宁说:"我们不承认任何'私法',在我们看来,经济领域中的一切都属于公法范围,而不属于私法范围。"①这也就是说,社会主义法建立在公有制的基础上,都反映人民的整体利益。

社会主义国家的法体系,不包括国际法这个特殊的法部门。这是由国际法本身的性质和特点决定的。第一,国际法关系的主体是各个国家。第二,国际法不是出自统一的立法机关,其规范是国际法关系参加者通过互相缔结条约的方法制定的。第三,对国际法的实施,没有一个统一的强制机构,只能由有关国家来强制。第四,国际法的主要渊源是国际协议和国际惯例。由此可知,国际法在一些基本方面都和国内法的各部门有重大区别。

研究法体系有什么意义呢? 第一,有助于国家的立法活动,使有关的国家机关弥补现行法中的缺陷,帮助它废除旧的法律,制定新的法律。第二,根据法体系的知识,就能够从数量巨大的现行法律规范里找出适合于某个事件或案件的规范来。第三,法体系的知识还会帮助人们正确领会各种法律规范的意义,使我们能把每一项法律规范同其他相近的规范联系起来,并把它同整个法体系的基本原则联系起来进行评价。总之,了解法体系,对于立法、法的适用以及法学研究和掌握法律常识,都是不可缺少的。

二、我国社会主义法的部门

按照我国法学界比较一致的看法,我国法体系所包括的法部门,大抵是:(1)宪法,(2)行政法,(3)刑法,(4)民法,(5)经济法,(6)劳动法,(7)婚姻法,(8)诉讼法,其中诉讼法又分为刑事诉讼法和民事诉讼法。

第四章　社会主义法制

第一节　社会主义法制的概念

法制一词的含义有广、狭之分。广义的法制,是指国家的法律和制度的总称。如同董必武同志所说:"我们望文思意,国家的法律和制度,就是法制。"②在这个意义上,历史上所有的国家都有法制。狭义的法制,是指全体国家机关、社会团体、公职人员和

---

① 《列宁全集》第36卷,第587页。
② 《论社会主义民主和法制》,第153页。

公民都一律平等地严格按照法律办事。十月革命以后,列宁讲的法制即俄文эаконность,就是"守法性"或"法律的状态"的意思。狭义的法制在奴隶制和封建制国家中是不存在的,因为它们维护的是公开的人身不平等即人身的依附关系,是以野蛮、特权、等级制度为特征的。狭义的法制概念,只是近代以来的法制概念。就是说,它只存在于资本主义国家和社会主义国家。当然,这两种类型的法制,又有本质的区别。

谈到法制的概念时,还要注意到"法制"与"法治"两词的联系。所谓法治,有时指国家运用法作为手段进行统治,这相当于广义的法制。如春秋战国时代的法家所鼓吹的法治,就是专制主义国家的法制。其次,法治有时也指所谓"法的统治",也就是狭义的法制;不过,这仅仅是资产阶级的超阶级的解释。我们应当把法治和法制理解为等同的概念比较恰当。

懂得了法制的一般概念之后,再来理解社会主义法制的概念就容易了。广义的社会主义法制,就是社会主义国家所确立的法律和制度的总称。狭义的社会主义法制,就是一切国家机关、企业事业单位、社会团体、公职人员、全体公民都必须严格遵守和执行国家的法律和制度,即是"依法办事"。作为社会主义国家领导者的共产党也必须遵守宪法和法律,在宪法和法律的范围内活动。

由于社会主义民主是占人口百分之九十五以上人民的最广大的民主,也由于在人民内部没有根本利害冲突,所以社会主义法制就没有资产阶级法制那样的局限性。它能够得到真正的实施,并朝着最彻底、最完善的方向发展。

第二节　社会主义法制的基本要求

社会主义法制的基本要求,就是有法可依,有法必依,执法必严,违法必究。这四个方面是统一的,相互联系和相互制约的。

一、有法可依

有法可依是建立和加强社会主义法制的前提。有了法,才能谈到国家的法律和制度完善与否的问题。有了法,才能谈到依法办事和守法的问题。一句话,有了法才能谈到法制的问题。所以,要加强社会主义法制,就必须及时地适应形势发展的需要进行立法,使社会主义的法制体系尽快地完备起来,使人们的行动到处都有法律可遵循。

二、有法必依

有法必依是法制的核心问题,是加强社会主义法制的关键。列宁指出,从制定法律到执行法律和实现法律,总有相当的距离。由此可知,有法必依是要经过斗争的。有了法律如果得不到遵守和实施,那么法律再好,也仅是一纸空文。

有法必依有两个方面:第一,对于国家职能机关及其工作人员来说,有法必依就是严格执法的问题;第二,对于公民个人来说,就是守法问题。

三、执法必严

这也就是国家职能机关及其工作人员实施或适用法律的问题。执法必严包括两个主要环节:第一,办事的过程要符合法律规定的手续;第二,对于公务事项和案件的决定、处理,必须以法律作为根据。简言之,执法必严就是要求执法者绝对服从法律,而不掺入个人的主观任性。

四、违法必究

违法必究是着重于被执法的人或执法的对象。凡违法的人,不论是谁,一律要受到法律追究和制裁。绝不允许任何人有置身法律之外、凌驾法律之上的特权。这也就是坚持公民在法律适用方面一律平等的原则。

只有真正地、完全地做到以上四个方面,才可以说社会主义法制比较健全了,社会主义法制的作用比较充分地发挥出来了。

第三节　社会主义民主的制度化、法律化

一、社会主义民主的概念

民主一词来源于希腊语,原意是"人民的权力""人民的统治"。民主有两层含义:第一,是国体(国家本质)在统治阶级内部的体现。这是相对于对被统治阶级所实行的专政而言的。第二,是一种政体(国家形式)。它是相对于君主政体、贵族政体而言的。民主是个国家的概念。因此,历史上有几种类型的国家,就有几种类型的民主。

社会主义民主,是社会主义国家制度。其基本含义是:全体人民在共同享有对生产资料的所有权、支配权和管理权的基础上,共同享有管理国家生活和社会生活的权力,也就是人民当家作主。同资产阶级民主相比,社会主义民主的主要优越性在于:第一,社会主义民主的主体即享受民主的人是非常广泛的,占人口的百分之九十五以上。第二,社会主义民主的内容十分丰富,包含社会的、政治的、经济的、文化思想的各个领域。第三,社会主义民主有物质的保障。因为,它是建立在公有制的基础之上的。正是为了强调社会主义民主同资产阶级民主之间的本质区别,列宁才说社会主义民主比资产阶级民主优越百万倍。

二、社会主义民主与社会主义法制的辩证关系

社会主义社会中的民主和法制都是社会主义经济基础的上层建筑,并为社会主义经济基础服务。在整个社会主义社会的发展过程中,它们自始至终是相互一致、相互依存和相互促进的。

(一)社会主义民主是社会主义法制的前提

既然社会主义民主是社会主义国家的概念,那么同法制相比,它是第一位的、决定性的,而法制是被决定的、从属性的。人民只有掌握了国家政权、争得了民主以后,才

能为自己立法,建立自己的法制。再说,法制的力量也是寓于民主之中,即寓于组成国家政权的人民群众之中的。从发展方向上看,法制也是伴随民主的发展而不断发展。

(二)社会主义法制是社会主义民主的保障

人民在掌握国家政权以后,必然要运用法制这个手段来保卫国家政权,也就是保卫社会主义民主。社会主义法制把民主作为人民斗争的胜利成果,系统地、明确地、具体地记载和巩固下来,以便确认民主。社会主义法制通过本身的指导作用,向国家机关、公职人员和公民指明,怎样做是符合民主的行为,怎样做是违反民主的行为,以便实现民主。社会主义法制通过惩罚各种违法和犯罪,维护人民民主权利,以便捍卫民主。

正是鉴于民主和法制的这种客观的辩证统一关系,在任何时候都必须把它们紧密结合起来。

三、社会主义民主的制度化、法律化

社会主义民主的建设和社会主义法制的建设二者紧密相结合的最根本的表现,就是努力使社会主义民主制度化、法律化。

社会主义民主的制度化、法律化,从根本上说,指的是把人民艰苦奋斗取得的当家作主的最高权力(政权)和公民的各项民主自由权利(人权),用国家的制度和法律的形式肯定和确定下来,使之条文化、定型化、规范化。其目的在于,使社会主义民主作为一种具有最高权威性的、最稳定和最明确的东西,而为全体国家机关、公职人员和公民所了解和严格遵守。如果有谁敢于侵犯和破坏它,法律立即加以追究,予以制裁。

可以清楚地看到,使社会主义民主制度化、法律化是直接关系到维护,发展人民民主专政的国家政权和国家根本制度的大事,当然也是社会主义法制建设的一项根本的和首要的任务。

第四节 社会主义法律意识

一、法律意识的概念

法律意识,是人们的法律观念(法律心理)和法律理论的总称。

这就是说,从法律意识的结构上看,它主要包括两部分:第一,法律观念或法律心理。这是在人们中间自发产生的对法和法律现象的看法和态度。它是法律意识的低级形式。第二,法律理论。这是对法和法律现象的认识的体系化。它是法律意识的高级形式。法律理论在法律意识中,处于指导和主导的地位。

法律意识的结构,也可以分为个人法律意识和社会法律意识两部分。

法和法律意识、法律观念和法律理论,个人法律意识和社会法律意识,其相互之间是紧密联系与彼此影响的。它们都是一定社会的上层建筑,都有强烈的阶级性。在特定社会中,占据统治地位的法律意识,必然是统治阶级的法律意识。

二、社会主义法律意识的根本特点和重要意义

社会主义法律意识,是工人阶级为代表的广大人民的革命法律意识。它是在同剥削阶级进行斗争中形成的。在社会主义法律意识中占据主导地位的法律理论,是马克思主义理论的组成部分。因此,这种法律理论不能从劳动人民中自发产生,而必须向人民之中进行灌输。

社会主义法律意识,对于社会主义法制建设有着重大的意义:

其一,对于立法的意义。任何一项真正的社会主义法律规范都是社会主义法律意识的直接产物,都反映社会主义法律意识的要求,都是社会主义法律意识的固定化和条文化。

其二,对法律适用(执法)的意义。尽管法律规范是法律意识的产物,但它要适用于具体的案件,也离不开执法人员的法律意识。具体说,法律规范的解释就是法律意识的表现。俄国十月革命废除旧俄法律之后,列宁一再强调要按照"革命信念和革命的法律意识"来进行审判工作。

其三,对人民群众守法的意义。人民之所以能够自觉遵守社会主义法律,是由他们的社会主义法律意识支配的。守法教育,必须像董必武同志所指出的那样:要"培养群众法律意识",即使得"我们自己的守法的概念要很明显地在我们意识中确定下来"。

由此可知,社会主义法制建设,必须同社会主义法律意识的培养与提高一道进行,才能成功。

思考题

1.什么是法? 它有哪些主要特征?

2.法同道德的联系和区别是什么?

3.我国社会主义法同党的政策之间是什么关系?

4.法是怎样产生的? 法与原始社会的社会规范有什么区别?

5.什么叫法的历史类型? 法的历史类型有哪些?

6.资产阶级法有哪些基本特征?

7.社会主义法产生的一般规律是什么? 我国社会主义法的产生和发展有什么特点?

8.什么是社会主义法? 它的主要作用是什么?

9.什么叫社会主义法律规范? 它由哪些要素构成? 怎样对社会主义法律规范进行分类? 什么是法规汇编和法典编纂?

10.略述社会主义社会中守法的意义。

11.什么叫社会主义法的适用? 它的主要原则是什么?

12.什么是社会主义法律关系? 它包括哪几个要素? 什么叫法律事实?

13. 什么是社会主义法制？

14. 我国社会主义法制的基本要求是什么？

15. 怎样理解社会主义民主与法制的辩证关系？

16. 什么叫社会主义法律意识？它对加强社会主义法制有什么意义？

第二讲　宪　法

【内容提要】宪法是国家的根本法。我国现行宪法具有正确反映现今中国社会发展阶段实际情况的特点。中华人民共和国的国体是工人阶级领导的、工农联盟为基础的人民民主专政即无产阶级专政。政体有两个方面:在国家管理形式上,是人民代表大会制;在国家结构形式上,是单一制的多民族国家,以民族区域自治制解决国内民族问题。我国国家机构及其根本的组织和活动原则,全国人民代表大会及其常务委员会、中华人民共和国主席、国务院、中央军事委员会及地方国家机关的性质、地位、产生、组成、任期、职权利活动,宪法均作了规定。中华人民共和国公民享有广泛的民主自由权利,同时要履行相应的基本义务。

宪法是国家的最高部门法。它是由规定基本的社会制度和国家制度,国家机关组织和活动的基本原则,公民的基本权利和义务等法律规范构成。

在我国,宪法规范主要集中在宪法法典里,此外,还包括在有关国家机关的选举及组织等法律文件里。

我国宪法是我国的根本大法。这是由于:第一,宪法的内容规定我国基本的社会制度和国家制度,调整我国最基本的社会关系。第二,宪法是我国最高权力机关即全国人民代表大会,而且仅仅由全国人民代表大会,经过特殊程序制定和修改的。第三,宪法的效力在我国整个法体系中是最高的,是其他各个部门法的立法基础。

中华人民共和国成立以来,一共制定过一部宪法性文件和四部宪法。1949 年《中国人民政治协商会议共同纲领》是作为中华人民共和国直接依据的法律文件,它起着临时宪法的作用。1954 年宪法是适应我国开始进行社会主义改造和社会主义建设新形势制定的,是一部很好的宪法。在"文革"中制定的 1975 年宪法,受林彪和江青两个反革命集团极左思想影响很深,是非常不成样子的宪法。1978 年在粉碎"四人帮"之后又颁布了一部宪法,它比前一部宪法虽有许多改善,但基本倾向仍是极左的。最新的1982 年宪法,总结了以往的经验教训,是 1954 年宪法的继承和发展,因而是建国以来质量最高的一部宪法。

新宪法是把马列主义普遍真理同中国具体实际相结合的法典。它具有正确反映现今中国社会发展阶段的实际情况的特点。

第一,在指导思想和总的原则方面,新宪法明确提出坚持四项基本原则。

第二,在国体方面,新宪法规定我国是工人阶级领导的、工农联盟为基础的人民民主专政的社会主义国家。

第三,在政体方面,新宪法规定中国是多民族的单一制国家,以民族区域自治制度解决国内民族问题;还规定人民代表大会制是我国基本的政治制度。

第四,在经济制度方面,新宪法规定社会主义公有制是我国整个经济制度的基础;同时,还把劳动者个体经济作为社会主义经济制度的补充,鼓励外国资本在中国投资,进行多种形式的中外经济合作;实行有计划的商品经济。

第五,在建设高度文明方面,新宪法贯彻了在建设高度物质文明的同时,努力建设以共产主义思想为核心的高度精神文明的战略方针。

第六,在公民权利义务方面,新宪法规定公民广泛的民主自由权利和公民的基本义务。

新宪法是我国长期历史经验的总结,又是实现四化,建设富强、民主和文明的社会主义国家的重要保证。

第一章 中华人民共和国的国体和政体

任何一个国家都有国体和政体两个方面,这二者是统一的。国体就是国家性质,它指政权的阶级构成,即社会各阶级在政权中的地位,以及对谁民主、对谁专政的问题。政体就是国家形式,它又分为两方面:一是国家管理形式,说的是国家中央权力机关怎样组织和活动;历史上习惯于把国家管理形式归纳于君主制、贵族制、民主制三种。二是国家结构形式,指的是国家的中央权力同地方权力的关系;它包括单一制、邦联制、联邦制三种。在国体和政体的关系中,国体是决定性的,政体是从属性的;但是,没有适当的政体,就不能很好地保持国体。

第一节 中华人民共和国的国体

中华人民共和国的国体是,工人阶级领导的、工农联盟为基础的人民民主专政即无产阶级专政。

一、我国现阶段的人民民主专政实质上是无产阶级专政

人民民主专政学说是马列主义无产阶级专政学说在中国的具体运用和伟大的发展。

人民民主专政经过了新民主主义和社会主义两个历史发展阶段。

新民主主义时期的人民民主专政,就是解放区的革命政权。它是工人阶级领导的、工农联盟为基础的几个革命阶级联合专政的新民主主义共和国。任务是反帝、反封建、反官僚资本主义,建立多种经济并存的新民主主义社会。

中华人民共和国成立后的人民民主专政,分作两个发展时期。1956年前的人民民

主专政基本上是新民主主义性质的。1956年后的人民民主专政才真正转变为社会主义性质的,即实质上成了无产阶级专政。

在今天,继续将无产阶级专政称为人民民主专政,反映着我国真实的国情。主要是:第一,表现了今天同新民主主义时期的人民民主专政之间紧密的历史联系。第二,说明了我国政权仍然有广阔的统一战线的因素。第三,这个称呼更清楚地表明它是由社会主义民主和对敌人专政两方面的结合。由此可见,把现今我国的政权称为人民民主专政,不论在国内和在国际上都有益处。

二、人民民主专政是最广大的民主

人民民主专政对于人民内部说来,就是社会主义民主的国家,人民当家作主的国家。所谓人民民主专政是最广大的民主,正是指它的最广泛的人民性。

在人民民主专政的国家政权的构成之中,人民的每部分都占重要地位。工人阶级是领导阶级,它通过共产党对国家实行统一的、绝对的领导。工农联盟是人民民主专政的基础,在现阶段,这个联盟就是实现国家四化的联盟。知识分子是脑力劳动者,目前他们已属工人阶级的一部分,在四化建设中具有重大作用。从前以民族资产阶级、上层小资产阶级及其知识分子为社会基础的各民主党派,现今已变成一部分社会主义劳动者和爱国者的政治联盟,是共产党领导下为社会主义服务的政治力量。在四化建设的新历史时期中,原有的统一战线将继续巩固和发展。党的十三大重申,继续坚持"长期共存,互相监督","肝胆相照,荣辱与共"的方针。

三、人民民主专政仅仅是对为数极少的敌对分子实行专政

在剥削阶级作为阶级消灭以后,我国社会的主要矛盾已不再是阶级斗争。因此推行"以阶级斗争为纲"的方针是错误的,必然会导致阶级斗争的扩大化。但是,阶级斗争还将在我国社会的一定范围内长期存在,并且在某种条件下还有可能激化。这不仅是因为历史上的剥削制度和剥削阶级在各方面的遗毒不可能在短时期内清除干净,而且因为我们祖国的统一大业还没有最后完成,我们还处在复杂的国际环境中,资本主义势力以及某些敌视我国社会主义事业的势力还会对我国进行腐蚀和破坏。我国经济和文化还比较落后,年轻的社会主义制度还有许多不完善的地方,还不可能完全防止某些社会成员发生腐化变质的现象,不可能杜绝极少数剥削阶级分子和各种敌对分子的产生。现在,这些形形色色的敌对分子正在从经济上、政治上、思想文化上、社会生活上进行着蓄意的破坏和推翻社会主义制度的活动。我国现阶段的阶级斗争,主要表现为人民同这些敌对分子的斗争。正由于这个原因,我们必须继续坚持人民民主专政,坚持发挥人民民主专政国家的专政职能。否则也会犯严重的错误。

第二节　中华人民共和国的政体

一、我国的国家管理形式是人民代表大会制

中华人民共和国的一切权力属于人民,而人民行使国家权力的机关是全国人民代表大会和地方各级人民代表大会。

人民代表大会制是我国的基本政治制度。主要是因为:第一,它以人口比例为基础,由省、自治区、直辖市和军队的人民代表所组成,具有最广泛的代表性。所以,只有它才能最鲜明地反映人民民主专政的本质,即人民当家作主的地位。第二,只有它才能反映我国政治生活的全面,与那些仅反映政治生活某个侧面的其他一切制度不同。第三,只有它是直接凭借人民的革命行动来建立,而不依赖任何法律。或者说,任何法律都不能创造它,相反地它创造一切法律。

人民代表大会是按照民主集中制原则建立起来的。这表现在:第一,人民代表大会是从中央到地方的统一组织形式。第二,各级人民代表由选民普选产生,并可随时撤换。第三,我国的一切国家机关都由人民代表大会产生,对它负责,接受它的监督。

我国人民代表大会制的主要特点在于:第一,它在长期的革命过程中形成,有着光荣的历史,凝聚着丰富的经验。第二,它是我国劳动人民最熟悉、最习惯的制度,从而最适合充当人民自己解放自己的伟大手段。第三,它贯彻"议行合一"的原则,同资产阶级"三权分立"原则相对立。议行合一指立法机关要实际办事情,要对自己所立的法律的实施负责到底,而不是像资产阶级议会那样往往专门从事于空谈。另外,这一原则还意味着行政机关要服从立法机关,而不能同它平起平坐。资产阶级三权分立是虚伪的,本身就意味着对立法权的削弱。第四,它把党的领导和群众的支持很好地结合起来。人民代表大会制有十分广泛的群众基础。而党通过人代会的体系、通过众多的人民代表,可以广泛和深入地联系人民,了解人民,并领导人民。

二、我国的国家结构形式是统一的多民族的国家

马克思主义经典作家们所理想的社会主义国家的结构形式,是单一的社会主义共和国。如列宁说:"无论从经济发展或群众利益来看,大国家的好处是不容置疑的。"[①]"只要各不同的民族组成统一的国家,马克思主义者决不主张实行任何联邦制原则,也不主张实行分权制。"[②]但是,为了解决民族问题所必须,马克思主义也不排斥联邦制。

我国的情况同当年苏联的情况不同。我国是个多民族国家,但不存在民族分裂的问题。在数千年的历史上,中华民族就是一个多民族的集合体;在中国革命中,由于党的领导,各民族就更加团结了。因此,我们不能仿效十月革命后的苏联来建立联邦制。

---

① 《列宁全集》第22卷,第140页。
② 《列宁全集》第20卷,第20页。

民族区域自治制度,是我国解决国内民族问题的基本途径。这一制度就是,在我国领土内,在中央统一领导下,依照宪法和有关的法律规定,以少数民族聚居区为基础,建立民族自治地方及其机关,行使自治权,根据本民族人民的意愿来管理本民族内部的地方性事务。这既有利于国家的统一,又能充分发挥各少数民族的主人翁的责任感。事实已经证明,这个制度是成功的。

第二章　国家机构

国家机构就是国家机关的总和,或国家机关体系。任何一个统治阶级,为了进行统治,就必须建立各种国家机关来行使国家的权力,执行国家的各方面的职能。离开国家机构,国家就成了抽象的东西。

我国的社会主义国家机构,就是社会主义的国家机关体系。它是中国人民在党的领导下,经过长期武装斗争,在打碎国民党反动国家机器的基础上建立起来的。

我国国家机构的组织和活动原则是:第一,党的领导原则。第二,民主集中制原则。第三,集体领导和首长个人负责相结合原则。第四,群众路线原则,即密切联系人民群众,自觉接受人民群众监督,一切为人民服务原则。第五,法制原则。

根据以上原则建立的我国国家机构,就是:以国家权力机关为基础,在它之下有向它负责的国家行政机关和审判机关、检察机关,这样一套相互协调的、运转灵便的、有机统一的完整体系。

第一节　全国人民代表大会

一、全国人民代表大会是最高国家权力机关

所谓国家的最高权力,就是通常所说的主权。全国人民代表大会之所以成为我国最高国家权力机关或主权机关,就因为它是我国的基本政治制度。全国人民代表大会的主权性表现在:第一,至高无上性。它在国家机关体系中居于首位,任何别的国家机关都不能和它的权力平行,更不能超过它,全国人民代表大会通过的宪法和法律,所有国家机关都必须服从。第二,不受限制性。它集中或垄断了国家一切权力,仅仅对人民负责。除了人民以外,没有任何国家机关能够限制它。第三,不可分割性。全国人民代表大会权力是统一的整体,不能解析为几个部分。至于它与其他国家机关之间实行的工作分工,也是取决于它自己的意志,并且是为了实现这种意志的方式。

全国人民代表大会的职权,可归纳为以下几个方面。

(一)立法权

全国人大有修改宪法和制定法律的权力。宪法的修改,由全国人大常委会或者五分之一以上的全国人大代表的提议,经过全国人大以全体代表的三分之二以上的多数

通过。法律的制定,由全体代表的半数以上通过。

（二）国家领导人的决定权

全国人大,选举其常委会委员长、副委员长和秘书长、委员;选举国家主席,副主席;根据国家主席提名,决定国务院总理人选;根据总理提名,决定副总理、国务委员、各部部长和委员会主任、审计长、秘书长的人选;选举中央军事委员会主席,并根据他的提名,决定副主席和委员,选举最高人民法院院长和最高人民检察院检察长。对所有以上人员,全国人大也有权罢免。

（三）国家重大问题的审查、批准权

全国人大审批国民经济和社会发展计划以及计划执行情况的报告;审批国家预算及其执行情况的报告;批准省、自治区、直辖市的划分;决定战争与和平问题。此外,还有权改变或取消全国人大常委会不适当的决议。

（四）全国人大认为应当由自己行使的其他职权

全国人大每届任期五年,每届代表的选举由全国人大常委会主持。它的主要工作方式是会议,每年召开一次会议,必要时临时决定召开。

二、全国人民代表大会常务委员会

全国人民代表大会常务委员会是全国人大的常设机关,即在全国人大闭会期间行使国家最高权力职能的机关。

全国人大常委会由委员长、副委员长若干人、秘书长和委员若干人组成。他们都必须是全国人大代表,并由每届人大的第一次会议选举产生。它对全国人大负责并报告工作,受全国人大监督。它的基本工作形式是会议;日常工作由委员长、副委员长和秘书长负责。委员长、副委员长连选连任不得超过两届。人大常委会委员不兼任行政、检察和审判机关的工作。

全国人大常委会的职权,主要有以下几方面。

（一）立法权及宪法和法律解释权

全国人大常委会有权制定和修改由全国人大制定的法律以外的"其他法律";在全国人大闭会期间对于其制定的法律进行部分修改,但不得违背该法律的基本原则。它有权解释宪法和一切法律。

（二）法律监督权

全国人大常委会在全国范围内监督法律的实施。在全国人大闭会期间,审批国民经济和社会发展计划以及国家预算的部分调整方案。监督国务院、中央军委、最高人民法院和最高人民检察院的工作;撤销国务院制定的同宪法、法律相抵触的规范性文件;撤销省级权力机关制定的同宪法、法律相抵触的规范性文件。

（三）国家高级公职人员的任免权

在全国人大闭会期间,根据国务院总理提名,决定部长、委员会主任、审计长、秘书长的人选;根据中央军委主席提名,决定中央军委其他成员的人选;根据最高人民法院院长提请,任免副院长、审判员、审判委员会委员和军事法院院长;根据最高人民检察院检察长的提请,任免副检察长、检察员、检察委员会委员和军事检察院检察长,并批准省、自治区、直辖市人民检察院检察长的任免。

(四)荣誉、衔级的授予权和特赦权

全国人大常委会有权规定军人和外交人员的衔级制度和其他专门衔级制度;有权规定和决定授予国家的勋章和荣誉称号。还有权对于受到刑罚宣告的罪犯决定特赦。

(五)国家的安全处置和对外权

全国大常委会决定驻外全权代表的任免;批准或废除同外国缔结的条约和重要协定。在全国人大闭会期间,有权决定战争状态的宣布。它有权决定全国总动员,决定全国或者个别省、自治区、直辖市的戒严,以维护国家安全。

(六)全国人大授予的其他职权

全国人大常委会一般两个月举行一次全体会议,在会议期间,十名以上委员可联名对国务院及其各部、委提出质询案。受质询单位的领导人,根据委员长会议的决定,作出书面或者口头的答复。

三、全国人民代表大会各专门委员会

全国人大下设若干专门委员会作为协助自己工作的机构。专门委员会由人大代表中选举产生,按照专业分工,它本身没有独立职权。专门委员会有常设的和临时的两种。常设性委员会有民族委员会、法律委员会、内务司法委员会、财经委员会、教科文卫委员会、外事委员会、华侨委员会等。在全国人大闭会期间,它们受全国人大常委会领导。

四、全国人民代表大会的代表

全国人大及其常委会都是由人民代表组成。

代表在全国人大开会期间,非经大会主席团许可,不受逮捕或者刑事审讯;在大会闭会期间,非经常委会许可,不受逮捕或者刑事审讯。他们在全国人大的各种会议上的发言和表决,不受法律追究。

代表的义务是,要模范遵守宪法、法律,保守国家机密,并在自己参加的生产、工作和社会活动中,促使宪法、法律的实施。他们还要同原选举单位和人民保持密切联系,听取和反映人民的意见和要求,努力为人民服务。

代表受原选举单位的监督,原选举单位有权依法定程序罢免他们。

第二节　中华人民共和国主席

1949 年建国初期,实行中央人民政府主席制度。这个职位相当于国家元首。1954

年宪法规定,设立中华人民共和国主席。1975年宪法和1978年宪法取消了国家主席。1982年宪法又恢复了国家主席制。在我国,国家元首职权由全国人大常委会和国家主席结合行使,即实行集体国家元首制度。对外,国家元首主要由国家主席来代表。

国家主席的职权是:在国家的重大问题上,根据全国人大及其常委会的决定,公布法律,任免国务院总理、副总理、国务委员、各部部长和各委员会主任、审计长、秘书长,授予国家的勋章和荣誉称号,发布特赦令,发布戒严令,宣布战争状态,发布动员令。在行使对外权上,他代表中华人民共和国,接受外国使节;根据全国人大常委会决定,派遣和召回驻外全权代表;批准和废除同外国缔结的条约和重要协定。由此可知,国家主席属于国家最高权力机关的组成部分。但其独立职权不多,主要是宣布全国人大及其常委会的重大决定。这体现我国集体领导原则。

国家主席和副主席由全国人大选举产生,年满四十五周岁的公民才能当选。国家主席、副主席,连续任职不得超过两届;任期与本届全国人大相同。

第三节　国务院

国务院是我国中央人民政府、最高国家权力机关的执行机关或最高行政机关。它由全国人大产生,并对人大及其常委会负责和报告工作。任期与本届人大相同。

国务院的组成人员即国务院全体会议的成员有:总理、副总理若干人、国务委员(副总理级)若干人、各部部长和委员会主任、审计长、秘书长。其中,总理、副总理和国务委员连续任职不得超过两届。国务院实行总理负责制,各部、委实行部长、主任负责制。总理、副总理、国务委员、秘书长组成国务院常务会议。国务院工作中的重大问题,必须经过国务院常务会议或者全体会议讨论决定。这说明,在国务院的体制上,个人负责制是与集体领导相结合的。

国务院的主要职权,可概括为下列几点。

(一)国家行政规范的最高创制权

国务院有权向全国人大及其常委会提出议案;规定行政措施,制定行政法规,发布决定和命令;改变或者撤销所属各部、委和地方各级政府制定的不适当的法律规范。

(二)对中央行政机构的领导权

它统一领导国务院各部、委以及其他行政机构的工作,规定它们的职责。

(三)对地方行政机构的领导权

它统一领导全国各级地方国家行政机关的工作,规定省级国家行政机关的职权划分;批准省级及县市以上的行政区域划分;有权决定省级范围的戒严。

(四)人事权

它审定行政机构的编制,任免、培训、考核、奖惩行政人员。

（五）全面领导国家建设

它负责编制与执行国民经济和社会发展计划及国家预算；领导和管理经济与城乡建设工作，科、教、文、卫、体、计划生育工作，民政、公安、司法行政、监察等工作，华侨事务工作。

（六）全国人大及其常委会授予的其他职权

国务院所属的各部门，按照专业职能划分。它们是各部、各委员会、办公厅以及各直属的办事机构。各部、委得在职权范围内制定规范性文件。

现行宪法关于国务院机构规定的一项重要改革，是设立了审计机关。它的地位相当于各部委。这是为了适应四化建设需要而建立的。它的职能是，对国务院各部门和各级政府的财政开支，对国家的财政金融机构和企业事业组织的财务开支进行审计监督。该机关在总理的领导下，依法独立行使监督权，不受其他行政机关、社会团体和个人的干涉。

国务院各部委的设立和变动，由全国人大及其常委会决定。直属机构的设立和变动由国务院决定。

第四节　中央军事委员会

中央军事委员会是现行宪法的一项新规定。它领导全国武装力量。中央军委组成人员是主席、副主席若干人、委员若干人。军委实行主席负责制。任期与本届人大相同。它对人大及其常委会负责。

第五节　地方国家机关

一、地方各级人民代表大会

地方各级人民代表大会一律由人民代表组成。各级人代会代表的产生办法是：省、直辖市、设区的市，其代表由下一级人代会选举；县、不设区的市、市辖区、乡、民族乡、镇，其代表由选民直接选举。

按照法律规定，关于代表名额问题有两项重要的原则：第一，代表名额的分配，城镇区域代表所代表的选民数要少于农村区域。第二，确定代表名额的出发点是便于召开会议、讨论和解决问题，并使各民族、各地区、各方面都能有适当数量的代表。

地方各级人代会的每届任期是：省、直辖市、设区的市为五年；县、不设区的市、市辖区、乡、民族乡、镇为三年。

地方各级人代会的任务和职权是：第一，在本行政区内，保证宪法、法律和国务院行政法规的遵守和执行。第二，通过和发布决议。第三，审定地方经济、文化和公共事业建设计划。第四，选举并有权罢免本级政府正副领导人和人民法院院长、检察长。

二、县级以上的地方各级人民代表大会常务委员会

县级以上的地方各级人代会常委会的设置,是现行宪法的新规定。这有利于发挥人民代表制度的作用。

地方人大常委会是地方人代会的常设机构,其成员由同级人代会选举产生;它对同级人代会负责并报告工作。它由主任、副主任若干人、委员若干人组成。他们不得担任行政、审判和检察机关的工作。地方人代会常委会的任期,与本届人代会相同。

地方人代会常委会的职权是:第一,讨论、决定本行政区内各方面工作的重大事项。第二,监督本级政府、法院、检察院的工作;有权撤销本级政府不适当的决定和命令。第三,有对下一级权力机关的监督权,可撤销下级人代会的不适当决议。第四,依照法定权限,决定国家机关工作人员的任免。第五,在本级人代会闭会期间,罢免或补选上一级人代会的个别代表。

三、地方各级人民政府

地方各级人民政府是地方各级国家权力机关的执行机关和行政机关。它对权力机关负责并报告工作。地方各级政府实行首长负责制。它的任期与本届人代会相同。

地方政府的职权,可分为两个层次。县级以上地方各级政府,其主要职权是:第一,管理本行政区的各方面的建设。省级政府还有权决定乡、民族乡、镇的建置与行政区划。第二,领导所属各部门的工作以及下级政府的工作,有权改变或撤销它们的不适当的决定。第三,设立审计机关,独立行使审计权,对本级政府和上一级审计机关负责。第二层次是乡、民族乡、镇的政府,其主要任务或职权是执行本级人代会的决议和上级行政机关的决定与命令,管理本行政区的行政工作。

第三章　公民的基本权利和义务

什么是公民?公民是具有我国国籍、依照我国宪法和法律享有权利和承担义务的人。公民比人民的范围要宽。

社会主义国家是人民当家作主的国家,因而它必然同资产阶级国家中公民的权利义务有本质区别。我国公民的权利义务的特征在于:第一,我国公民的权利与义务的主体是广泛的。它普及到每一个人,没有剥削阶级国家那种奴隶制或变相的奴隶制。第二,我国公民和公民间的权利义务关系是平等的,不承认有特权的公民。第三,我国公民权利义务的内容是丰富的,包括政治、经济、文化等各方面。第四,我国公民的权利和义务是相互对应的、一致的,不能决然割裂开来。第五,我国公民权利义务的实现是真实的,即是有物质保障的。因为,它们建立在生产资料社会主义公有制的基础之上。

第一节　公民的基本权利

一、在法律面前一律平等

我国公民在法律面前一律平等的涵义是,任何公民都享有宪法、法律规定的权利,同时又都必须履行宪法、法律规定的义务。不承认任何人拥有处于法律之外或超于法律之上的特权;不承认任何人只享受权利而不尽义务,或者只尽义务而不享受权利。

二、政治权利

这表现在:第一,公民,除依法被剥夺政治权利者外,凡年满十八周岁者均有选举权和被选举权。第二,公民有言论、出版、集会、结社、游行、示威的自由。

三、宗教信仰自由

这是公民个人精神领域中的权利。宗教信仰自由要求任何国家机关、社会团体和个人,不得强制公民信仰或者不信仰宗教,不得歧视信仰宗教和不信仰宗教的公民。

国家保护正常的宗教活动。但是,禁止利用宗教进行破坏社会秩序、损害公民身体健康、妨碍国家教育制度的活动。

我国国内的宗教团体和宗教事业,不受外国势力的支配。

四、人身自由

这方面包括几个“不受侵犯”。第一,人身不受侵犯。任何公民,不经检察院批准或决定、不经法院决定,并由公安机关执行,不受逮捕。禁止任何机关、团体、个人非法拘禁和以其他方法非法剥夺或限制公民的人身自由,禁止非法搜查公民的身体。第二,人格尊严不受侵犯。禁止以任何方式对公民进行侮辱、诽谤和诬告陷害。第三,住宅不受侵犯。禁止非法搜查或者非法侵入公民的住宅。第四,通信自由不受侵犯。公民的通信自由和通信秘密受法律保护,不准以任何理由加以侵犯。只有因国家安全或追查刑事犯罪的需要,得由公安或检察机关依法定程序检查通信。

五、对国家机关及其工作人员的批评建议和申告权利

公民对任何国家机关及其工作人员,有提出批评和建议的权利;对于任何国家机关和它的工作人员的违法失职行为,有向有关的国家机关提出申诉、控告或者检举的权利,但不得捏造、歪曲事实进行诬告陷害。

有关的国家机关对于公民的申告,必须查清事实,负责处理。任何人不得压制和打击报复。

宪法里专门规定,由于国家机关及其工作人员侵犯公民权利而受到损失的人,有依照法律取得赔偿的权利。

六、物质生活保障权利

由于这涉及的是公民的起码的生活和生存权利,因此宪法作了详细规定。

（一）劳动的权利和义务

劳动权利指有劳动能力的公民有获得工作并取得劳动报酬的权利。劳动是社会主义国家公民的基本的甚至唯一的生活来源，因此劳动权利必须获得切实的保障。同时，在社会主义社会中劳动又是一项直接造福全体人民的光荣事业，所以劳动又是有劳动能力和劳动条件的公民的义务。"不劳动者不得食"，是社会主义原则。

为保障公民实现劳动的权利和义务，国家要通过各种途径创造劳动就业条件，加强劳动保护，改善劳动条件，并在发展生产的基础上提高劳动报酬和福利待遇。

国家要求每个在社会主义经济组织中从事劳动的公民，树立主人翁的劳动态度；提倡社会主义劳动竞赛，奖励劳动模范和先进工作者，提倡公民从事义务劳动。

国家对就业前的公民要进行必要的劳动就业训练，否则便不能适应现代化建设的要求。

（二）休息权利

休息权利与劳动权利是不可分割的。这项权利也是使公民有足够时间参加国家管理活动，以及从各方面提高自己所必须的。

为此，国家要发展劳动者休息和休养的设施，要用法律确定职工的工作时间和休假制度。

（三）退休的保障

国家确定企业事业组织的职工和国家机关工作人员的退休制度。这是培养一代代接班人的需要，也是使职工能享受晚年的幸福。退休人员的生活得到社会和国家的可靠保障。

（四）获得物质上的帮助

公民在年老、疾病或丧失劳动能力的情况下，有从社会和国家获得物质帮助的权利。为此，国家要大力发展社会保险、社会救济和医疗卫生事业。

社会和国家要保障残废军人的生活，抚恤烈士家属，优待军人家属。

社会和国家要帮助安排盲、聋、哑和其他有残疾的公民的劳动、生活和教育。

七、享受社会文化生活

公民有受教育的权利和义务。受教育是公民参加国家管理，培养体力、脑力全面发展的新人，以及关系公民切身利益的重大事情，特别是实现国家四化的重大事情。因此把它当作公民的权利、又当成义务来规定是非常必要的。公民受教育的权利对于后代人尤其迫切；所以，国家要培养青年、少年、儿童，使之在德、智、体等方面能够得到全面的发展。

公民还有进行科学研究、文学艺术创作和其他文化活动的自由。国家对一切公民在教育、科学、技术、文学、艺术等文化事业方面进行创造性工作，给予鼓励和帮助；对于有重大发明创造和特殊贡献的，要给予重奖。

八、男女平等和对婚姻家庭的保护

现行宪法重申妇女在政治、经济、文化、社会及家庭生活等方面,享有同男子平等的权利。由于几千年歧视妇女的封建传统的影响,国家有必要专门注意到对妇女权利和利益的保护,要求实行男女同工同酬原则,注意大力培养和选拔妇女干部。

宪法重申保护公民的婚姻、家庭、母亲和儿童;责成夫妻双方履行计划生育的义务;父母与子女有相互扶养的义务;禁止公民破坏他人婚姻自由及虐待老人、妇女和儿童的行为。

九、对华侨、归侨和侨眷的保护

我国在国外的侨民分布世界各地,数量很大。他们同祖国有着血肉联系,绝大多数是爱国的。因此,他们理应得到祖国的保护。解放以来,我国政府对于华侨的正当权益,坚决加以保护。与此同时,也强调对于归侨和侨眷的合法权益的保护。

第二节　公民的基本义务

1.公民在行使自己的自由和权利的同时,负有义务不得损害国家、社会、集体及他人的权益。

2.维护国家统一和民族团结。对于疆域广大和多民族的我国来说,这点是极端重要的。这是每个公民的根本利益之所在。

3.遵守宪法和法律,保守国家机密,爱护公共财产,遵守劳动纪律,遵守公共秩序,尊重社会公德。

4.维护祖国的安全、荣誉和利益。

5.保卫祖国的神圣职责。

6.纳税。

思考题

1.什么是宪法? 为什么说中华人民共和国宪法是我国的根本大法?

2.中华人民共和国宪法经过了怎样的历史发展? 我国现行宪法的主要特点是什么?

3.什么是国体和政体? 我国的国体和政体是什么?

4.我国人民民主专政有几个历史发展阶段? 为什么说我国现今的人民民主专政实质上是无产阶级专政?

5.怎样理解人民民主专政是最广大的民主?

6.在我国剥削阶级消灭以后,为什么还要坚持人民民主专政的专政职能?

7.怎样理解人民代表大会制是我国基本的政治制度? 人民代表大会制怎样体现

着民主集中制原则？人民代表大会制的主要特点是什么？

8.马克思主义关于社会主义国家结构形式的基本观点是什么？它在我国是怎样具体运用的？

9.什么是中华人民共和国的国家机构？它的基本组织和活动原则有哪些？

10.全国人民代表大会作为我国最高国家权力机关，其权力的特性是什么？它的主要职权有哪些？

11.全国人大常委会的性质、地位及其职权是什么？

12.全国人大代表是怎样产生的？他们的特殊的权利和义务是什么？

13.中华人民共和国主席制度的历史经过如何？国家主席的地位和职权是什么？

14.国务院的性质、组成和职权是什么？它有哪几种所属机构？

15.我国地方国家机关的体系是怎样的？

16.我国公民的权利和义务的特点是什么？

17.我国公民有哪些基本权利？

18.我国公民有哪些基本义务？

第三讲　刑　法

【内容提要】刑法的概念及其主要特征。

犯罪的定义和特征;犯罪构成及其要件:犯罪的客体,犯罪的客观要件,犯罪的主体,犯罪的主观要件(故意和过失),正当防卫;紧急避险;故意犯罪的发展阶段:预备,未遂,中止,既遂;共同犯罪及其形式,共同犯罪人的种类及其刑事责任。

刑罚的定义和目的;主刑和附加刑;量刑,数罪并罚,累犯,自首,缓刑,减刑,假释,时效。

刑法,是规定哪些行为属于犯罪,对实施犯罪的人适用什么刑罚,以及采取什么其他措施的法律规范的总和。刑法是保卫其他各部门法律规范得以实现的部门法。刑法调整的社会关系是犯罪人实施具有社会危害性行为而引起的一种特殊的、否定性的社会关系;刑法规定的制裁最为严厉,不仅可以剥夺犯罪分子的财产,可以剥夺其政治自由和人身自由,甚至可以剥夺生命。由此可知,刑法的阶级性和强制性是极为鲜明的。

第一章　犯　罪

第一节　犯罪的概念

一、犯罪的定义

犯罪指对我国社会主义社会有危害性,违反刑法,应给予刑罚处罚的行为。犯罪有下列几个基本特征:

第一,犯罪是具有社会危害性的行为。社会危害性是犯罪的最本质的特征。通常以某种行为是否具有社会危害性这一点,作为我们正确区分罪与非罪以及罪行程度的标志。

但是,犯罪和具有社会危害性行为并不是等同的概念。当社会危害性达到一定严重程度时,才被认为是犯罪的。而当行为的情节显著轻微、对社会危害不大时,就不认为它是犯罪。

第二,犯罪是违反刑法的行为。社会危害性行为在社会规范方面的表现是复杂的。有的仅仅违反道德,而基本上同法律无关;有的违反了法律,即具备了违法性。而被违反的法律又有不同部门的区别,其中唯有违反刑法,或者说唯有具备刑法方面的违法性的时候才是犯罪。

由此可知,社会危害性、违法性、刑法方面违法性,这是在性质上和范围上既有联系、又有区别的三个层次的概念,不允许随意混淆。

强调犯罪必须具有刑法方面的违法性,意义在于要严格地按照刑法的规定来确定有罪还是无罪,而不能根据其他部门的法律,更不能根据其他的社会规范来定罪。

第三,犯罪是应当受到刑罚处罚的行为。

任何一种违法行为都应当承担法律上的责任。但令其承担刑罚处罚责任的行为,只能是违反了刑法的行为。

犯罪应当给予刑罚的处罚,但不是一定都要给予刑罚的处罚。在少数情况下,如对于未成年犯、又聋又哑犯、自首犯等等,可以考虑免除对其判处刑罚。

二、犯罪构成

犯罪构成,是刑法中规定的、某种行为成为犯罪所必须具备的主观和客观诸条件的总体。它是确定某种行为是否犯罪的一个综合性的具体标准。犯罪构成有四项必备的条件或要素,即四大要件。

(一)犯罪客体

犯罪客体就是犯罪行为所侵害的、为刑法所保护的社会主义社会关系。

犯罪客体包括下面三个类别:第一,一般客体,也就是社会主义社会关系的整体。它表现着犯罪的共同性质,说明一切犯罪都是损害社会主义社会的。第二,同类客体,也就是某一类犯罪所共同侵犯的客体。这是社会主义社会关系的一部分。我国刑法分则的八章,正是按照犯罪的八种同类客体确定的。第三,直接客体,也就是一个个特定犯罪所直接侵犯的社会主义社会关系的具体部分。它把这个具体犯罪与那个具体犯罪区别开来。另外,有些犯罪构成的直接客体可能不是一个,而是两个或者更多。例如,抢劫罪,除直接侵犯公私财产外,还直接威胁他人的生命和健康,等等。

犯罪客体是把握犯罪性质及其危害性的基本根据。

(二)犯罪客观要件

犯罪客观要件指犯罪的外部状况和特征。它包括以下几方面的内容:

第一,犯罪的条件,指犯罪的时间和地点,犯罪的方式、方法和手段,犯罪的对象。

第二,犯罪的行为,犯罪必须是见诸于外部的行为,而不能是单纯的思想。行为,可以是作为,也可以是不作为。

第三,犯罪的结果,即犯罪对客体造成的损害。从刑法的规定来看,犯罪结果对于不同犯罪有不同的意义:有的刑法规范要求有形的结果,如杀人罪中的他人死亡;有的以损害结果大小作为犯罪的具体要件,如偷窃行为必须有一定数额才构成犯罪;有的仅仅有致成严重后果的危险就构成犯罪,如破坏交通工具罪。

第四,行为与结果间要有因果关系。犯罪人只能对其行为引起的后果负责,就是说二者必须确有因果联系。这个问题很复杂,需要精心分析。要知道,并非时间先后出现的情况都有因果联系;还要知道,由于主客观情况的介入,行为(原因)可能产生与其不相适应的后果。

（三）犯罪主体

犯罪主体指能够实施犯罪而且应对其承担刑事责任的人。

犯罪主体必须符合法律规范的对人效力，其中主要是符合刑事责任年龄和刑事责任能力的规定。

第一，刑事责任年龄，即法律规定一个人应对自己行为承担刑事责任的年龄。这有如下几种情况：满十六周岁的，对所有的犯罪负刑事责任；十四至十六周岁之间的，只对杀人、重伤、抢劫、放火、惯窃等严重犯罪负刑事责任；不满十四周岁的，一律不负刑事责任。另外，对十四至十八周岁之间者的犯罪，应从轻或减轻处罚（从轻是在法定刑以内处罚，减轻是在法定刑以下处罚）；犯罪时不满十八周岁的，不适用死刑；十六至十八周岁之间的，如果罪行特别严重，可判死刑缓期二年执行的刑罚。

第二，刑事责任能力，指一个人的意识能力（对自己行为的性质、意义和后果的了解能力）和意志能力（自觉控制自己行为的能力）。所以，它也就是行为人对自己行为承担刑事责任的能力。

精神病人在缺乏意识能力和意志能力的情况下，不负刑事责任。

间歇性精神病人在正常状态下所犯罪行，要承担责任。醉酒者犯罪不能免除责任。

又聋又哑的人和盲人不属于无责任能力。但由于他们生理不健全，可能对周围事物缺乏正确了解和判断，因此法律规定对他们可以从轻、减轻或者免除处罚。

（四）犯罪主观要件

犯罪主观要件指犯罪人对自己行为所要引起的危害后果采取的心理态度。

我国刑法不是单纯根据危害后果来客观归罪，还要求证实行为人主观上有犯罪的心理根据即有罪过。就是说，必须把主观和客观二方面因素结合一起来定罪。

犯罪主观要件分为故意犯罪和过失犯罪两大类。

第一，故意犯罪。

故意犯罪指明知自己的行为会发生危害社会的结果，并且希望或者放任这种结果发生，因而构成犯罪的。

故意犯罪有两种情况：一是直接故意，即对于所预见到的危害结果的发生抱希望或追求的态度。二是间接故意，即对于所预见到的可能发生的危害结果抱放任的态度。有许多种犯罪，如反革命、抢劫、盗窃、强奸、贪污受贿等犯罪，只能由故意来构成，而不能由过失构成。

故意犯罪人都怀有一定的犯罪目的和犯罪动机。犯罪目的是罪犯追求的结果；犯罪动机是引起其目的产生的内心冲动。犯同一种罪的人，其犯罪目的相同，而动机却往往是多种多样。犯罪目的在某些犯罪中是必要的具体犯罪构成的要件，如反革命罪必须具有反革命的目的。而犯罪动机一般不是这种要件。

第二,过失犯罪。

过失犯罪指应当预见自己的行为可能发生危害社会的结果,因为疏忽大意而没有预见,或者已经预见而轻信能够避免,以致发生这种结果的。

过失犯罪也有两种情况:一是疏忽大意的过失犯罪,即行为人应当预见自己行为可能引起危害社会结果,但由于疏忽大意而没有预见,致使这种后果发生。在这里,关键在于他应当预见到,如果不是他所应当预见到的,那他就没有过失。所谓应当预见到,这是相对于当时的客观条件以及他本人的主观条件而言。二是过于自信的过失犯罪,即行为人已经预见到危害结果可能发生,但由于轻信能够避免(存在侥幸心理)而致使结果发生。

过失犯罪一般地要以造成较严重的结果为前提。过失犯罪比相应的故意犯罪的处罚轻微。

第二节　正当防卫和紧急避险

一、正当防卫

正当防卫是为了合法权益免受正在进行的不法侵害,而采取的防卫行为。

正当防卫作为公民的合法权利,要具备以下条件:

第一,只有合法权益,包括公共的、他人的和本人的合法权益,受到不法的侵害时,才能实施正当防卫。为此,对于依法执行职务的合法行为,不能实施防卫。在行为人双方均为不法的情况下,也不存在正当防卫。正当防卫通常是对付犯罪的英勇行为。但有时也用以对付精神病人的行凶;当然这要恰如其分。正当防卫行为可由受害人本人,也可由其他人实施。

第二,正当防卫必须是在非法行为正在进行时才能实施。具体说,非法行为必须是客观的存在,并且侵害行为已着手、其威胁已很明显,这时才能实施。相反,对于预备中的、已经结束了的、想象中的侵害行为,都不存在正当防卫问题。

第三,防卫对加害人本人,不能对第三人实施。

第四,防卫不能超过必要限度。所谓必要限度,指防卫行为同侵害行为相适应。相适应不是相等同,超过一些也是合理的。不过,显然超过了必要限度就要负刑事责任;但对这种防卫过当的处罚往往是比较轻的。

二、紧急避险

紧急避险是为了合法权益免受正在发生的危险,不得已采取牺牲较轻微的合法利益的行为。

紧急避险的条件是:

第一,必须是合法权益(公共的、他人的和本人的合法权益)受到危险的威胁时,才能实施紧急避险。危险的威胁可能来自人为原因,也可能来自自然原因。人为的原因必须是违法的情况。对于合法行为不能实施紧急避险。所要保护的利益必须是合法利益。

第二,危险必须是正在发生之中的。

第三,必须是在不得已的时候,才能实施紧急避险。

第四,由于紧急避险所牺牲的是合法利益,因而它造成的损害必须小于所保护的利益。二者不能相等,更不能因小失大。在以他人身体作为紧急避险手段时更须严格限制。

第五,刑法中关于避免本人危险的规定,不适于职务上或业务上对此负有特定责任的人。否则这些人要承担渎职罪。如,民航飞机驾驶员不能因飞机发生故障,置旅客于不顾,自己先行跳伞。

紧急避险超过必要限度造成不应有损害,应当负刑事责任;但是应当酌情减轻或者免除处罚。

第三节　故意犯罪的发展阶段和共同犯罪

一、故意犯罪的发展阶段

犯罪发展阶段指故意犯罪发展过程中所可能经历的几个主要的状态。研究犯罪发展阶段,对于预防犯罪、减轻犯罪的危害程度,以及对于正确处罚犯罪,都有重要意义。

(一)犯罪的预备

犯罪的预备指为了实现犯罪的目的,而着手实施犯罪前的准备活动。

犯罪的预备包括:第一,准备犯罪的工具,即用来进行犯罪的一切实物。如,直接用以达到犯罪目的的工具,逃避破案的工具,以及转移赃物的工具等等。第二,准备犯罪的条件,指犯罪工具以外的条件。如,纠集共同犯罪人,制定犯罪计划,探测犯罪地点,清除犯罪的障碍,了解被害人行踪,等等。

对于预备的犯罪的处罚,可比照既遂犯罪而从轻、减轻或免除处罚。

(二)犯罪的未遂

犯罪的未遂指已经着手实行犯罪,由于犯罪人意志以外的原因而未得逞。

犯罪未遂有三个特点:第一,犯罪人已着手实行犯罪,即已经进行了刑法关于该具体犯罪所规定的那种行为。第二,犯罪没有得逞,即没有达到犯罪人预期的结果和目的。这情况不外是两种:或者犯罪行为没有实行完毕;或者犯罪行为已全部实行完毕。第三,犯罪没有得逞出于犯罪人意志以外的原因。就是说,这不符合他的本意。

犯罪未遂可比照既遂而从轻或减轻处罚。

(三)犯罪的中止

犯罪的中止指在犯罪过程中,犯罪人自动地停止犯罪或者有效地防止犯罪结果发生。

犯罪中止的条件是:第一,犯罪中止是在犯罪既遂以前实行的。一旦既遂,便不存在中止的问题。第二,犯罪中止的最大特点是,这个中止出于他本人的念头。即他自动地停止了犯罪,而不是被迫暂时的停止。第三,犯罪中止要能有效地防止预期的危害结果的发生。如果没有防止住危害结果的发生,仍然不能算作犯罪中止。

对犯罪中止应免除或者减轻处罚。

二、共同犯罪

共同犯罪指二人以上的共同的故意犯罪。

共同犯罪所要具备的条件在于:在客观上,共同犯罪人是为了同一个犯罪而结成一体,他们的行为共同地和犯罪结果有因果联系;在主观上,他们有共同的故意,即都了解他们是在互相结成一体实施犯罪的。

相反,下列情况都不是共同犯罪:第一,每个犯罪人的犯罪行为在客观上有联系,但主观上没有联系;第二,数人的行为,客观上有联系,但主观上有人是故意犯罪,有人则没有这种故意;第三,数人共同犯了过失罪。

共同犯罪比单个人犯罪更危险,它可以完成单个人所不能完成的重大犯罪。

共同犯罪的结合形式有:第一,一般的共同犯罪,即二人以上为实施某种犯罪勾结一起,在一次或数次犯罪后便告结束。第二,犯罪集团,或犯罪组织。它与一般共同犯罪的区别是:一般在三人以上;有严密的组织,有组织领导人与内部纪律,甚至有组织名称和纲领;其建立的目的,一般是为了长期进行犯罪活动,甚至以犯罪为常业,有一定的稳固性。所以,犯罪集团的危害最大。

共同犯罪人的种类及其刑事责任如下:

第一,主犯,即组织、领导犯罪集团结合体进行犯罪活动的人,或在共同犯罪中起主要作用的人。主犯不一定限于一人。主犯危险性最大,要从重处罚。

第二,从犯,即在犯罪结合体中起次要作用或辅助作用的人。对于从犯应比照主犯从轻、减轻处罚或免除处罚。

第三,胁从犯,即被胁迫、诱骗而参加犯罪的人。他不是自愿参加犯罪的,一般说在共同犯罪中起的作用较小。由于胁从犯在共同犯罪人中危险性最小,所以要视其情节,比照从犯减轻或者免除处罚。

第四,教唆犯,即用威逼、欺骗、怂恿、引诱、授意、劝说等手段,故意引导他人去犯罪的人。教唆犯的条件是:客观上,他有教唆他人犯罪的行为,从而被教唆人的犯罪行为同其教唆行为有因果联系;主观上,教唆行为是故意实施的。对教唆犯应按他在共同犯罪中实际起的作用加以处罚。教唆不满十八周岁人犯罪的,要从重处罚。

第二章　刑　罚

第一节　刑罚的概念和目的

刑罚是人民法院以国家的名义,依照法律对犯罪分子适用的惩罚的方法。

我国刑罚的主要目的在于:第一,通过刑罚打击犯罪分子的犯罪行为,制止犯罪危害的继续发展。与此同时,除死刑判决之外,还在于使被判刑的犯罪分子受到教育,以便尽可能把他们改造成为适应新社会需要的新人,预防他们重新犯罪。这就是刑罚的特殊预防作用。第二,通过对犯罪分子的惩罚,教育和警戒社会上那些不稳定的、有可能犯罪的分子,防止他们走到犯罪道路上去。这就是刑罚的一般预防作用。第三,通过对犯罪的惩罚,教育人民群众提高革命警惕,提高同犯罪分子作斗争的积极性。

总之,我国刑罚是对犯罪分子适用教育和惩罚相结合的强制方法。因此,要反对单纯惩办主义,也反对教育万能论。

第二节　刑罚的种类

在我国的刑罚体系中,刑罚包括主刑和附加刑两类。

一、主刑

主刑是只能独立适用,而不能作为其他刑罚的附加刑来适用的刑罚。

主刑的种类如下:

第一,管制。这是对犯罪人不关押,但限制一定自由,使他在公安机关管理和群众监督下进行劳动改造的一种刑罚方法。管制的期限为三个月以上、二年以下。

第二,拘役。这是短期剥夺犯罪人的自由,由公安机关就近实行劳动改造的一种刑罚方法。拘役的期限为十五日以上、六个月以下。

第三,有期徒刑。这是剥夺犯罪人一定时期的自由,在劳动改造机关监督下实行劳动改造的一种刑罚方法,有期徒刑的期限为六个月以上、十五年以下。

第四,无期徒刑。这是剥夺犯罪人终身自由并实行劳动改造的一种刑罚方法。

第五,死刑。这是剥夺犯罪人生命的刑罚方法,是最严厉的刑罚。在我国的死刑制度中有一项特殊的规定,就是对于应当判处死刑的犯罪人,如果不是必须立即执行的,可以判决死刑同时宣告缓期二年执行,实行劳动改造,以观后效。这是一种死刑制度,不是独立的刑种。我国一向坚持少杀政策,可杀可不杀者,一律不杀。我国对于死刑的控制非常严格,死刑的判决、批准和执行都有特别的规定。

二、附加刑

附加刑是可以附加到主刑上适用、也可以独立适用的刑罚。

附加刑的种类如下:

第一,罚金。这是法院依法强制犯罪人向国家缴纳一定数量金钱的刑罚方法。罚金主要适用于那些以贪利为目的和动机的犯罪。刑法没有规定罚金的幅度限额,这由法院酌情掌握。

第二,剥夺政治权利。这是剥夺犯罪人参加国家管理和政治活动权利的刑罚方法。这种刑罚一般是对于那些政治性犯罪和滥用政治权利的犯罪适用的。

第三,没收财产。这是将犯罪分子个人所有的财产的一部分或全部强制地无偿收归国家所有的刑罚方法。这种刑罚一般是适用于那些严重的反革命罪犯和同财产有关的罪犯。没收他们的财产不仅是惩罚,也是剥夺其犯罪的经济条件。

第四,驱逐出境。这是强制犯罪的外国人离开中国国境的刑罚方法。驱逐出境作为附加刑适用时,应在主刑执行完毕后执行。

第三节　刑罚适用中的几个问题

一、量刑

量刑是法院依照刑法的规定,对犯罪分子裁量决定刑罚的一种审判活动。

量刑必须是适当的,就是要做到罪刑相应,符合政策和法律的规定,达到刑罚的目的。

二、数罪并罚

数罪并罚是一个人犯数个罪,法院依法将其合并判刑处罚。

解决数罪并罚问题,首先要确定被告人是否犯了数个罪,也就是看他是否有几个犯罪构成,然后再进行并罚。一般地,犯数个不同性质的罪,先逐个定罪判刑,然后再进行并罚。如果犯的是数个性质相同的罪,只须当作一个罪从重处罚便行了。

数罪并罚的执行办法是:第一,数罪中只要有一个死刑或无期徒刑的,应确定为死刑或无期徒刑。第二,数罪是两个以上的有期徒刑、两个以上的拘役、两个以上管制的,应在总和期限以下、数刑中最高刑期以上,酌情决定刑期。但是,管制不超过三年,拘役不超过一年,有期徒刑不超过二十年。第三,如果有期徒刑、拘役、管制均有或有两者,应折算成较重的一种,然后决定刑期。折算标准是:拘役一日折有期徒刑一日,管制两日折有期徒刑或拘役一日。第四,数刑中有附加刑的,附加刑仍要执行。

三、累犯

累犯是被判处有期徒刑以上刑罚的故意犯罪人,刑罚执行完毕或赦免以后,在三年以内再犯应当判处有期徒刑以上刑罚的故意罪的。

累犯的条件是:第一,所犯的罪都是故意罪,不包括过失罪。第二,所犯的罪(前罪与后罪),均是有期徒刑以上。第三,后罪是在前罪的刑罚执行完毕或赦免之后三年之内所犯的。

反革命罪的累犯,没有两罪中隔的时间的限制。

对累犯要从重处罚。

四、自首

自首是犯罪分子在犯罪以后主动向司法机关或所在组织投案并坦白交待自己的罪行。

对于自首犯要从轻或减轻处罚。

五、缓刑

缓刑是对于轻微的犯罪分子,在其遵守一定条件下不执行原判刑罚的制度。

刑法规定,对于被判处拘役、三年以下有期徒刑的犯罪分子,根据他的犯罪情节和悔罪表现,认为适用缓刑确实不致再危害社会的,可以宣告缓刑。这表明缓刑不是免除刑罚,也不是一个独立的刑种,而是具体适用拘役和有期徒刑的一种制度。在缓刑考验期内没有犯新罪,原判刑罚就不再执行。若犯新罪,则合并论处。

六、减刑

法律规定,被判处管制、拘役、有期徒刑、无期徒刑的犯罪分子,在执行期间,如果确有悔改或者立功表现,可以减刑。

为了保证判决的相对稳定性和效果,对减刑后的刑期有一定的限制。即,经过一次或几次减刑后实际执行的刑期,对于管制、拘役、有期徒刑的,不少于原判刑罚二分之一;对于无期徒刑的,不少于十年。

七、假释

假释是对被处有期或无期徒刑的犯罪分子,依其服刑期间的悔改表现,有条件地提前释放。在他遵守这一定条件的情况下,尚未执行的刑期就不再执行。

假释的条件是:第一,判处有期徒刑的,已执行刑期二分之一以上;无期徒刑的,执行了十年以上。若有特殊情节(如作出突出贡献)不在此限。第二,服刑期间确有悔改,释放出去不致再危害社会。

犯罪分子在假释考验期内未犯新罪,就算原判刑罚执行完毕;犯了新罪,要与原判未执行的部分并罚。

八、时效

时效指法律规定对犯罪分子追究刑事责任的有效期限,过了这个期限就不再追究其刑事责任的制度。

时效的规定是:法定最高刑为不满五年有期徒刑的,时效是五年;五至十年有期徒刑的,是十年;十年以上有期徒刑的,是十五年;无期徒刑和死刑的,为二十年,二十年后认为必须追究时要报经最高人民检察院核准。但在司法机关采取强制措施以后,犯罪分子逃避侦查或审判的,不受追诉期限的限制。追诉期从犯罪之日起计算。追诉期内犯新罪时,对前罪的追诉期限便从犯新罪之日起计算。时效制度的意义在于:从刑罚的目的出发,承认罪犯的改过;有利于司法机关集中力量打击现行犯罪活动;有利于社会的安定。

思考题

1. 什么是刑法？它有哪些主要特点？

2. 什么是犯罪？犯罪有哪些基本特征？

3. 什么是犯罪构成？它包括哪几个要件？

4. 什么是犯罪客体？犯罪客体有哪几类？

5. 什么是犯罪的客观要件？它包括哪些方面的内容？

6. 什么是犯罪主体？什么是刑事责任年龄和刑事责任能力？

7. 什么是犯罪主观要件？直接故意犯罪和间接故意犯罪有什么同异点？疏忽大意和过于自信两种过失犯罪有什么同异点？

8. 什么是正当防卫？它要具备哪些条件？

9. 什么是紧急避险？它要具备哪些条件？

10. 故意犯罪有哪几个发展阶段？

11. 什么是共同犯罪？共同犯罪的成立要具备哪几个条件？

12. 共同犯罪有几种结合形式？

13. 共同犯罪人有哪几类？其刑事责任如何？

14. 什么是刑罚？它的目的是什么？

15. 什么是主刑？它有哪几类？

16. 什么是附加刑？它有哪几类？

17. 怎样说明刑罚适用中的量刑、数罪并罚、累犯、自首、缓刑、假释、时效诸概念的含义及其要求？

第四讲　民　法

【内容提要】民法的概念及其调整范围。民法的基本原则。民法的重要作用。民事法律关系的主体。公民的权利能力;公民的行为能力及其种类。监护、监护人的责任,监护人职务的发生与终止。法人的概念和特征。法人资格的取得。法人的权利能力和行为能力。法人的消灭。代理的概念和特征。代理制度的适用范围。代理权发生的法律事实及其种类。代理权的无效。代理关系的消灭。民事法律关系的客体。物的概念及其分类。智力成果。作为民事法律关系客体的行为。民事法律行为的概念。民事法律行为的种类和形式。民事法律行为的有效条件。无效的法律行为。民事诉讼时效的概念和种类。时效的开始、中止、中断、延长。所有权的概念。所有权的内容。所有权的取得和消灭。对所有权的保护。国家所有权,集体所有权,公民个人所有权。共有及其形式。相邻关系。债权的概念及其特征。债的发生根据。债的种类。债的消灭。知识产权:著作权,发明权,专利权和商标权。继承权的概念和法律特征。继承制度的原则。法定继承及其条件、顺序、应继份;代位继承;遗嘱继承及其特征,遗嘱继承的条件;遗赠。合同的概念和意义。合同的签订的阶段和主要内容。合同的种类。合同的履行、变更和担保。具体合同的种类。损害赔偿的概念。损害赔偿的责任构成。损害赔偿的若干特殊情况。赔偿的原则和范围。

第一章　概　述

第一节　民法的概念

民法是调整一定范围的财产关系和人身关系的法律规范总和。

一定范围的财产关系,是指平等的当事人相互间,即公民之间、法人之间和公民与法人之间,在物质财富的占有、支配、交换、分配过程中发生的权利义务关系。民法调整的财产关系的特点是:第一,它是以社会主义商品货币交换为条件而产生的,并以这种商品货币关系为其一般的表现形式。第二,它基本上是表现着平等的、财产所有者之间的物质利益关系。第三,它的内容一般是等价有偿的,双方的权利义务是对等的,法律对双方的权利的保护也是平等的。

一定范围的人身关系,指的是同人身不可分离,与财产有密切联系,但却又不具有直接经济内容的社会关系,也就是基于权利人的人格和身份而产生的社会关系(包括人格权关系与身份权关系)。

第二节　民法的基本原则

1. 保护和发展社会主义公有制和社会主义公共财产。

2. 民事活动要利于发展社会主义有计划的商品经济的方针。

3. 当事人法律平等。

4. 自愿,即当事人的真实意思表示。

5. 等价有偿。

6. 权利与义务对等。

7. 国家、集体、个人的利益兼顾。

8. 诚实、信用和互助协作。

第三节　民法的作用

一、巩固、发展社会主义社会的所有制关系

民法在保卫社会主义全民所有制、集体所有制和公民个体经济方面,比其他部门法更为直接、积极和具体。它不仅规定各种所有制的地位,规定经济责任和损害赔偿,而且规定借助各种方法和无数渠道来扩大社会主义社会的所有制关系。

二、促进社会主义商品经济的发展

民法通过平等、自愿、等价有偿等规定,体现价值规律和市场供求关系,充分保障当事人之间的民事权利义务,最大限度地调动企业单位、集体经济单位和公民在商品的生产和流通中的积极性,繁荣社会主义市场。

三、推动经济管理体制的改革

在经济管理体制改革中要扩大企业的独立自主权、善于利用经济杠杆的作用等等,都必须通过民事上的财产所有权和财产流通关系来表现和实现。

四、保障公民合法的民事权益

保护公民合法的收入、储蓄、房屋及其他各种财产所有权,是民法的一项重要任务。

正由于民法能够把日常的、同每个人息息相关的物质关系和人身关系调整得井井有条,因而就会保障人民群众的心情畅舒,安居乐业,相互团结协助、合作,建设新型的社会主义社会人与人的关系。

第二章　民事法律关系的主体、客体及民事法律行为

第一节　民事法律关系的主体

民事法律关系的主体就是参加民事法律关系,从而享受权利和承担义务的人。

一、公民

公民作为民事法律关系的主体,其基本内容是权利能力和行为能力的问题。

公民的权利能力开始于出生,而终结于死亡。但是,有些权利能力是同行为能力联系在一起的。如劳动的权利能力,结婚的权利能力等,要达到一定年龄才具有。这种由法律专门规定的权利能力,称特别权利能力。

公民的民事行为能力,包含的内容是:第一,公民具有以自己的行为取得民事权利和承担民事义务的能力。第二,以自己的名义独立地行使民事权利和履行民事义务的能力。第三,对违法行为承担责任的能力。民事行为能力分为三种:(1)完全的行为能力。在我国通常以十八周岁作为公民具有完全行为能力的界限。(2)限制的行为能力。这指在一些场合下承认其有行为能力,而在另一些场合下则不承认其行为能力,需要通过其法定代理人或征得其法定代理人同意后才能进行一定的行为。一般是十周岁以上而不满十八周岁的未成年人。(3)无行为能力。一般指十周岁以下的孩子和精神病患者。

监护,是同行为能力有密切关系的一个问题。这是保护无行为能力和限制行为能力者的合法权益的一项民事法律制度。监护人的主要职责是:第一,监督和教育被监护人,照顾其身体,保管其财产,保护其合法权益。第二,代理或协助被监护人进行民事活动及民事诉讼活动,为其取得民事权利,承担民事义务。第三,对被监护人的不法行为造成他人财产损失承担赔偿责任。一般地说,父母是未成年子女的当然法定监护人。父母死亡后,其未成年子女的有扶养能力的祖父母或外祖父母,或成年的兄姐,也可担任其监护人。精神病人的监护人,是其配偶、父母、子女或近亲属。对于监护人资格有争议时,由法院指定。监护人职务终止的情况是:或因被监护人无行为能力原因的消灭,或因被监护人死亡,或宣告死亡,或因监护人被撤销监护职务,或监护人有正当理由辞去监护职务,或监护人本人死亡等等。

二、法人

法人指能够作为民事法律关系主体的社会组织。具体说,法人能以自己的名义,作为独立和完整的单位参与民事法律关系,享有权利和承担义务,并能在法院或仲裁机关起诉或应诉。法人包括以下几类:第一,国家预算单位(国家机关、事业单位等)。第二,独立经济核算的国营企业。第三,人民群众集体经济组织。第四,社会团体。第五,中外合资经营企业。第六,其他。

法人的特征:第一,法人是独立的整体和稳定的组织,表现在民事法律关系方面,由一个法人的机关来代表它。这个机关可以是集体的(董事会、理事会、管委会等),也可以是单个人(经理、厂长等)。它不因组织成员,特别是领导人的变化,而影响自己的民事权利主体资格。第二,法人要拥有独立的或能独立支配的财产。第三,法人能独立地承担财产责任,主要指清偿或履行债务。第四,法人要能以自己的名义进行民事活动。因此,它的法人资格是不能随便被取代的。

法人资格的取得,是国家依照法定程序加以确认的。其程序是:第一,根据国家法律规范或国家主管机关的命令而成立的,包括国家机关、国营企业与事业单位。它们的财产来自国家预算拨给。它们一经成立就可以取得法人资格。但从事经济活动的企业,还需由工商管理机关审核登记。第二,依照国家主管机关的准许而成立的,包括社会团体和集体企业单位等。这类组织在申请成立时,必须有自己的章程来明确规定其宗旨、任务、资产、活动范围和程序,而且有固定的名称、住所及其他需要明确的事项。第三,依照准则而成立的。这是指国家对某一类法人成立的条件和程序、宗旨、活动范围等,以法规的形式或统一章程的形式加以公布,而要建立的组织,只要符合准则,报经主管机关审查通过,便取得法人资格,不需要主管机关专门批准。如,按照工会章程建立的部门工会等。

法人要有权利能力和行为能力。法人的权利能力的特点是:第一,它带有特殊的性质。这种性质因法人本身的性质、目的及其业务范围而不同。第二,它不能具有公民那种以人身为前提的某些权利能力。如不能接受扶养、继承遗产等。第三,它的权利能力始于成立之时,终止于撤销或解散之时。第四,对法人权利能力的限制可以由法律规定,也可以由行政命令规定;而公民权利能力的限制,只能由法律规定。法人的行为能力的特点是:(1)它的行为能力同其权利能力同时产生和消灭。(2)它的行为能力的实现,由法人机关或代理人来进行。

法人的消灭可由于各种原因,主要是:依国家法律规范或行政命令而撤销;法人已完成作为其成立宗旨的任务;因严重违法而被主管机关命令或法院的判决宣告解散;经营不良,资不抵债而破产的;经法人成员大会或代表大会决议,并报经主管机关批准而解散等。不论由哪种原因而消灭,都必须进行法人清算,即对其业务和财产加以清理,按照法定程序清偿债务。

三、代理

代理是代理人根据代理权,以被代理人的名义,独立地与第三人进行民事交往活动,而这种行为产生的法律后果直接由被代理人承担。由此可知,代理的主要特征在于:第一,代理是代理人以被代理人的名义进行的活动。第二,代理必须是在被代理人授予的权限范围内的活动。第三,代理人虽以代理权为根据,但他却能独立进行意思表示,同第三人打交道。第四,代理行为产生的法律后果,直接由被代理人承担。第五,代理实施的行为必须具有法律意义。

代理制度有一定的适用范围:第一,代理实施民事法律行为。第二,代理进行民事诉讼。第三,代理履行某些财政和行政义务。如代为进行房屋登记、法人登记、商标注册、纳税等。相反,有些属于不能代理的行为:(1)具有人身性质的行为,如结婚、离婚、立遗嘱等。(2)具有人身性质的债务,如约定必须由特定人履行的绘画、撰稿、文艺表演等。(3)违法的行为。

代理权发生的法律事实及其种类如下:第一,受被代理人的委托,即委托代理。第二,法律的规定,即法定代理。第三,由国家有权机关指定,即指定代理。

如果有下列情况,代理权属于无效。第一,代理权的滥用,也就是代理人利用代理权去损害被代理人利益。第二,无权代理,也就是没有或超越代理权限而实行的代理活动。

代理关系消灭的条件。第一,当事人一方死亡、宣告死亡,或法人的消灭。第二,代理人丧失行为能力,或者死亡。第三,设置法定代理的原因已经消除。第四,在委托代理关系中,由委托人撤销委托,或者由代理人自己辞去受委托的职务。第五,代理任务已完成,或代理有效期已届满。

第二节　民事法律关系的客体

民事法律关系的客体是指民事法律关系主体的权利义务指向的对象(标的物)。

一、物

物就是由天然产生和人工制造的一切现实的物体。物是民事法律关系中最普遍的客体。

对于民事法律关系中的物,有几种分类方法:(1)生产资料和消费资料。(2)固定资产和流动资产。(3)限制流通物和不限制流通物。限制流通物包括国家专有财产、国营企业的固定资产、武器弹药、爆炸物、剧毒品及受管制的无线电器材、黄金、白银、外汇、某些农产品等。(4)特定物和种类物。种类物指以度量衡计算的物。(5)可分物和不可分物。凡分割后不改变其原有经济用途的物即可分物。否则就叫不可分物。(6)主物和从物。主物就是供一定目的之用的独立物。从物是附属于主物使用,并由于共同的经济用途和主物相连的物。如手表和表带的关系便是主物与从物的关系。(7)原物和孳息。原物是能产生收益的物。孳息是原物产生的收益。如树与水果、母牛与牛犊、存款与利息就是原物与孳息的关系。货币和有价证券(支票、股票、国库券等)是特殊形式的物。

二、智力成果

智力成果指与人身相联系的精神财富。如各种科学发明、设计、著作、文艺创作等等。

国家保护公民和法人的发明权、发现权、著作权、专利权、商标权。所以智力成果也就成为这些相应法律关系的客体。

三、行为

行为就是人的活动。一部分债权关系(如承揽合同)是以行为作为客体的。

在社会主义制度下,法律严禁把人身和人格当作民事法律关系的客体。否则,便是触犯刑律。

第三节　民事法律行为

一、民事法律行为的概念

民事法律行为是民事主体从事的目的在于发生、变更或消灭一定民事法律关系的行为。

民事法律行为的主要特征在于:(1)法律行为要以当事人的意思表示为必要条件。(2)法律行为是由当事人取得一定民事权利和承担一定民事义务的行为。(3)民事法律行为要符合法律才能产生预期的后果。

二、民事法律行为的种类和形式

民事法律行为可有几种分类方法。(1)双方法律行为和单方法律行为。双方法律行为是由双方当事人的意思表示一致而形成一定民事法律关系的行为。这是最常见的民事法律行为。单方法律行为是由一方当事人的意思表示便可成立一定民事法律关系的行为。如立遗嘱、继承权的抛弃等。(2)有偿的法律行为和无偿的法律行为。有偿法律行为是以等价或报酬为交换条件的法律行为(如买卖合同)。相反的便是无偿法律行为(如赠与合同)。(3)诺成性法律行为和实践性法律行为。诺成性法律行为是双方当事人意思表示(诺言)一致就可成立的法律行为。实践性法律行为是除双方当事人的诺成以外,还需交付实物才能成立的法律行为(如借贷合同、保管合同)。

民事法律行为的形式有:口头形式;书面形式;推定或默示,即根据当事人一方的行为可推定他真实意图的情况,如出租人在期满后继续接受对方当事人租金,就可推定他愿意使合同关系延续下去。

三、民事法律行为的有效条件

(1)主体要具备行为能力。

(2)意思表示是自愿的、真实的。

(3)内容必须合法。

(4)具备法定的形式。

四、无效的法律行为

(一)无效法律行为的种类

第一,绝对无效的法律行为。这指缺少上述有效条件中的任何一项条件的法律行为。第二,相对无效的法律行为。这指因违反自愿原则,从而使当事人的意思表示没有表达其真实意志的法律行为。这种行为如不经当事人提出异议,是会发生事实上的效力。但是,一旦有争议,便可由法院判定其无效。这种相对无效法律行为发生的情况可能是:其一,因欺骗、威胁、强迫而作出的。其二,一方的代理人同他方恶意串通而建立的。其三,因重大误解而建立的。其四,对一方显然不公或显然不利的。

(二)无效法律行为的后果

法律行为一旦被宣布为无效,凡未履行的,不得再履行。正在履行的,要停止履行。已经履行的,对于当事人已取得的财产要根据情况加以处理,包括:返还原物;赔偿损失;强制收购;收归国库。如果行为人触犯行政法和刑法,还要承担行政的或刑事的责任。

第四节　民事诉讼时效

一、民事诉讼时效的概念和种类

民事诉讼时效是权利人请求法院按照强制程序保护自己权益而提起诉讼的法定有效期限。

诉讼时效有两种:第一,一般诉讼时效,即民法统一规定的时效。这类时效不宜太长,以免影响民事流转。根据我国《民法通则》的规定,除法律另有规定的以外,一般诉讼时效期限为二年。第二,特殊诉讼时效,即由法律特别规定的时效。它比一般的时效更短,多在一年以下。

二、时效的开始、中止、中断、延长

(1)开始。原则上是从权利人的权利受到侵害而能够行使请求权之日起算。具体说:第一,有限期的财产关系从期限届满时起算。第二,没有限期的财产关系,从财产关系发生之时起算。第三,因侵权行为而发生的损害赔偿,从致人损害之时起算;有时可以从发现损害或损害人之时起算。

(2)中止。这指在诉讼时效的最后六个月中,因不可抗力或非本人过错而使权利人无法提起诉讼的情况下,为保护权利人的合法权利而把阻碍权利人起诉的这段时间不计入时效期限以内;从中止原因消灭之日起,时效期限继续计算。

(3)中断。这指在诉讼过程中,由于权利人向法院或仲裁机关提出请求或义务人承认义务,时效便中断。就是说,已经过去的时效期限不算,时效从头开始。

(4)延长。这指权利人在时效期限内没有起诉,法院查明迟误时间确有理由,可斟酌情况将时效期限适当延长。

第三章 几种主要的民事法律关系

第一节 所有权

一、所有权的概念

所有权是一定所有制关系的法律表现,是人们对于财产的占有、使用、处分的统一权能。

所有权的特征在于:第一,所有权是建立在人对物质财富的占有和支配的基础上产生的民事法律关系。第二,所有权是一种绝对的权利。这表现在,一方面,它是最完全的物权,另一方面,除了法律限制以外,负有维护它的义务的人是全体人。第三,所有权的客体都是物。

二、所有权的内容

(1)占有。即人对财产的实际控制。占有分为:第一,所有人的占有。第二,非所有人的占有。非所有人的占有又分为合法的占有和非法的占有。非法占有包括善意的非法占有和恶意的非法占有。前者,如在不知情的情况下购买的赃物;后者,如明知是赃物而购买。

(2)使用。即直接利用财产的性能,以取得利益。

(3)处分。即依照法律而决定财产的命运。

三、所有权的取得和消灭

所有权的取得有两种方式:(1)原始取得。这是对财产的所有权的最初的、独立的、不以他人所有权为转移的取得。其中包括:国家的没收或收归国库、生产、添附(增加到主物之上的物)、收益或孳息;此外,还有国家对于无主财产(遗失物、漂流物、埋藏物)和无人继承财产的取得。(2)派生取得。这是通过他人所有权的转移而取得的所有权。

所有权的消灭,其情况是:物本身的消灭;所有权的转让;所有权人的抛弃;通过国家的强制;主体消失等。

四、对所有权的保护方式

(1)请求确认所有权。

(2)请求返还原物或恢复原状。

(3)请求排除妨碍。

(4)请求赔偿损害。

(5)请求返还不当得利。

五、所有权的种类

在我国现今所有权的基本种类有:国家所有权,集体所有权,公民的个人所有权。

六、共有和相邻关系

（一）共有

共有指两个以上主体对同一项财产共同享有所有权。共有有两种形式:第一,按份共有,指共有财产是按照份额(比例)属于几个人所有。第二,共同共有,指不确定份额的共有。在这种情况下,所有的共有人对共有物都享有平等的所有权。例如夫妻共有财产。

（二）相邻关系

相邻关系指两个以上相互毗邻的所有人或占有人对各自财产行使权利时,彼此应给与方便或接受限制,而发生的权利义务关系。相邻关系包括:相邻防污和防险关系;相邻流水和用水关系;邻地通行和使用关系;相邻管线设置关系;铁路、公路与其两侧相邻土地的关系;土地疆界上竹木共有关系等。相邻关系发生纠纷,要相互协商解决,若不能达成协议,可通过调解和法院判决解决。

第二节　债　权

一、债的概念

债是发生在债权人和债务人之间的民事法律关系。按照这种关系,债权人有权要求债务人作一定行为或不作一定行为,债务人则有义务满足债权人的这种要求。

债权不同于所有权的特点在于:(1)债包含的权利和义务关系存在于特定主体之间。(2)债当中的权利、义务及标的都是确定的。(3)债的标的不限于物,也可以是行为。

二、债的发生根据

债的发生根据就是引起债这种民事法律关系发生的法律事实。

(1)行政命令。指国家的物资调拨的命令和经济调整的命令。

(2)合同。这是债发生的普遍根据。

(3)无因管理。指在没有法定义务或他人委托的情况下,自愿地为他人管理事务的行为。无因管理发生后,管理人与被管理的所有人或占有人之间就发生了债的关系。如自愿收留和喂养他人走失的牛羊,因抢救火灾、车祸等原因而受伤的过路人等。

(4)不当得利。指无法律根据而损人获利,在这种情况下,不当得利者就有义务向原主要求返还不当的得利。

(5)侵权行为。

三、债的种类

(1)单一之债和多数人之债。单一之债即当事人双方均为一人。此外,都是多数人之债。

（2）按份之债和连带之债。这属于多数人之债的一种情况。按份之债指在多数人的债权人中，每人按份享有债权，或者在多数人的债务人中，每人按份承担债务。连带之债指多数债权人或者多数债务人相互间，对于债权或者债务负有连带责任。

（3）特定之债和种类之债。这是按照债务人交付的标的物是特定物还是种类物而定。

（4）不可选择之债和可选择之债。这是根据债务人所作行为是否具有选择性而定的。如果规定债务人只能作某一种行为时，就是不可选择之债。反之，如债务人可作多种行为中的一种时，就是可选择之债；但选择之债的当事人，其行使选择权只是一次性的。

四、债的消灭

（1）因履行或清偿而消灭。

（2）因行政命令而消灭。这是指因行政命令发生之债，同样可以因行政命令而消灭。但是，为了维护企业单位的经营管理权，这种手段要严格控制使用。

（3）因债权人和债务人的协议而消灭。

（4）因债权人抛弃权利而消灭。

（5）因混同而消灭。这是指原先的债权人与债务人后来集合到一人之身的情况。

（6）因两个当事人互负债务，各方债务便相互抵销，归于消灭。

（7）因提存而消灭。指债务人请求法院或一定机关的批准，把应交付的标的物交给指定的机关来保管的行为。一经提存，债务人也就等于履行了债务。当债权人无故拒绝或延迟接受，或者在不知谁是债权人或不知债权人在何处时，均可能发生提存的情况。

（8）具有严格人身性质的债，会随着债权人或债务人的死亡而消灭。

第三节　知识产权

一、著作权

著作权是作者对其创作、编纂、翻译的作品，依法所享有的权利。

著作权包括人身权利和财产权利两个方面。第一，人身权利。如署名权；用各种的物质方式固定和表达作品权（出版、复制、演出、展览、录音、摄像、录像等等）；保护作品不受歪曲、诋毁的权利；修改和收回作品的权利。第二，财产权。包括因作品的发表而获得报酬权；把作品的财产收益的可能性转让给他人之权。

著作权的主体是创作作品的人即作者。作者可以是自然人，也可以是法人。著作权的客体是作品。

二、发明权

发明权指法律所保障的发明人或发现人的权利。个人或集体在科学技术上作出具有创造性的成果，经国家主管机关审查合格后，授予发明证书或发现证书，并给予相应的荣誉或物质奖励。

发明指在科学技术上作出前人所没有的、先进的、经过实践证明可以应用的新成就。发现是在科研上阐明自然的现象、特性和规律,获得前人没有认识到的重大突破。

发明权的主体可以是个人,也可以是集体。旅外华侨和外国人士,由于发明和发现而对我国科学事业作出重大贡献的,经主管部门审批也可以成为主体。发明权的客体是发明或发现的成果。发明权的取得要经申报、推荐、评选、核准。核准由国家科学技术委员会掌管。

同发明和发现密切相关的,我国对于合理化建议和技术改进也予以奖励。

三、专利权

专利权指发明人在法定期限内,对于其发明享有专有的权利。专利权的主要特征是:第一,作为专利权的科研成果根据的,只能是发明(发现不包括在内)。第二,专利权具有财产所有权的属性,可以享受独占的制造和出售专利产品或使用其专利方法的权利,也可以实现对它进行赠与和转让的权利。第三,专利权是一种相对的独占权,即不能有第二个人再取得这项发明所已经取得的权利。

专利权主体的范围,同发明权的主体一样。专利权的客体就是专利发明。它具有新颖性、创造性和实用性。此外,还有产品方面的实用新型专利、外观设计专利。

专利权人的主要权利:第一,专利制造、使用和销售产品,或专有使用专利方法的权利;第二,可以签订许可证合同,同意他人使用自己的发明专利的权利;第三,有转让自己专利的权利;第四,对专利产品加盖专利标记的权利。专利权人的相应义务是:第一,早日实施专利发明;第二,缴纳年费。这种年费是逐年递增的,目的在于使专利发明在一定时期后能为社会自由地使用,并淘汰无价值的专利。

四、商标权

商标权是商标注册人在注册商标的有效期限内,可以独占地在自己商品上使用这种商标的权利。商标权在鼓励优质产品、名牌产品,促进企业生产竞争方面有积极的作用。

要取得商标专用权,需向商标局申请注册。此外,有少数商品(药品等),法律规定必须使用注册商标。

第四节　继承权

一、继承权的概念

继承权指继承人依法继承被继承人(死者)遗留的个人所有的财产的权利。

继承权有如下的法律特征:第一,继承是单方面的法律行为。继承权只需一方当事人的意思表示便可发生、变更和消灭。第二,被继承人和继承人只能是自然人(公民)而不能是法人。但法人可以作为遗产受领人,接受被继承人遗赠的财产。第三,继承要引起财产所有权的转移。第四,继承权的行使,以被继承人的死亡为条件。第五,遗产只能是死者生前的个人所有的财产和法律规定的可以继承的其他合法利益。如果是与人身不可分离的权益,就不能作为遗产。

二、继承制度的原则

(1)保护公民私人的合法财产所有权。正是对于继承制度的保护,表明了我国保护公民个人所有权是真实的、一贯的。

(2)男女享有平等的继承权,反对排斥和歧视妇女继承权的一切做法。

(3)体现尊老爱幼、团结互助、巩固和发展社会主义新型家庭关系。

(4)权利和义务相一致。例如,谁对死者生前尽义务多,谁就应多继承些遗产;完全拒绝尽扶养义务的人,可以剥夺其继承权。反之,即使是邻人扶养了被继承人,也应有权得到被继承人遗产的一部分。

三、法定继承

法定继承指由法律直接规定的继承人,按照法定继承顺序及遗产分配原则,对被继承人的遗产所进行的继承。在我国的继承制度中,以法定继承为主。

法定继承发生的条件是:第一,公民在其死亡前没有立下遗嘱。第二,遗嘱的内容和形式违反法律规定,从而无效。第三,遗嘱继承人放弃继承。第四,遗嘱继承人被剥夺继承权。第五,受遗赠人放弃接受遗赠。第六,遗嘱中未涉及的财产。

法律规定的继承顺序(法定继承顺序)为:第一顺序是配偶、子女、父母;第二顺序是兄弟姐妹、祖父母、外祖父母。如有第一顺序的人存在,第二顺序的人就不能继承。只有当第一顺序的人全部不存在或全部放弃继承权时,才能由第二顺序的人继承。

继承份额或应继份,即同一顺序的各继承人应当继承的财产的比例问题。在分配遗产时,同一顺序的人应当是均等的。但考虑到对被继承人生前尽扶养义务的情况和其具体经济状况,可协商增减。

代位继承,即被继承人的子女先于被继承人死亡,被继承人的晚辈直系血亲,可代替其已死亡的父或母来继承被继承人的遗产。代位继承要注意到下列几点:第一,婚生子女、非婚生子女、养子女,及有扶养关系的继子女,其权利是平等的。第二,代位继承人只限于被继承人子女的晚辈直系血亲。第三,代位继承人是多人,也只能共同分配其父母的应继份额。

四、遗嘱继承

遗嘱继承指公民用遗嘱形式将自己财产的一部分或全部,指定法定继承人中的一人或数人在他死后进行继承。

遗嘱继承有以下的法律特征:第一,遗嘱是遗嘱人单方的法律行为。第二,遗嘱是要式的法律行为,即必须根据法律规定采取一定的形式。

遗嘱的有效条件是:第一,遗嘱人必须有行为能力。第二,遗嘱必须表示遗嘱人的真实意思。第三,遗嘱处分的客体是法律规定的个人所有物。第四,遗嘱不能取消未成年人、无劳动能力和生活困难的法定继承人应有的继承份额。第五,遗嘱要取得证明。

遗赠,即公民用遗嘱将自己财产赠给国家、集体或者法定继承人以外的人。如果受遗赠人不接受遗赠,那么遗赠财产就要按照法定继承办理。

遗嘱继承或者遗赠附有义务的,继承人或者受遗赠人应当履行义务。没有正当理由不履行义务的,经有关单位或者个人请求,法院可以取消他接受遗产的权利。另外,继承遗产应当清偿被继承人依法应当缴纳的税款和债务,但以其遗产实际价值为限,超过遗产实际价值部分,继承人自愿偿还的不在此限。

第四章　合同和损害赔偿

第一节　合　同

一、合同的概念和意义

合同是双方当事人为了造成一定的权利义务关系而达成的协议。

合同的法律特征在于:第一,合同是双方一致的意思表示,即合意。第二,合同的双方当事人,在法律上是平等的地位,这意味着它是双方自由意志的产物。第三,合同必须是合法的行为。就是说,它是根据一定的法律规范而产生,并将导致一定的法律后果。

在我国,合同制度具有十分重要的意义。第一,合同是落实和实现国民经济计划的工具。只有通过合同,才能把整个社会的产、供、销的复杂关系规定下来,实现出来。第二,合同有利于促进企业加强经济核算,提高经济效益。第三,合同是发展社会主义商品经济,繁荣社会主义市场所不可缺少的手段。第四,合同能够沟通城乡经济交流,巩固和发展农村生产承包责任制。第五,合同是提高人民物质文化生活的手段。第六,合同在实现我国对外经济交往方面也有重要作用。

二、合同的签订和主要内容

(一)合同的签订

合同的签订分为两个步骤:第一,要约就是订立合同的提议。要约必须包括希望订立的合同的主要内容,而且有一定的有效期限,在这个期限内要约人受其约束。第二,承诺,就是接受要约,而与要约人订立合同。

(二)合同的主要内容

合同一般地包括下列内容:第一,合同的标的。第二,标的的数量和质量。第三,价金。第四,期限,包括合同的有效期限和合同的履行期限。第五,违约的责任。

三、合同的种类

(1)计划合同与普通合同。前者指按照国家计划订立的合同。

(2)诺成合同与实践合同。

(3)单务合同与双务合同。单务合同是,在双方当事人中,一方只享受权利,另一方只承担义务。双务合同是双方当事人相互为权利、义务承担者。

(4)有偿合同与无偿合同。

(5)要式合同与非要式合同。要式合同指按照法定形式才能有效的合同。这类合同一般是标的数量较大或对国民经济生活影响较大,也有的是由于诉讼上的需要即便于确定责任,如房屋买卖合同。有些要式合同还需要到有关国家机关登记,否则合同就不能成立。非要式合同指法律上不要求特定形式,由当事人协商决定。

(6)为自己利益订立的合同与为第三人利益订立的合同。后者只能是为第三人设定权利(请求权)而非设定义务,而且从合同成立之日起,第三人便能独立地行使请求权,也可放弃权利。如在保险合同中,投保人为了第三人利益,而与保险人所订立的人身保险合同。

四、合同的履行、变更和担保

(1)合同的履行,指按规定完成了合同的内容。合同的履行应当是实际的履行。只有当失去实际履行的可能性(如特定标的物的灭失),继续履行已无实际意义(如急需时期已过),以及法律规定当事人不履行合同仅承担违约或赔偿责任等情况之下,合同才允许不实际履行。

(2)合同的变更,指双方当事人对原合同的内容进行的改动,包括废除。合同变更的条件是:第一,双方一致的协议。第二,订合同时依据的国家计划发生变化。第三,当事人一方已无法实际履行。第四,由于不可抗力或无法防止的原因而无法履行。第五,因一方违约,使合同的履行成为不必要。合同变更的程序,同订立的程序本质上是一致的。但涉及对国民经济有重要影响的合同,要事先报告主管部门。

(3)合同的担保。即双方当事人为保证合同履行而采取的具有法律形式的保证措施。合同担保的方法有:第一,违约金。一方不履行或不适当履行时,要给付对方一定数量的金钱。违约金的规定,可能是法律的要求,也可能是双方的约定。违约金的支付,有的属惩罚性的,有的属补偿性的。第二,定金。一方当事人签订合同时预先给付对方一定数量的金钱。定金具有合同成立标志的性质,具有预付款的性质,也具有保证的性质,即不履行义务时对方就不返还定金了。第三,留置。也就是一方当事人对已被占有的对方财产,由于对方不履行合同而采取的扣留措施。如《经济合同法》规定,承揽人接受定做人的来料加工,在定做方超过六个月不领取定做物时,承揽方有权将定做物变卖,并从所得价款中优先受偿。第四,保证人。合同中规定,当义务人不能履行合同时,由第三人代为履行的协议。这第三人叫做保证人。

五、若干具体合同

在我国,合同主要有以下几类:

(1)买卖合同。

(2)赠与合同。

(3)信用方面的合同,包括借用合同、借贷合同、银行信贷合同。

(4)租赁合同,包括房屋租赁合同及其他财产租赁合同。

（5）承揽合同,包括加工承揽合同和基本建设承揽(包工)合同。

（6）运送合同,包括旅客运送合同、货物运送合同。

（7）保管合同,包括寄存保管合同、仓储合同。

（8）委托性合同,包括委托合同、信托合同和居间合同。

（9）合伙合同。

（10）保险合同。

第二节　损害赔偿

一、损害赔偿的概念

损害赔偿指加害人不法侵害他人财产或人身权利,并造成财产损失时,受害人有请求赔偿的权利,加害人负有赔偿的义务的民事法律关系。

损害赔偿的法律特征在于:第一,损害赔偿是一种违反民事法规,或按照民事法律应该承担民事责任的行为。第二,损害赔偿是加害人所承担的财产责任。第三,损害赔偿是由侵害他人所有权或人身权利而引起的,也就是在双方当事人之间事先并无债权债务关系的情况下发生的。这种情况,习惯上叫做侵权行为。损害赔偿正是对侵权行为的制裁。这就同对不履行债的义务等民事制裁区别开来。

二、损害赔偿的一般责任构成

构成损害赔偿民事责任的条件,有四个方面。

（1）损害的事实。

（2）加害人的行为是违法的。相反,执行公职、正当防卫、紧急避险等均是合法行为,不负民事损害赔偿的责任。

（3）违法行为与损害结果之间有因果联系。

（4）加害人有故意或过失,即有过错。

三、损害赔偿民事责任的特殊情况

（1）混合过错。这指损害事实的发生,加害人有过错,被害人也有过错,双方均应承担民事责任。这时,加害人的责任得到减轻。他最终要承担的是两者致成损害的差数。

（2）共同致人损害,即两个以上加害人共同实施侵权行为而造成他人损失。此时,共同加害人对于受害人负连带责任。

（3）无行为能力或限制行为能力的人致人损害。其中包括:第一,未成年人致人损害,由他的法定代理人负责;有经济收入的未成年人致人损害,他与其法定代理人负连带责任。第二,精神病人致人损害,由其监护人负责。第三,因突然丧失意识和意志能力致人损害,不负责任。第四,酗酒和服麻醉品者致人损害,完全承担民事责任。

（4）法人的工作人员在执行职务的过程中致人损害。这时法人要承担赔偿责任。但事后,法人可向有过错的人追偿。

(5)从事高度危险业务的人致人损害。这里所谓的高度危险业务指高空、高压、易燃、易爆、剧毒、放射性等对周围环境有高度危险的业务。从事这种业务的人即使本身没有过错,也要承担民事赔偿责任。当然,由于受害人自己的责任,可例外。

(6)饲养动物致人损害。这时,由动物饲养人或管理人承担民事赔偿责任。

四、赔偿的原则和范围

(1)对人身侵害并造成损失时,应赔偿受害人的财产损失。

(2)对财产造成损失,原则上要全部赔偿。

(3)按照加害人的经济能力,令其赔偿。

(4)共同致人损害,加害人之间应负连带责任。

思考题

1.民法的概念和调整对象是什么?

2.民法有哪些基本原则?

3.民法有哪些作用?

4.什么是民事法律关系的主体? 有哪几类主体?

5.什么是公民的民事权利能力和行为能力?

6.法人及其特征是什么? 法人资格是怎样取得和消灭的?

7.法人的权利能力有什么特征?

8.代理的概念和特征是什么? 代理制度适用的范围是什么? 代理权发生和消灭的条件是什么?

9.什么是民事法律关系的客体? 客体有哪几种?

10.什么是民事法律行为? 民事法律行为有哪几种分类方法和表现形式? 民事法律行为的有效条件是什么? 无效法律行为的种类和后果是什么?

11.什么是民事诉讼时效? 它包括哪几种情况?

12.略述所有权的概念和特征,所有权的内容,所有权的取得和消灭,对所有权的保护方法。略述共有及其形式。

13.略述债权及其特征,债的发生和消灭的根据,债的种类。

14.略述著作权,发明权,专利权,商标权。

15.略述继承权的概念及其特征,继承制度的原则,法定继承和代位继承,遗嘱继承和遗赠。

16.合同的概念和特征是什么? 它有什么意义? 合同的签订要经过哪些步骤? 合同要包括哪些主要内容? 怎样对合同加以分类? 略述合同的履行、变更和担保。

17.损害赔偿的概念和特征是什么? 损害赔偿的责任构成包括哪几个方面? 损害赔偿的原则和范围是什么?

第五讲 经济法

【内容提要】经济法的概念、调整对象和基本原则。

国民经济计划法及其内容。计划体系与指标体系。综合平衡。计划管理的体制，计划程序，计划责任。国营工业企业法及其重要意义。国营工业企业的法律地位：法人资格及其权利和义务。厂长负责制和职工代表大会。商业法及其意义。商业企业的管理体制。商品管理，市场管理，价格管理。违法与责任。财政金融法。财政法的概念和财政法的主要特点。预算制度和税收制度。金融法的概念。金融管理体制。货币管理，信贷管理，外汇管理。经济调解及经济调解的程序和效力。经济仲裁的概念和特点。涉外仲裁。仲裁的效力。经济司法。

第一章 总 论

第一节 经济法的概念

经济法是调整国家机关、社会组织及其他经济实体(个体户、专业户、公民等)，在国民经济管理过程和经济协作活动中的地位及所发生的经济关系的法律规范的总和。

作为经济法调整对象的经济关系，是由纵向的隶属关系和横向的协作关系构成的有机统一关系。这表明，经济法调整的范围包括：第一，国家机关、社会组织及其他经济实体间，在经济管理方面的经济关系。这主要是领导、组织和管理国民经济的上下隶属关系。第二，社会组织和经济实体相互间的经济交往与协作活动方面，以财产为内容的平等的经济关系。第三，经济管理机关和经济实体的内部关系。经济法在调整以上的纵向和横向的两类经济关系时，还必须要确定各个经济法律关系主体的法律地位。

第二节 经济法的基本原则

1.严格遵循客观规律。这些规律包括社会主义基本经济规律、有计划按比例发展规律、按劳分配规律、价值规律等经济规律，也包括各种自然规律，以保证社会生产力的高速发展。

2.维护和发展社会主义社会的所有制关系，兼顾国家、集体和公民个人的利益。

3.国家集中统一领导与经济组织相对独立二者相结合。

4.全民所有制企业实行所有权与经营权相分离的制度。

5.责、权、利、效相结合。这是经济法区别于其他法部门的最为突出的原则之一。

(1)责,指承担经济法律责任的制度。这是社会主义经济法律关系所具有的属性。经济法律责任,通过违反法定义务而表现出来。如,违反合同一方要支付违约金、赔偿金,等等。

责,对于上、下级组织间的关系也是适用的。例如下级组织未完成对国家承担的经济义务或任务,或者上级组织因管理失误而给下级组织造成经济损失,都要承担经济法律上的责任。

(2)权,指享有一定的经济法律关系中的权限。这里,最重要的是国营企业的经济管理自主权。扩大各种经济组织的权限,是当前经济体制改革的重要方面。但是,如同权利与义务的关系一样,权限与责任也应当是对应的。就是说,经济法加给一个主体的责任有多大,赋予的权限也须成比例。

(3)利,指保障经济法律关系主体的合理利益。经济法律关系中的责和权,必须是同利紧密相关的。不论是就不同经济成分之间而言,还是就企业的上、下级之间以及企业内部关系而言,都需要坚持国家、集体、个人三方面利益的兼顾,保证在物质利益上国家得大头、企业得中头、个人得小头。这样,既能激发集体与个人在企业管理和生产方面的积极性,又使国家得到好处。

(4)效,指经济管理或经济经营,一律要讲经济效益。从国民经济总体上看,利是来源于经济效益的。如果没有经济效益或者经济效益不高,也就没有或者极少有什么"利"可图。这就达不到国强民富的目标。归根到底,责、权、利,都要以效益来鉴别。为了保障经济效益,便要求采取一系列的措施,从计划、管理、经营直到企业之间的合理竞争,以及奖惩制度等等都要跟上来。

总之,责、权、利、效四点,都在于使一切社会主义经济组织和一切劳动者能从切身利害出发搞好生产,搞好经济。

第二章 分 论

第一节 国民经济计划法

一、国民经济计划法的概念

国民经济计划法就是用以调整国家机关、企业事业单位、农业单位和其他经济单位,在经济计划的编制、审批、执行、检查、监督过程中所发生的各种关系的法律规范的总和。

我国国民经济计划法中所讲的计划,是国民经济的发展、科学技术的发展、社会发展的三位一体的计划,简称是国民经济和社会发展计划。

二、计划体系和指标体系

（一）计划体系

计划体系是由各种国民经济计划所构成的有机整体。

计划体系可从三个角度上加以分类：第一，从空间上，分为全国（中央）计划、地方计划、基层计划、行业与专项计划。第二，从时间上，分为长期（十年以上）计划、中期（五年）计划、短期（年度）计划。第三，从内容上，分为国民收入、工业、农业、商业、国防、科教文卫体、进出口、市场、人口等计划。其中，时间性的计划是综合性的、最能显示经济和事业进步状况的计划，从而也就是最重要的计划。

长期计划是一种战略的、宏观的计划。它对于中期和短期计划说来，是方向性和指导性的计划。如党中央提出到本世纪末（20世纪末）把国民收入翻两番，使全国人民平均达到小康水平并为此提出二十年内为保证达到这个目标要狠抓农业、能源、交通、教育和科学几个环节，就是长期计划的一些要领。

中期计划，即五年计划，是最主要的、基本的计划。它是连接长期计划和年度计划的中间环节。以五年为一期来测定和安排大中型工程建设、土壤改良、重大科技项目、人才培养等，是比较适宜的。

年度计划是实施五年计划的具体计划。

长、中、短计划应构成一个严密的整体，使长远与近期、宏观与微观、战略与策略得到充分的协调。

（二）指标体系

计划任务要通过一定的质量和数量相结合的数据表现出来。但由于任务的不同，指标也有区别。由各种不同指标结合为一个彼此联系和依存的整体，就是指标体系。

指标体系包含三类指标。

1. 指令性指标。这是有关国家机关以法律规范形式下达的指标，负责执行的单位必须如实地加以完成。指令性指标一般是涉及国计民生的重大项目或者需要全国范围进行平衡的项目。这种指标由国家计委提出，报经国务院决定。而省级政府，在保证完成中央计划的前提下，也可增列少数区域性的指令性指标，报经国务院批准。

2. 指导性指标。这是用以指导计划执行单位的活动，但不采取硬性或严格法律规范形式的指标。它一般适于不采取国家计划调拨和分配的重要产品或比较重要的产品。这种指标的实现，主要借助经济调节和引导的手段，使有关的经济单位就范。而这些经济单位有权根据实际情况作出恰如其分的安排，但需报下达任务机关备案。指导性指标项目，分别情况，由国务院和省级政府授权计划机关和主管机关来确定。

3. 预测性指标。这是由国家大体上加以预测的，靠市场规律自动调节的产品。它们主要是三类物资，即部分农副产品、日用小商品和服务修理行业的劳务活动。

最近几年中央决定，在现行计划体制改革中，要有步骤地缩小指令性计划的范围，适当把握指导性计划的范围；大量产品和经济活动，依据情况分别实行指导性计划或完全由市场调节,以利于全盘搞活国民经济。

三、综合平衡

综合平衡是国民经济计划中包含的,国民经济和社会事业各方面、各领域的适当比例关系。

综合平衡中的比例关系,主要是社会的积累和消费的关系,农、轻、重的关系,以及各部门内部的关系,以期保证生产和人民生活的稳步发展。

综合平衡,既是计划制定的工作,也是计划实施的工作。综合平衡必须注意到:第一,要从全面出发,对全局情况要胸中有数。为此,就要十分重视经济信息和预测,提高计划的科学性。第二,要充分看到各种潜力,但又留有余地。第三,上、下级一致,相互合作,实行民主集中制。

四、计划管理

(一)计划管理体制

我国实行三级计划管理体制。

1.中央计划管理,由国务院执行。确定国民经济和社会发展的基本方针、任务、指标、措施及重大的综合平衡。

2.省级计划管理,由省级政府执行。确定完成中央计划的措施,及本辖区的发展计划。

3.县级计划管理,由县级政府执行。

各级政府的计委,是实现计划管理的专门职能机构。

(二)计划程序

计划程序指计划管理的各具体环节。包括:

1.编制。中央计划编制采取"一上两下"做法。长期计划和五年计划要在计划期的一年以前,年度计划要在上年十月份以前,由国务院提交全国人民代表大会或其常务委员会审批。其他计划,比照这个办法进行相应安排。

2.审批。全国(中央)计划,由全国人大审批;地方计划,由各级人代会审批。全国性行业和专项计划,由国务院审批;地方性行业和专项计划,由地方各级政府审批。

3.下达。中央计划,由国务院下达到它的各级的各职能部门及省级政府,然后再逐级下达到基层计划单位。全国专业和专项计划,由国务院主管部门下达到省级主管部门及直属企业,抄送同级政府。地方计划,由各级政府下达。地方行业和专项计划,由省级主管部门下达。大、中型企业组织计划,由主管部门下达。全国农业生产和收购计划,下达到县;年度计划在前一年的十一月份之前下达到基层。

4.执行。计划一经下达便具有法律效力,有关单位必须如实地努力执行。

5.调整。对于计划,任何单位都无权修改。但是,当出现重大情况变化或需要时,下级机关可向上级机关申请调整,有权机关也可主动调整。

6.检查、监督。经常的检查和监督是正确、及时完成计划的重要保证。检查和监督有:第一,权力机关的检查和监督,即人民代表大会及其常委会的检查和监督。第二,行政的检查和监督,即国务院及其各职能部门、地方各级政府、各级计委的检查和监督。第三,业务部门的监督,即统计、财务、税务、银行、物价、物资供应、工商行政等部门的监督。第四,人民群众和党组织的监督。

(三)计划责任,就是奖惩制度。

第二节　国营工业企业法

一、国营工业企业法的概念

国营工业企业法是调整国家对国营工业企业的管理和国营工业企业生产经营活动的法律规范体系。

国营工业企业是社会主义全民所有制企业,是实行独立经济核算和经营管理的经济单位。

国营工业企业有单厂企业和多个不同工厂结合而成的企业公司两种组织形式。

国营工业企业法所调整的经济关系,分为纵向关系和横向关系。纵向关系包括国家对企业的关系和企业内部的领导、被领导的关系。横向关系包括企业间、企业内部各单位间的并列关系。

国营工业企业在国民经济体系中占有最重要的地位,是社会生产力和经济技术进步的主导力量。这就决定了国营工业企业法的重大意义。

二、国营工业企业的法律地位

国营工业企业是经济法律关系的主体,即经济法人。

国营工业企业的开办必须经过一定的法律程序。根据它的经营性质和规模、产销范围,分划由国务院、或国务院的有关部门、或省级政府进行审批,并在其所在地的市或县工商行政管理部门登记,才能取得法人资格。它的关、停、并、转、迁,也要经过同样的手续。

国营工业企业作为经济法人,要具备一个法人通常所必备的条件。

国营工业企业作为法人,其权利在于:有权选择灵活多样的经营方式;有权安排自己的产供销活动;有权拥有和支配自留资金;有权依照规定自行任免、聘用和选举本企业的工作人员;有权自行决定用工办法和工资奖励方式;有权在国家允许的范围内确定本企业产品的价格,等等。与此相应的,国营工业企业所承担的义务在于:严守国家法律,完成指令性计划和履行合同;全面搞好经济核算;保证产品质量;搞好职工的劳保和福利;保护国家财产,缴纳税金或其他费用,等等。

三、国营工业企业的内部领导体制

(一)厂长负责制

中共中央关于经济体制改革的决定指出:"现代企业分工细密,生产具有高度的连续性,技术要求严格,协作关系复杂,必须建立统一的、强有力的、高效率的生产指挥和经营管理系统。只有实行厂长(经理)负责制,才能适应这种要求。"

厂长是企业的最高行政领导人,对企业的生产行政工作全权负责。厂长的法定权限是:第一,统一指挥生产和经营活动。第二,调度和处理企业的资金、物资和人员。第三,对职工的奖惩。第四,紧急情况下的随机处置权。第五,对党委和职工大会决定提出异议。

(二)职工代表大会

职工代表大会是实现职工民主管理权力的机构。它有力地反映了企业的社会主义性质。

职工代表大会的代表是由职工选举产生。每半年至少开会一次。会议的选举和决议,必须经全体代表二分之一以上通过。职工代表大会设常任的主席团主持工作。

职代会的职权是:第一,审议厂长工作报告,生产建设计划,财务预算决算,重大的挖潜、革新、改造方案和经营管理重大问题,并作出决议。第二,决定企业的劳保、福利、奖励基金的使用,职工住宅的分配和奖惩办法。第三,通过企业体制改革、工资调整方案、职工培训计划、全厂性规章制度。第四,监督企业干部,提出对其奖惩的建议。第五,选举企业行政领导人员,报请上级任命。

四、国营工业企业的外部关系

(1)国营工业企业在生产行政上,只受主管机关的领导。

(2)国营工业企业相互间是平等的关系,它们的经济往来通过合同实现,并开展社会主义的经济竞争。

(3)国营工业企业和地方政府的关系。

国营工业企业要遵守地方政府的法规,积极支持地方政府工作。

地方政府对国营工业企业的责任是:保护其财产和合法权益;解决企业建设需要的土地征用事宜;物资供应;兴办企业职工福利。

第三节　商业法

一、商业法的概念

商业法是调整商品流通活动的经济关系的法律规范体系。

商业企业或单位履行着城乡间、工农业间、生产与消费间的商品交换职能。其中包括收购、销售、调拨、储存等环节。

我国商业单位有全民所有制的国营商业企业,合作商业,个体商业等。其中以国营商业企业居主导地位。

我国实行社会主义的有计划的商品经济,因此,商业法的任务就在于要大力维护和发展社会主义商品流通的秩序,以保障生产的发展和人民生活物资的供给。

二、商业企业的管理体系

它包括:第一,商业的行政管理机构,有中央(商业部)、省级、县级、乡级共四级机构。第二,商业的经济管理机构,指全国的和地方的专业公司系统。第三,商店,即独立核算和经营的批发、零售商品的机构。

三、商品管理

社会主义商业对商品实行计划管理,控制商品及其指标。

按照商品的重要性和需要调剂范围,国家将其分成三类。第一类商品,由国务院或其委托的有关部、委安排计划和统一平衡。它们是粮食、食用油、棉花、棉布、汽油、煤油、煤炭等。第二类商品,由国务院主管部门在统一计划的基础上,对省级实行差额调拨,它们是生猪、鲜蛋、毛竹、茶叶、铁丝、元钉、缝纫机、自行车、中药材等三百余种。第三类商品,由各地区自行管理,它们是上述两类以外的商品。

一、二类商品为计划商品,三类为非计划商品。

四、市场管理

市场管理是国家对于生产者和经营者在市场进行商品买卖活动的行政管理。

社会主义市场,由国营经济、集体经济和个体经济所组成。它有批发站、商场、物资交流会、集市等区别。这种种形式的市场,均由工商行政管理部门管理,包括商业企业登记、商标管理、物价管理、产供销管理等环节。管理中,要保证实现国家搞活经济的政策法律,又要取缔各种非法的经济活动。

五、价格管理

商品价格的管理制度是:在国务院统一领导下,由国务院各部、委和省级实行分级管理,物价的政策、法规、计划,由国务院制定和批准。重要的工农业产品和交通运输价格,由物价局与国务院有关业务主管部门来管理;次重要的价格,由各级地方政府的物价部门与有关业务主管部门来管理;其他价格,工商企业有权在政策范围内自行定价。

为了进行价格管理方面的改革,一是要调整产品价格,二是改革过分集中的价格管理体制,逐步缩小国家统一定价的范围,适当扩大有一定幅度的浮动价格和自由价格的范围,使价格能够比较灵敏地反映社会劳动生产率、产品价值和市场供求关系的变化,比较好地符合国民经济发展的需要。

六、违法责任

(1)违反市场管理的法律责任。主要是打击走私贩和投机倒把活动。

(2)违反物价管理的法律责任。就是依法追究随意提价、变相涨价、哄抬物价等行为。

第四节　财政金融法

一、财政法

（一）财政法的概念

财政法是调整有关国家财政收支和财政管理关系的法律规范的总体。

财政是国家本身以其特有的强制力，对部分的社会产品（资金）直接进行分配、再分配的活动。财政关系以行使国家权力和无偿性为特征，同双方当事人自愿和有偿的民事关系相反。我国财政法的任务，在于保证完成国家财政收支，以促进整个社会主义建设事业的发展。

财政法主要包括预算法和税法。

（二）预算

预算是财政的重要组成部分，它指有关国家机关和社会组织，在一定期间内的资金收支计划。

我国预算管理体制，包括下列的环节：第一，权力机关系统。全国人大及其常委会，是国家预算的最高权力机关。地方县级以上各级人代会及其常委会，在保证国家预算的前提下，行使本地区的最高预算职权。第二，政府机关系统。国务院全面地负责组织实现国家预算。县以上各级地方政府，负责组织实现地区内的预算。第三，财政机关系统。各级财政部门是各级政府管理预算的专门职能机构。第四，企业、事业、行政单位，要负责完成自己的收支预算。第五，主管国家预算资金的出纳工作的机关，是国家金库。其职能由中国人民银行代理。

预算的编制、审批和执行的程序，同上述预算管理体制相一致。这几个环节也是由法律加以确定的。

在预算的概念中，还包括决算，即国家预算执行的总结。

（三）税收

税收是国家依照法律确定的范围，强制地、无偿地取得财政收入的经济活动，税收的法律关系，表现为国家同纳税人之间的关系。税收是国家积累建设资金的重要方式，是管理国家事务和发展生产的经济支柱，从而是发展国民经济、提高人民生活的有力手段。

目前，我国的税收种类，主要有：第一，工商税，按营业额收税。第二，工商所得税，按利润收税。第三，盐税，根据销售量和地区差价征税。第四，地方税，包括工商税中的屠宰税、城市房地产税、车船使用牌照税、集市交易税、牲畜交易税五种。第五，农业税（公粮）和牧业税。第六，关税，由海关对进出国境的货物和物品的征税。

我国税收制度的结构，包括下列诸要素：第一，征税对象，有流转额、收益额、财产、一定行为（如屠宰、使用车船等）四种。第二，纳税人，包括一切有纳税义务的组织和个人。第三，税率，即税额与征收对象间的价值比例，其中包括比率税、累进税率、定额税率三种。第四,减免税。对某些纳税人和征税项目,给予鼓励和照顾而采取的。第五,对违反税法行为的处罚,包括加收滞纳金、处以罚金、刑事处罚等等。

二、金融法

（一）金融法的概念

金融法是确定金融机构地位和调整货币资金流通关系的法律规范的总体。

（二）金融管理体制

根据集中统一领导和专业化相结合的原则,我国目前的金融管理机构包括如下几个部分。

1. 中国人民银行。它作为国务院的组成部分,是国家管理金融事业的行政机关,又是国库的代表。

2. 专业银行。第一,中国农业银行,办理农村信贷。第二,中国银行（由中国人民银行代管）,是我国唯一的外汇专业银行。第三,中国人民建设银行,管理基本建设投资的专业银行。第四,工商银行,办理工商信贷和一般储蓄业务。

3. 其他金融机构。第一,国家外汇管理总局,负责制定外汇法规,平衡外汇收支,公布外汇比价,等。第二,中国人民保险公司（由中国人民银行领导）。第三,农村信用社。它是农村集体金融组织,又是中国农业银行的基层组织。第四,中国国际信托公司,办理引进外资、先进技术,举办中外资合营企业,接受外国企业委托承办代理业务,等。

（三）货币管理

我国对货币实行统一管理,人民币是唯一的国家货币。

货币发行,只能由中国人民银行进行。不经国家特许,禁止人民币以外的货币在市场流通。

货币管理也包括现金管理。国家要求一切组织的现金库存超过限额,必须存入银行。银行还要对它们提取现金进行监督。

（四）信贷管理

信贷指银行收存和借贷资金的活动。在我国,信贷集中由银行办理。银行的信贷活动,有资金来源和资金运用两方面。

银行资金来源包括:自有资金（国家拨给）;农业长期贷款资金（专用拨款）;各种存款;有金库存款、组织与公民个人存款等;结算过程中的资金;国家发行的货币。

银行贷款要按计划进行,要求物资保障,要求按期归还。贷款对象主要是从事生产和商品流转的单位和限定的个人,行政和事业单位一般不予贷款（它们也没有还款的来源）。贷款的政策性很强。

（五）外汇管理

外汇就是以外国货币单位表示的、用于国家之间的信用凭证和支付凭证。

我国对外汇实行"集中管理,统一经营"的方针。集中管理就是集中到国务院授权的国家外汇管理总局管理。统一经营就是将实际的外汇业务活动,统一地由中国银行进行。但是,按照外汇的部分分成办法,现在地方和企业也有了一定的外汇使用权。

国家规定:我国境内的一切组织,未经批准,不得把外汇存入国外或港澳地区,不得保存外汇。任何单位和个人都不得私自以外汇计价,不得经营外汇。各组织收付外汇均要通过中国银行办理,不得以其抵作外汇支出,也不得借用、调用、挪用任何我国境外单位的外汇。私人的外汇收入,除存入中国银行外,一律要卖给中国银行;而其所需用的外汇,向中国银行支取或由中国银行按规定卖给。

违反国家外汇管理的行为,如走私、套汇、逃汇、倒卖外汇等,要依法处置,严重的要处以刑罚。

第三章　经济纠纷的调解、仲裁和经济司法

第一节　经济调解

一、经济调解的概念

经济调解指主管的行政组织对于经济法律关系当事人之间的经济纠纷所进行的调解。调解的原则是:当事人自愿,调查研究,明确责任,合法。调解制度的优点是,程序简便,使各方满意,从而易于被当事人自动地执行。

二、经济调解的程序

当事人之间发生经济纠纷后,尽可能内部和解。如不能和解,可由任何一方向主管机关提出调解的申请;而主管部门必须受理。

调解的申请日期:申请者从他知道或应当知道被侵权之日起,一年内提出。如有正当理由,超过一年的也可作为特殊情况予以受理。否则,一般地不予受理。调解成立后,要制作调解书。

三、调解的效力

调解达成协议即有法律效力。如果有一方不履行义务,可通过法院强制执行。

第二节　经济仲裁

一、经济仲裁的概念

仲裁或公断,是由中立地位的机关,依法对争议的双方当事人的问题进行调停并作出裁决的活动,仲裁完全由第三者来决断,所以同双方当事人自愿达成协议的调解不同。对于仲裁不服,当事人可向法院起诉。

法人之间的经济纠纷案件,由国家授权的行政机关进行仲裁。经济合同的管理机关,同时就是经济合同纠纷的仲裁机关。如,本行业系统的主管机关,各级经委,工商

行政管理部门,等等。

二、涉外仲裁

这是指对涉外经济纠纷案件的仲裁。我国涉外仲裁机构,有在中国国际贸易促进委员会内设立的"对外经济贸易仲裁委员会"(1980 年前叫对外贸易委员会)和"海事仲裁委员会"两个组织。

对外经济贸易仲裁委员会,受理如下案件:第一,外贸合同与交易中所发生的争议,包括外国法人同中国法人间、外国法人间、中国法人间的有关争议。第二,中外合资经营企业、外国来华投资建厂、中外银行相互信贷等对外经济合作方面的争议。

海事仲裁委员会,受理的案件有:第一,海上或内河船舶互救的报酬争议。第二,船舶碰撞争议。第三,海上船舶租赁、船舶代理、运输业务及保险等而发生的争议。

涉外仲裁程序:首先是根据双方当事人的协议,仲裁机关才能受理。仲裁的裁决一经作出就有法律效力,不得向法院或者其他机关请求变更。如果一方当事人不按期执行裁决,另一方可请求法院依法执行。

第三节　经济司法

经济司法指人民法院和人民检察院对经济纠纷案件、经济犯罪案件、涉外经济案件所进行的诉讼活动。

经济司法机构有:人民法院的经济审判庭(刑事性经济案件由刑事审判庭审理),铁路、水运、海事、森林等专门人民法院;以及相应的人民检察院组织。

经济司法程序,要依照民事诉讼法和刑事诉讼法进行。

思考题

1. 经济法的概念和调整对象是什么?

2. 经济法的基本原则有哪些?

3. 什么是国民经济计划法?什么是计划体系和指标体系?中央关于经济体制改革决定中对计划体制的基本观点是什么?

4. 什么是国营工业企业法?中央经济体制改革决定中对国营工业企业的法律地位问题的基本观点是什么?国营工业企业内部领导体制如何?

5. 什么是商业法?简述当前国家的商品管理、市场管理和价格管理的政策精神。

6. 什么是财政法?它的主要特点是什么?略述我国的预算制度和税收制度。

7. 什么是金融法?金融法律制度包括哪些主要内容?

8. 什么叫经济调解、经济仲裁、经济司法?

9. 略述我国经济仲裁的机关和仲裁程序。

第六讲　婚姻法

【内容提要】婚姻法的概念、调整范围；婚姻法的特征。我国婚姻法的基本原则：婚姻自由，一夫一妻，男女平等，保护妇女、儿童、老人的合法权益，计划生育。结婚的条件和程序。夫妻之间在人身关系和财产关系方面的权利与义务。离婚。双方自愿离婚的条件和程序。对于一方要求离婚案件的处理：有关单位的调节；诉讼程序的调解和判决。法律对于现役军人婚姻和对女方的特殊保护。离婚对双方当事人、对子女的法律后果。亲属、亲系和亲等。亲属关系在婚姻法、刑法、民法、诉讼法上的效力。父母和子女间的权利义务。法律关于非婚生子女、继父母继子女、养父母养子女的规定。祖父母孙子女(外祖父母外孙子女)间、兄弟姐妹间的权利与义务。

第一章　总　论

第一节　婚姻法的概念

婚姻法是调整婚姻关系、家庭关系的法律规范的总和。这意味着，我国婚姻法所调整的对象范围，既包括婚姻关系，也包括家庭关系。

婚姻法所调整的社会关系，具有人身关系和财产关系的双重性质。其中，具有特定身份的人们之间的人身关系是主导性的，而财产关系是附属性的。这是婚姻法同其他部门法，尤其民法的主要区别。

婚姻法的主要特征在于：第一，它是适用于全体公民的法律。第二，它具有最浓厚和鲜明的伦理色彩。第三，它的大多数规范是命令性即义务性和禁止性的。

第二节　婚姻法的基本原则

一、婚姻自由

婚姻自由包括结婚自由和离婚自由两个方面。

结婚自由，指在法定条件下，由男女双方完全自愿地结成婚姻关系。双方完全自愿，说明婚姻关系的直接主观根据是双方当事人的自由意志。而法定条件表明了，婚姻自由是在维护社会主义社会关系的大前提下的自由。

离婚自由，指夫妻感情已经破裂，任何一方均有权依照法定程序要求解除婚姻关系。社会主义国家的离婚自由，表明社会主义婚姻关系的唯一基础是双方的感情。

坚持婚姻自由,就必须反对包办婚姻、买卖婚姻,以及反对借婚姻而索取大量财物的变相买卖婚姻的现象。

二、一夫一妻

一夫一妻制是由爱情的本性决定的。恩格斯说,性爱的本性是排他的,因而以性爱为基础的婚姻在本性上就是个体婚。违反一夫一妻制的婚姻,必然给男女双方,尤其女方带来痛苦,进而对整个家庭生活(特别是对子女的教育和抚养)很不利。

为保证一夫一妻制,要求:第一,禁止重婚,即有配偶而又与他人结婚的违法行为。其中包括登记的重婚和事实上的重婚(以夫妻关系的身份同居生活)。重婚构成犯罪。第二,反对婚姻关系以外的通奸、姘居等不法行为。第三,坚决惩办卖淫的野蛮行径。

三、男女平等

男女平等,首先表现在夫妻之间的平等。夫妻都有独立的人格和荣誉,有参加生产和工作的权利,有同等地进行社会活动和家庭生活的权利。夫妻之间要互敬互爱,互助合作。

其次,男女平等还体现在全体家庭成员的关系之中,要反对传统的男尊女卑的陈腐观念。

四、保护妇女、儿童、老人的合法权益

这是共产主义道德的要求,当然地也是婚姻家庭关系中的重要原则。

法律对于家庭成员间的虐待和遗弃行为要加以惩罚。

五、计划生育

实行计划生育,在今后长时期内是我国的一项基本国策。

为提倡计划生育,必须反对重男轻女、传宗接代、"多福多寿多男子"等封建意识。

第二章 婚 姻

第一节 结 婚

一、结婚的概念

结婚,是男女双方按照法定条件、程序建立夫妻关系的行为。

我国婚姻法中的结婚概念,不包括订立婚约(订婚)和举行结婚仪式等。这些纯属私人的事情。

二、结婚的条件

(1)必备条件。其中包括,第一,男女双方完全自愿。第二,达到法定年龄,即男二十二周岁、女二十周岁。国家提倡晚婚和晚育。

(2)禁止条件。第一,直系血亲和三代以内旁系血亲的人们之间不准结婚。这是

因为,从自然科学上说近血亲间婚姻关系不利于后代人的健康;而且,也有伦理观念方面的影响。第二,未痊愈的麻风病患者,以及其他医学上认为不应当结婚的。

三、结婚程序

法律规定,男女双方必须亲自到婚姻登记机关进行登记,取得结婚证,才算确立夫妻关系。

结婚登记的主要目的在于,国家对于婚姻的合法性和条件的审查监督,保证合法婚姻,防止非法的婚姻关系的建立。

受理结婚登记的机关,城市是街道办事处或区政府,农村是乡、镇政府。

结婚登记后,根据双方约定,女方可成为男方家庭的成员,男方也可成为女方家庭的成员。

事实婚姻,即无配偶的男女双方未登记而以夫妻关系同居生活的,应视为违法婚姻,一般不承认其法律效力。至于对完全合乎结婚条件,仅仅没有履行登记手续的,可责令其补行登记,以维护法律的严肃性。

第二节　夫妻间的权利和义务

一、夫妻人身关系

(1)姓名权。双方均有使用自己姓名的权利,用不着更换姓名。如果自愿,双方也有改为对方姓氏的权利。姓名权应包括子女可随父姓,也可随母姓。

(2)参加生产、工作、学习和社会活动的自由。

(3)实行计划生育的义务。

二、夫妻财产关系

(1)夫妻共同所有的财产。除夫妻间另有约定以外,他们在婚姻关系存续期间所得的财产,归夫妻共同所有。夫妻对共同所有财产,有平等的处理权。

既然夫妻共同所有财产是由结婚的法律事实产生的,那么,在婚姻关系存续期间,双方或一方的劳动收入及继承、接受赠与、储蓄的利息等合法收入,均属共同所有财产的范围。

依法律的行文推定,夫妻婚前的财产,分别属于各人所有。

夫妻双方可以就财产作出约定,但这种约定必须合法、自愿、公平,才为有效。

夫妻之间对于其共有的财产要协商处理,不能由一方擅自处理。夫妻间共同生活的消费、对老人和子女的扶养费用等,以及由此而欠的债务,要从这部分财产中支付。

(2)夫妻间的扶养义务。这一法律规定对于一方丧失劳动能力时,是十分重要的。

如果一方不履行扶养义务,他方有权向调解部门或人民法院提出给付请求。

(3)夫妻的继承权。夫妻间有相互继承遗产的权利,而且排列于第一法定继承顺序之首。

在夫妻继承遗产问题上,要特别注意保护寡妇的权利,不得妨碍她再婚时带走这笔财产。

第三节　离　婚

一、离婚的概念

离婚,指夫妻均在生存期间而解除婚姻关系的法律行为。

在社会主义国家,离婚权利对于双方是平等的。但是,对于轻率的离婚又必须加以限制。

二、离婚的条件和程序

离婚分为双方自愿离婚和男女一方要求离婚两种。

(1)双方自愿离婚。双方自愿离婚的条件是:第一,双方有自愿解除婚姻关系的协议。第二,双方对子女和财产作出了适当安排。对子女,如何抚养、费用如何负担等问题解决妥当。对财产,如何分割共有财产、共同债务清偿了没有、一方对另一方有经济困难时怎样帮助等,均应安排妥当。

双方自愿离婚的,要一起到婚姻登记机关申请离婚。有关机关如果发现并非真正出于双方自愿,一方是被迫的,或者对子女和财产没有达成协议,都不得登记离婚。这时,当事人要到人民法院,按诉讼程序处理。

(2)一方要求离婚。对此有两种处理方式:第一,有关单位的调解。这指当事人所在单位、群众团体、基层调解组织、婚姻登记机关的调解。调解的结果:如果双方达成和好协议,仍保持其婚姻关系;如果达成离婚协议,便可到婚姻登记机关登记离婚;如调解无效,便要按诉讼程序处理。第二,诉讼程序的调解和判决。法院受理这种离婚案件,首先要进行调解。这是必经步骤。调解先是力争双方和解。不能和解,便调解离婚。双方达成离婚协议,法院要制作调解书分发双方,作为解除婚姻关系的根据。调解书与判决书有同等法律效力。最后,假如调解和好或离婚均无效,就依法判决。法院判决离婚的根据是双方感情确已破裂,调解无效。反之,如双方感情并未达到确已破裂程度,即使一时调解无效,也不应判决离婚。

在处理离婚案件时,还有两点须加以注意。第一,关于对现役军人的特殊保护。婚姻法规定:"现役军人的配偶要求离婚,须得军人同意。"第二,关于对女方的特殊保护。婚姻法规定:"女方在怀孕期间和分娩后一年内,男方不得提出离婚。女方提出离婚的,或人民法院认为确有必要受理男方离婚请求的,不在此限。"

三、离婚的法律后果

(一)对离婚当事人

(1)解除夫妻身份关系。其中包括解除由于夫妻身份关系所带来的法定权利义务,即:解除扶养义务,丧失相互继承遗产的权利,获得再次结婚的自由。

(2)变更夫妻间的财产关系。第一,分割共同所有的财产。婚姻法规定:"离婚时,夫妻的共同财产由双方协议处理;协议不成时,由人民法院根据财产的具体情况,照顾女方和子女权益的原则判决。"法院在处理财产分割时,一般情况是,属于一方的生活用品和职业所需的工具,应归各自所有;房屋、家具、储蓄、生产工具等财产,按照双方生产和生活的实际需要,并考虑到照顾女方和子女权益原则,合理分割;未成年子女的独立财产(如通过继承、遗赠、赠与而得到的财产),不能列入夫妻共有财产范围加以分割;夫妻婚前的个人财产,原则上归个人所有,但可作适当调整(已在共同生活中消费掉的婚前财产不应要求返还)。第二,清偿债务。原为夫妻共同生活所负的债务(包括抚养子女、赡养老人等所负的债务),以共同财产清偿。共同财产不足时,由双方协议或判决来解决清偿责任。男女一方单独的负债,由其本人清偿。第三,离婚时,如一方生活困难,另一方应给予适当的经济帮助。具体办法通过协议或判决确定。

(二)子女

(1)父母与子女的关系,不因父母离婚而消除。离婚后子女无论由父母何方抚养,仍是父母双方的子女。收养子女是一种拟制的血缘关系,也不因父母离婚而消除。离婚后的父母与子女的这种关系,表现为不消除相互间的抚养和继承的权利义务。

(2)离婚后子女由何方抚养问题。第一,哺乳期内的子女,以随母亲抚养为原则。但在母方无力抚养,或随母方对子女不利时,也可灵活处理。第二,哺乳期后的子女由何方抚养,由父母协议决定;不成,由法院判决。法院应考虑到父母双方的个人状况、家庭环境、同子女的感情联系等。在子女有思考能力时,应征得子女本人的意愿。但也要考虑父母的利益和正当要求。如,父或母一方年老、生病、不能再婚或再育时,对其抚养子女的合理要求也应照顾。需指出,父母离婚后,不准对方来探望子女、要求自己抚养的子女断绝同对方的亲子关系等做法,是违背法律精神的。

(3)抚养费的负担问题。一方抚养子女,另一方要负担必要的生活费和教育费的一部分或全部。其次,抚养费的数额、给付的期限与办法,通过协议或判决规定。期限一般是到子女能独立生活为止。工资收入者,按月给付;农村可按收获季节或年度给付。最后,抚养费的变动问题。关于子女生活费和教育费的协议或判决,不妨碍子女必要时向父母任何一方提出超过协议或判决原定数额的合理要求。如果由于情况变化,负有给付义务一方发生给付困难时,可通过协议或判决减少或免除给付;当其情况好转时,仍应恢复原定的给付。还有,当抚养子女一方再行结婚,继父或继母愿意负担子女生活和教育费用的一部分或全部时,他方可减免负担;若情况变化,继父或继母不愿或无力负担时,原来有给付义务一方仍按原定给付。

第三章　亲　属

第一节　亲属的一般原理

一、亲属的概念和范围

亲属,是由于婚姻、血缘、收养而产生的社会关系。

亲属的范围包括:第一,由婚姻而引起的配偶关系,这是一切亲属关系的基础。第二,血亲(血缘亲属),指建立在血缘基础上的亲属关系,包括直系血亲和旁系血亲。血亲中还包括拟制血亲或准血亲。第三,婚姻亲属(姻亲),即由婚姻而产生的亲属关系。其中包括,血亲的配偶(嫂、弟媳、姐夫、妹夫、儿媳、女婿、伯母、婶母、舅母、姨夫等),配偶的血亲(公婆、岳父母、小舅小姨、大伯小叔等),配偶血亲的配偶(妻的弟媳和妹夫、夫的弟媳和妹夫等)。

二、亲系和亲等

亲系是亲属间的血缘系统。如,男系亲和女系亲;父系亲和母系亲;直系亲和旁系亲,分别指上下各代间的直接血缘关系亲属和间接血缘关系亲属;直系姻亲和旁系姻亲;尊亲属和卑亲属,即自己辈分以上的亲属和以下的亲属。

亲等是计算亲属远近的单位。我国婚姻法以世代(辈)作为计算单位。如五代以内旁系血亲、三代以内旁系血亲的提法。需要计算本人同某人的旁系血缘关系时,首先向上溯及共同的尊亲属,然后下及某人,此间的世代数目的总和就是旁系血亲的等级(亲等)。

三、亲属的法律效力

(1)在婚姻法上的效力。在夫妻及其同子女之间,有互相扶养的义务,有法定的共同财产,有互相继承遗产的权利;一定范围的亲属间禁止结婚,等等。

(2)在刑法上的效力。某些犯罪,只有受害亲属的告诉,法院才处理。如,以暴力干涉他人婚姻自由,虐待家庭成员,而未致成严重后果的犯罪,都是告诉才处理。

(3)在民法上的效力。父母为未成年子女法定代理人。按亲属关系来确定继承权利,包括继承顺序和份额。

(4)在诉讼法上的效力。有较近亲属关系是某些诉讼参与人(审判员、检察员、侦查人员、书记员、鉴定人、翻译人员)的回避条件。被告人的近亲属(父母、子女、兄弟姐妹)和监护人,有为被告人出庭辩护和上诉的权利;而且,这种上诉不得加刑。

此外,亲属关系在劳动法、国籍法等法律上也有特殊意义。

第二节 父母和子女的关系

一、父母和子女关系的含义

父母和子女关系即亲子关系，是最近的直系血亲关系。

父母、子女关系包括自然的血缘关系和拟制的血缘关系。自然血缘关系，又包括婚生的和非婚生的两种。

在父母、子女关系中，有婚生父母、非婚生父母、养父母、继父母与婚生子女、非婚生子女、养子女、继子女几种情况。但他们在法律上有一致之处。

二、父母和子女间的权利义务

(1) 父母对子女的抚养教育义务。这里包括物质的、精神的责任。父母对未成年子女的抚养和教育的责任是绝对不能免除的。对于成年子女，当他们生活有困难时也应给予帮助。如果父母不履行其抚养义务时，子女有权向法院提起索要的诉讼。

父母有对未成年子女实行管教和保护的权利和义务，目的是保证子女的健康成长。

父母是未成年子女的法定代理人。

法律规定的禁止溺婴和其他残害婴儿行为，首先是对其父母而言的，遇有此种情况，要负刑事责任。

(2) 子女对父母的赡养扶助义务。这项义务不分男女，不分婚生子女、非婚生子女、养子女、继子女，不分是否同父母生活在一起，都必须履行。否则，父母有权通过诉讼程序提出索要。如果发生虐待或遗弃，要承担刑事责任。

(3) 父母与子女相互间有法定的遗产继承权而且属于第一继承顺序。

三、关于非婚生子女、继父母继子女、养父母养子女的法律规定

(1) 非婚生子女。婚姻法规定："非婚生子女享有与婚生子女同等的权利，任何人不得加以危害和歧视。""非婚生子女的生父，应负担子女必要的生活费和教育费的一部或全部，直至子女能独立生活为止。"如生父或生母不履行抚养义务，非婚生子女有权提起给付之诉。

(2) 继父母继子女。这种关系是由于父母一方死亡或父母离婚，而再婚造成的。按法律规定，继父母与继子女间，不得虐待或歧视。如在继父母承担了对继子女抚养教育责任的条件下，他们互相间就发生了一般父母子女的权利义务关系。

(3) 养父母养子女。这是一种拟制的父母子女关系，其法律地位与一般的（婚生的）父母子女关系相同（参阅下节）。

四、祖父母孙子女（外祖父母外孙子女）间、兄弟姐妹间的权利义务

(1) 扶养义务。有负担能力的祖父母、外祖父母，对父母已经死亡的未成年孙子

女、外孙子女,有抚养义务。反过来,有负担能力的孙子女、外孙子女,对于子女已经死亡的祖父母、外祖父母,有赡养义务。另外,有负担能力的兄、姐,对于父母已经死亡或父母无力抚养的未成年的弟、妹,有抚养义务。

(2)继承权。祖父母孙子女或外祖父母外孙子女间,兄弟姐妹间,相互属于第二继承顺序的人。孙子女、外孙子女,还有代位继承权。

第三节　收　养

一、收养的概念

收养,是把他人子女作为自己的子女。这样就使收养人与被收养人之间,成为拟制的父母子女关系。在法律上,养父母养子女关系,与亲生父母子女关系相同。差别在于这种收养关系在一定条件下可以解除。

国家保护合法的收养关系。这种制度能使孤儿享受父母和家庭的温暖,同时又使无子女的夫妻获得感情上的安慰。

二、收养关系的建立

收养关系建立的条件是:第一,收养人一定是成年人。除此而外,我国有些地方还注意同计划生育原则相联系起来,要求必须是在结婚后长期未有生育的夫妻才能收养。对于其子女残疾或痴呆的夫妻,可予照顾。未婚或丧偶的老年人收养子女,也放宽处理。第二,被收养人一般应是未成年人。第三,要有收养的协议。首先是收养人配偶间的一致同意;其次是送养人生父母的一致同意。如收养孤儿,应取得监护人或教养单位的同意。但被收养人的父母是无行为能力的人,或有严重虐待或遗弃子女行为的,不在此限。当被收养人有识别能力时,一定要征得他本人同意。违背以上条件,收养视为无效。

目前,我国办理收养登记机关有公证机关,以及基层政权和它的派出机构。

养父母与养子女间的权利义务,适用一般父母子女间的有关法律规定。

三、收养关系的解除

收养关系的解除,大体上有两种情况和理由。第一,由当事人协议而解除。第二,根据当事人(收养人与送养人)一方面的要求而解除。这些都要依实际情况、合理地处理,既照顾其他情况,又尽量维护收养关系的稳定性。

随着收养关系的解除,双方的父母子女间的权利义务关系便结束。相应地,曾被收养的人同他生父母及其他亲属间的权利义务关系就恢复了。

思考题

1.什么是婚姻法？它有哪些特征？

2.我国婚姻法有哪些基本原则？各项原则的主要内容是什么？

3.结婚的条件和程序是什么？

4.夫妻间在人身关系和财产关系方面,有哪些权利义务？

5.双方自愿离婚的条件和程序是什么？一方要求离婚的处理程序是什么？

6.什么叫亲属、亲等和亲系？亲属关系在婚姻法、刑法、民法、诉讼法上的效力有哪些表现？

7.父母和子女间的权利义务是什么？法律对于非婚生子女,继父母与继子女,养父母与养子女的规定的主要精神是什么？

第七讲　刑事诉讼法

【内容提要】刑事诉讼法的概念。刑事诉讼法是刑法的程序法。刑事诉讼法的三项任务。

刑事诉讼法的基本原则:司法机关的诉讼职权由法律规定;坚持依靠人民群众,以事实为根据、以法律为准绳,在对公民适用法律上一律平等;司法三机关互相分工负责,互相配合,互相制约;各民族公民有权用本民族语言文字进行诉讼;两审终审制;公开审判,被告人有权获得辩护;人民陪审员参加审判;司法机关保障诉讼参与人依法享有的诉讼权利;保证贯彻法律关于不追究刑事责任的各种规定;对于外国人犯罪应当追究刑事责任的,要适用我国刑事诉讼法的规定。

管辖、回避、辩护、证据、强制措施、附带民事诉讼等制度的主要内容,及其重要意义。

我国刑事诉讼中的普通程序和特殊程序。

第一章　总　论

第一节　刑事诉讼法的概念和任务

刑事诉讼法,是规定司法机关办理刑事案件程序的法律规范的总和。刑事诉讼法是作为实体法之一的刑法的程序法。没有一套完整的刑事诉讼程序,便不能保证正确地适用实体法(刑法),从而也就不能正确地解决案件。

我国刑事诉讼法所承担的任务,有如下三项。

一、保证准确、及时地查明犯罪事实,正确适用法律,惩办犯罪分子

司法机关处理刑事案件的直接锋芒是指向犯罪分子,使他最终受到应有的惩罚。而要做到这一点,先要搞清楚犯罪事实,进而再针对这些事实来适用刑法,即对罪犯加以定罪和量刑。刑事诉讼法正是体现并保证实现这一任务的。

二、保障无罪的人不受刑事追究

刑事诉讼法应要极力保护无罪的人,坚持做到"不放纵一个坏人,不冤枉一个好人"。刑事诉讼是涉及被告人的荣誉、自由、财产甚至生命的重大事情,而且罪犯又往往制造虚伪情况,使客观事实不易被揭露。这说明刑事案件是容易弄错的,而一弄错就会伤害好人。所以搞刑事诉讼法的一个重要着眼点,就在于同剥削阶级司法中的野蛮传统作斗争。

三、教育公民自觉遵守法律,积极同犯罪行为作斗争

我国人民法院组织法规定:"人民法院用它的全部活动教育公民忠于社会主义祖国,自觉遵守宪法和法律。"我国刑事诉讼法之所以能够起到这种教育作用,就在于人民群众的个人利益同国家利益的一致性。人民通过刑事诉讼的过程,可以清楚地看到和体会到犯罪的危害,因而就激发他们同犯罪行为作斗争的自觉性,与此同时,也加强了自己的守法观念。

总的说来,刑事诉讼法积极地实现着维护社会主义法制,保护公民权利,保障社会主义建设事业顺利进行的光荣任务。

第二节　刑事诉讼法的基本原则

一、司法机关的诉讼职权要由法律规定

在我国,只有公安、检察、法院三机关是司法机关,即专门的执法机关;而且,它们的职权也是严格加以区分的。

在刑事诉讼中,三机关的职能分工是:公安机关负责对案件的侦查、拘留、预审;检察院负责批准逮捕、检察(包括侦查)、提起公诉;法院负责审判。这种职能分工不能相互超越或代替。除三机关以外,任何其他机关、团体和个人都无处理刑事案件的权力,都不得拘人、捕人、搜查、审讯和施用刑罚。否则便是违法,要追究其责任。

二、紧密依靠人民群众,以事实为根据、以法律为准绳,对于一切公民在适用法律上一律平等

三、司法三机关相互分工负责,互相配合,互相制约

三机关都是人民民主专政国家司法机构的组成部分,在根本性质、任务和目标方面是一致的;它们的分工仅是具体职能上的分工。从这里便产生了三者间的对立统一关系,就是既互相配合,又互相制约。互相配合才能使三机关在工作中齐心合力,发挥打击敌人、保卫人民和保卫四化的强大威力。互相制约即互相监督,才能及时发现和纠正各机关工作中的缺点错误,使它们都能永远忠实于事实、忠实于法律、忠实于人民,防止任何一个机关的独断专行。

四、各民族公民有权用本民族语言文字进行诉讼

这项原则的主要要求是:第一,司法机关对于不懂得当地通用的语言文字的诉讼参与人,应当为他们翻译。第二,在少数民族聚居或者多民族杂居的地方,用当地通用的语言进行审讯,用当地通用的文字发布判决书、布告及其他文件。

五、法院审判案件实行两审终审制

我国法院体系,除专门法院以外,包括基层、中级、高级、最高四级法院。对于地方各级法院的第一审判决和裁定,当事人不服,可以向上一级法院上诉,检察院也可抗

诉。上一级法院对于上诉和抗诉的案件要进行第二次审理,它的判决和裁定就是终审的判决和裁定,不得再上诉和抗诉了。

两审终审制是适合我国具体情况的审级制度。它既避免一审终审制所容易造成的片面性、疏漏和各种错误,又避免更多审级制所带来的麻烦和诸多不便,从而保证办案的质量和效率。

六、法院要公开审判,被告人有权获得辩护

在一般情况下,法院的审判必须公开进行。即审判时,要传唤当事人到庭,允许他们公开进行辩论,行使其诉讼权利;同时也允许群众参加旁听,允许新闻记者采访和报道。只是对于三类案件不公开进行审理:第一,涉及国家机密的案件。第二,个人隐私案件,主要指有关两性关系的案件。第三,十八周岁以下,尤其十四至十六周岁的未成年人的案件。但这三类案件的判决仍要公开宣告。

法律规定,在审判过程中,法院"有义务保证被告人获得辩护"。保障被告人的辩护权的意义何在? 第一,保障被告人充分实现其诉讼权利,同时也给同被告人有关的人(法定的有权为被告人进行辩护的人)表达意见的机会。如果被告人连为自己辩护的权利也没有,那么他便沦于诉讼客体的地位了,一切权利都谈不上。第二,帮助法庭兼听各方面意见,正确弄清案情和适用法律,公正地判决。第三,有利于人民群众对司法机关的监督,并使自己受到法制教育。

七、实行人民陪审员参加审判的制度

按照人民法院组织法的规定,除了简单的民事案件、轻微刑事案件及法律另有规定的以外,法院在审理第一审案件时,要由审判员和人民陪审员组成的合议庭进行。

八、司法机关要保障诉讼参与人依法享有的诉讼权利

刑诉中的诉讼参与人包括:第一,当事人。即自诉案件的原告人(自诉人)和被告人,公诉案件的被告人,附带民事诉讼案件的原告人和被告人。第二,公诉案件的被害人。第三,上述人员的法定代理人。第四,辩护人。第五,证人。第六,鉴定人。第七,翻译人员。

诉讼参与人参加刑事诉讼活动的目的不同,因而法律赋予他们的诉讼权利就不同。其中,当事人的诉讼权利比较广泛;因为他们和案件的处理结果有直接利害关系。

九、保证贯彻法律关于不追究刑事责任的各种规定

这方面包括六种情况:第一,情节显著轻微,危害不大,不认为是犯罪的。第二,犯罪已过追诉时效期限的。第三,经特赦令免除刑罚的。第四,依照刑法告诉才处理的犯罪,没有告诉或撤回告诉的。第五,被告人死亡的。第六,其他法律规定免予追究刑事责任的。

司法机关遇有以上情形之一,就不追究刑事责任。已追究的,要撤销案件,或者不起诉。已起诉的,法院可要求检察院撤回起诉,或宣告无罪。

十、对于外国人犯罪应当追究刑事责任的,要适用我国刑事诉讼法的规定

这项原则是我国国家主权的要求。

第二章　一般性制度

第一节　管　辖

管辖,指刑事案件由司法三机关中的哪个机关受理,以及由哪类、哪级和哪个人民法院审理。

管辖有职能(部门)管辖和审判管辖两种。

一、职能管辖

职能管辖指公安、检察、法院三部门各受理哪些案件。这方面的法律规定是:第一,法院直接受理的案件。其中有告诉才处理的案件,不需要进行侦查的轻微刑事案件。法院处理这类案件时可以进行调解。第二,检察院侦查的案件。其中有贪污罪、侵犯公民民主权利罪、渎职罪,以及检察院认为需要自己直接受理的案件。这类案件一般不需要特殊的侦查手段来破案。另外,它们大都同检察院对国家工作人员的监督职权有密切关系。第三,公安机关侦查的案件。即除以上两类以外的案件。

二、审判管辖

审判管辖指案件由哪类、哪级和哪个法院管辖的问题。这里又有三种情况:第一,审级管辖。说的是哪类案件由哪级法院管辖,亦即上下级法院对于第一审案件的分工。第二,地区管辖。说的是同级法院之间对于第一审案件的职权划分。第三,专门管辖。说的是有些案件依法应由专门法院(军事、铁路、水运、海事、森林等专门法院)处理。

第二节　回　避

刑事诉讼中的回避,指审判人员、检察人员、侦查人员,以及书记员、翻译人员、鉴定人,与案件有某种利害关系或者其他关系,可能影响到公正处理案件,而不能参加本案诉讼活动的一种制度。

上述人员回避的条件是:第一,是本案当事人或者当事人的近亲属。第二,本人或者他的近亲属和本案有利害关系的。第三,审判人员、检察人员、侦查人员担任本案的证人、鉴定人、辩护人及附带民事诉讼当事人的代理人的。第四,与本案当事人有其他关系,可能影响公正处理案件的。

第三节 辩 护

辩护,是被告人及其辩护人在刑事诉讼过程中,根据事实和法律,提出有利于被告人的材料和意见,对于控诉的内容进行反驳和辩解,证明被告人无罪、罪轻,或者要求免除、减轻其刑事责任的一种诉讼行为。

被告人的辩护权,首先由他自己行使。此外,还可委托下列人替他行使:第一,律师。第二,人民团体或者被告人所在单位推荐的、或经法院许可的公民。第三,被告人的近亲属(夫或妻、父母、子女、同胞兄弟姐妹)和监护人。

公诉人出庭的案件,如果被告人没有委托辩护人,法院可以为他指定辩护人。

被告人是聋、哑、盲或者未成年人而没有委托辩护人的,法院应当为他指定辩护人。

辩护人的责任是维护被告人的合法权益。

在审判过程中,被告人可拒绝辩护人继续为他辩护,也可委托另外的人辩护。

第四节 证 据

凡能证明案件真实情况的一切事实,都是证据。在证据的概念中包含三方面紧密相联的意思:第一,证据是客观事实。第二,证据与案情有关,对于查明案情有意义。第三,证据的来源、收集和查实,有法律规定。

法定的证据有六种。

一、物证、书证

物证指证明犯罪的物品和物质痕迹。其中包括犯罪工具,带有犯罪痕迹的物品,犯罪所侵犯的对象物,及其他物品。

书证指在内容上对案件事实具有证明意义的书面材料。如身份证明、书信、单据、账簿等。

广义地说,书证也包括在物证范围之内。但它们也有区别。其一,作为书证的文件主要取其内容的意义;而作为物证的文件则取其外部特征(如伪造的痕迹)和发现该文件地点的意义。其二,不能用其他文件来代替的文件是物证文件,如伪造的文件。可能以其他文件来代替的文件是书证文件;如犯罪人制定的犯罪计划的内容,也可借助抄录、复印的文件来表达。实践中,一种文件经常兼有物证和书证二重意义。

二、证人证言

证人证言就是证人根据司法机关的通知,把他耳闻目睹或知道的一切与犯罪有关的事实所作的陈述。

生理上、精神上有缺陷或者年幼,不能辨别是非、不能正确表达意见的人,不得作证人。同案被告人不得互相作证人(但已处理完毕的被告人例外)。辩护人不能充当同案的证人。其余一切人,凡知道案件情况的,都有义务作证、提供证言。

证人证言是刑事诉讼中一种主要的、普遍性的证据。但它并非完整无缺,不能直接用来作为定案的根据。证人证言必须在法庭上经过公诉人、被害人和被告人、辩护人的讯问、质证,听取各方证人的证言并经过查实以后,方得作为定案的根据。

法庭查明证人有意作伪证或者隐匿罪证时,应当依法处理。

三、被害人陈述

被害人陈述是指遭受犯罪行为直接侵害的人,如实地向司法机关反映侵害的事实经过所作的叙述。

被害人由于他是犯罪行为的直接受害者,因而对犯罪实施的情况了解得比较清楚、具体,所以他的陈述对于破案有重要的意义。但由于被害人同案件有直接利害关系,常常会从有利于自己方面进行陈述。所以,对于这种陈述要有分析。

四、被告人供述和辩解

被告人供述和辩解,指被告人承认自己有罪和否认自己有罪或罪重的陈述。

被告人供述和辩解之所以是证据的一种,是因为他对于自己的犯罪事实最为了解。但是,由于他同案件处理结果最有利害关系,这种证据又往往具有片面性和虚伪性。所以,把它作为证据要十分慎重。

从历史上看,剥削阶级,尤其封建阶级总是迷信口供的证据力,因而实行刑讯逼供的野蛮制度。而在社会主义国家,则根本不同。被告人是诉讼主体,他提出有利于自己的供述,属于为自己辩护的权利;而他坦白自己的罪行事实,则是他的悔罪态度。这两者都应肯定。刑事诉讼法规定:"对一切案件的判处都要重证据,重调查研究,不轻信口供。只有被告人供述,没有其他证据的,不能认定被告人有罪和处以刑罚;没有被告人供述,证据充分确实的,可以认定被告人有罪和处以刑罚。"这是对被告人陈述作为证据的价值的科学表达。

五、鉴定结论

鉴定结论,指对案件所涉及的专门知识或技术问题进行鉴定的专家(鉴定人)所作的结论。

鉴定人的特点在于,他同案件无利害关系,也不是事先对案情有所了解的人。因而他的地位不是特定的,可以更换。他提供的证据是纯属技术性或知识性的证据。司法机关把鉴定结论作为证据,也必须认真地加以判断。司法机关不受鉴定结论的约束,有权同意,也有权不同意,或仅同意一部分;有权交付补充鉴定,或请另外的人重新鉴定。

六、勘验、检查笔录

勘验、检查笔录,是侦查人员在诉讼活动中制作的、记载通过勘验和检查所发现的各种情况的笔录。它包括现场勘验笔录、物证勘验笔录、尸体勘验笔录、侦查实验笔录等。

这种证据的特点是：其提供人是侦查人员，它只对有关犯罪情况进行客观记载；它具有综合的证明作用；它没有新的证明作用，仅仅是对已有证据的一种固定方法。这种证据的可靠性较大。但侦查员也会受到各种、客观因素的影响而作出错误或部分错误的笔录。所以，对此同样应当加以审查和判断。

第五节　强制措施

刑事诉讼中的强制措施，是司法机关为了有效地保证侦查和审判工作的顺利进行，依法对被告人或重大嫌疑分子的人身自由采用的一些必要的限制方法。强制措施的目的是防止犯罪分子由于不愿意受到法律制裁，而可能采取的逃跑、串供、毁灭罪证、自杀等手段，甚至可能继续进行犯罪活动。强制措施有五种。

一、拘传

拘传是司法机关强迫无正当理由而不到案的被告人能够到案，以便对他进行讯问的强制措施。

二、取保候审

取保候审是司法机关要求被告人提出同案件无利害关系的第三人，并出具保证书，保证被告人随传随到的一种强制措施。

三、监视居住

监视居住是司法机关限制被告人不得擅自离开指定的地点，并对他的行动加以监视的强制措施。

四、逮捕

逮捕是依法对被告人的人身自由采取强制性的限制，并加以羁押的方法。它是强制措施中最严厉的。

在我国，任何公民非经法院决定或者检察院批准或决定，并由公安机关执行，不受逮捕。另外，可捕可不捕的，一律不捕。

五、拘留

拘留指公安机关为了阻止罪该逮捕的现行犯或者重大嫌疑分子逃避侦查、审判或继续进行犯罪活动，在紧急情况下依照法律采取的限制他人人身自由的一种临时性的强制方法。

这种拘留是在紧急情况下由公安机关自行决定采取的，而且是在没有采用其他强制措施前短时期采用的，所以与逮捕不同。另外，它也不同于对违反治安管理规则者适用的行政性的拘留。

第六节　附带民事诉讼

附带民事诉讼是司法机关在刑事诉讼过程中,根据被害人等申请,为处理被告人的犯罪行为直接造成的物质损失的赔偿,而进行的诉讼活动。这种诉讼是由刑事诉讼派生的,附带的。它对于法院的审判工作和案件当事人都方便。

被害人有权提起附带民事诉讼。如是国家或集体财产遭受损失的,检察院在公诉时可以提起。法院在必要时,可查封或扣押被告人的财产。

附带民事诉讼应同刑事案件一并审理。只有为防止刑事案件审判日期的过分迟延时,才可以在刑事案件审判完毕,再由同一审判组织继续审理附带民事诉讼案件。

第三章　刑事诉讼程序

第一节　普通程序

一、立案

立案就是司法机关在审查控告、检举、自首的材料后,认为存在犯罪事实,应追究刑事责任,从而决定作为一起案件来侦查或调查的诉讼活动。

二、侦查

侦查是指公安和检察机关在办案过程中,依法进行的专门调查工作和采取的有关强制性措施的诉讼活动。

侦查的任务在于查明犯罪事实,搜集充分证据,确定应追究刑事责任的被告人,并保证不使他逃避被起诉和审判。

三、提起公诉

提起公诉是检察院代表国家,将依法应该加以惩办的犯罪分子交付法庭审判的活动。

检察院对于侦查终结的案件,要进行系统的审查,然后视情况分别作出如下决定:

第一,起诉。如认为被告人的犯罪事实已经查清,证据确实和充分,依法应该追究刑事责任的,要作出起诉书,按审判管辖的规定,向法院提起公诉。

第二,免予起诉。如认为被告人虽然有罪但依法不需要判处刑罚或免除刑罚的,要免予起诉,不交付审判。免予起诉书要公开宣布,并交给被告人及其所在单位。被告人在押的,要立即释放。

第三,不起诉。如认为被告人的行为不构成犯罪,或依法不应当追究刑事责任的时候,要作出不起诉决定。

四、审判

（一）第一审程序

第一审程序是法院对案件的初次审理。第一审程序有公诉案件与自诉案件的区分。

（1）公诉案件。即由检察院代表国家对被告人进行控诉的案件。

公诉案件的第一审程序，分为开庭前准备、法庭调查、法庭辩论、被告人最后陈述、合议庭评议和宣判几个步骤。

（2）自诉案件。即不由检察院而由被害人自己进行起诉的轻微刑事案件。

法院对自诉的案件进行审查后，分别情况处理：第一，犯罪事实清楚、证据足够的案件，要开庭审理。第二，必须由检察院提起公诉的，要移送检察院。第三，缺乏罪证的自诉案件，若自诉人提不出补充证据，而法院经调查又未能收集到必要证据，应说服自诉人撤回自诉，或裁定驳回。

法院对自诉案件可进行调节；自诉人在宣告判决前可自行同被告人和解，或撤回自诉。

被告人在诉讼过程中可对自诉人提起反诉；反诉适用自诉的规定。

（二）第二审程序

第二审程序就是对地方各级法院未生效的第一审判决或裁定，因被告人上诉或检察院抗诉，而由其上级法院重新进行的审理。

第二审法院对案件的处理情况通常是：第一，原判决或裁定认定事实和适用法律正确、量刑适当的，要裁定驳回上诉或抗诉，维持原判。第二，原判决或裁定认定事实没有错误，但适用法律有错误，或者量刑不当的，应改判。第三，原判决或裁定事实不清楚或证据不足的，可在查清事实后改判；也可裁定撤销原判，发回第一审法院重审。第四，发现第一审法院违反法定程序，可能影响正确判决或裁定时，应撤销原判，发回重审。

我国实行第二审的上诉不加刑制度。即，第二审法院对于被告人或其法定代理人、辩护人、近亲属上诉的案件，不得加重被告人的刑罚。但检察院抗诉或自诉人上诉的，不在此限。

第二审法院的判决或裁定和最高人民法院的判决或裁定，都是终审的判决或裁定。

五、执行

执行是法院把生效的判决或裁定，交付有关国家机关加以实现的活动。

所谓已生效的判决或裁定有：过了法定期限没有上诉或抗诉的判决或裁定；终审的判决或裁定；经过最高法院核准的死刑判决；高级法院核准的死刑缓期二年执行的判决。

对于判处不同刑罚的判决或裁定，分别由不同机关和以不同方式来执行。其中包括对执行中发现新情况的处理办法。

第二节　特殊程序

一、死刑复核程序

死刑复核程序是对死刑的判决或裁定进行审查的制度。这是我国法律规定对死刑采取的特殊监督程序,目的在于严格控制死刑,避免错杀多杀。

死刑一律由最高人民法院核准。具体说:第一,中级法院第一审死刑判决,被告人不上诉的,由高级法院复核后,报请最高法院核准。高级法院复核后不同意判处死刑时,可提审或发回重审。第二,高级法院第一审死刑判决,被告人不上诉的,和高级法院第二审死刑判决,都要报最高法院核准。第三,中级法院的死刑缓期二年执行的判决,由高级法院核准。

二、审判监督程序

审判监督程序是法院对于已发生法律效力的判决或裁定,因其有错误而重新审判的特殊诉讼程序。

有权提起审判监督程序的国家机关是:第一,各级法院院长对本院已生效的判决或裁定,一经发现错误,必须提交审判委员会处理。第二,最高法院对各级法院已生效的错误判决或裁定,可指令其再审。第三,上级法院对下级法院已生效的错误判决或裁定,有权提审或者指令其再审。第四,最高检察院对于地方各级法院已生效的错误判决或裁定,有权按审判监督程序抗诉。第五,上级检察院对于下级法院,有权按审判监督程序抗诉。法院按审判监督程序重审的案件,应另组成合议庭进行。如果原来是第一审案件,按第一审程序审理,其所作的判决或裁定仍可上诉或抗诉;原来是第二审案件或由上级法院提审的案件,按第二审程序审理,所作的判决或裁定是终审判决或裁定。

思考题

1. 什么是刑事诉讼法? 它的任务是什么?
2. 我国刑事诉讼法有哪些基本原则? 每项基本原则的主要内容是什么?
3. 刑事诉讼中的管辖制度、回避制度、附带民事诉讼制度的主要内容是什么?
4. 辩护原则和制度的主要内容和意义是什么?
5. 什么是证据? 我国法定的刑事诉讼证据有哪几种? 应当如何正确认识和对待各种证据?
6. 什么是强制措施? 有哪些强制措施?
7. 刑事诉讼的普通程序包括哪几个环节?
8. 什么是死刑复核程序、审判监督程序?

第八讲　民事诉讼法

【内容提要】民事诉讼法的概念。

民事诉讼法特有的基本原则：保障当事人平等行使诉讼权利；着重调节；巡回审理，就地办案；辩论；处分；支持起诉；法院指导、监督人民调解委员会工作。

民事诉讼的参加人：第一，当事人。其概念、权利和义务。第二，共同诉讼人，必要的共同诉讼人和普通的共同诉讼人。第三，第三人。其概念和特征；有独立请求权的第三人和无独立请求权的第三人。第四，代理人。

民事诉讼第一审程序中的普通程序、简易程序和特别程序。

第二审程序。

执行程序的概念和执行根据，执行措施。

民事诉讼中的强制措施。

第一章　民事诉讼法的概念和基本原则

第一节　民事诉讼法的概念

民事诉讼法是调整人民法院和诉讼参与人，在审判民事案件过程中所进行的活动，以及由此而引起的诉讼关系的法律规范的总和。

民事诉讼法所包含的特殊内容在于：第一，在民事诉讼活动中占主导地位的，始终是人民法院。就是说，其中最主要的是规定人民法院如何行使民事案件审判权。第二，民事诉讼法是处理民事案件的程序法。第三，民事诉讼行为的目的，是处理民事案件，解决民事纠纷，很大程度上也包括婚姻关系和经济关系方面的纠纷及某些行政关系方面的纠纷。

第二节　民事诉讼法的基本原则

民事诉讼法的基本原则，很多是同刑事诉讼法一致的。这里仅指出民事诉讼法所独有的一些基本原则。

一、保障当事人平等地行使诉讼权利

在民事诉讼中，双方当事人的诉讼地位是完全平等的，他们的权利与义务或者相同，或者相互对应，没有一方享有特权。

二、着重调解

调解就是法院通过细致的思想教育工作和法制宣传,消除当事人之间的隔阂,使之互让互谅、互相协商,以便在自愿的基础上达成协议。法院在任何诉讼阶段,都要体现出着重调解原则。但是对于无法调解和调解无效的案件则不能久拖不决,而应及时进行判决。

三、巡回审理,就地办案

人民法院审理民事案件,应根据需要与可能,派出法庭巡回审理,就地办案。在第二审程序中,这一原则表现为:上诉案件可以到案件发生地或原第一审法院所在地进行审理。

四、辩论

辩论原则指民事诉讼的双方当事人,有权用事实、证据和法律规定,论证自己的主张和理由,而对于对方当事人的主张和理由加以答辩和反驳。这一原则要体现在民事诉讼的整个过程中。它可用口头或书面的形式进行。辩论内容,除实体性问题外,也可以包括某些程序性问题。

五、处分

处分原则指当事人有权在全部诉讼活动过程中,按照法律规定来处分自己的民事权利和诉讼权利。但是,当事人的处分权利必须在法律范围内行使,即同国家干预相结合,而不是绝对不受限制的。

六、支持起诉

支持起诉原则指企业事业单位、机关、团体对损害国家、集体或公民个人的民事权益行为,可以支持受害人(个人或法人)向法院起诉。它体现了社会对于侵犯民事权利行为的干预。

七、人民法院指导和监督人民调解委员会的工作

人民调解委员会是调解民间纠纷的群众性组织,而非司法机关。它设于农村基层政权、厂矿企业、事业单位、街道的居民委员会和农村的村民委员会。委员会成员由群众推选。它的基本工作原则是当事人的自愿,采取说服教育的方法。不愿调解,当事人可向法院起诉。

人民法院对人民调解委员会的指导和监督,包括:经常对调解人员讲解政策、法律和业务技能;发现调解案件有违反政策、法律时,要加以纠正。这种人民调解工作是人民司法工作的"第一道防线",把绝大部分案件和轻微而不足判刑的刑事案件解决于起诉之前。

第二章　民事诉讼参加人

第一节　当事人

当事人指在民事争议或纠纷中,以自己的名义进行诉讼,并受法院裁判约束的利害关系人。

当事人有如下的法律特征:第一,当事人是以自己的名义进行诉讼的,如果以他人名义进行诉讼,就不是案件的当事人。第二,当事人与案件处理结果有直接的利害关系。就是说,他之所以参加民事诉讼,为的是保护自己的切身利益。如果与案件没有直接利害关系,就不是当事人。第三,当事人受法院裁判的约束。如果参与诉讼,但不受法院裁判约束的人,就不是当事人。因为,民事诉讼正是为了解决当事人之间的民事纠纷。

当事人的民事诉讼的权利能力与行为能力,与民法上的规定是相一致的。

第二节　共同诉讼人

共同诉讼人指共同诉讼案件的当事人。

共同诉讼即一方或双方为二人以上的民事诉讼。它分为以下两种。

一、必要的共同诉讼

必要的共同诉讼,指一方的几个诉讼当事人的诉讼标的是共同的那种诉讼。所谓诉讼标的,是双方当事人争议的、要求法院裁判的民事法律关系或权利义务关系。如果几个当事人的诉讼标的是共同的,说明他们在权利义务方面有共同利害关系,因而这种诉讼不可分开审理,只能合并审理。

二、普通的共同诉讼

普通的共同诉讼,指共同诉讼人的诉讼标的,由于其属于同一种类,而加以合并审理。本来,这种诉讼可以分开审理,也可以合并审理,就是说共同审理不是"必要"的,而是法院决定的结果。合并审理可简化诉讼程序,防止对同一种类问题作出矛盾的裁判。在这种诉讼中的数个被告或原告,彼此没有共同的权利义务,所以其中一人的诉讼行为对别的共同诉讼人不发生效力。

第三节　第三人

第三人指在已经进行的诉讼中,对于当事人争议的标的,认为自己有独立的请求权,或者虽然没有独立的请求权,但案件的处理结果同自己有法律上的利害关系,因而参加诉讼的人。

第三人的特征是:第一,他所参与的是已经由双方当事人开始的民事诉讼案件。所以,他与原来的双方当事人不同。第二,他参与这个诉讼的法律根据在于认为自己对诉讼标的有独立请求权,或者同案件处理结果有直接利害关系。第三,他参加到这个诉讼中来,是为了保护自己的利益。

第三人,根据他对于争议标的是否有独立请求权,可分为以下两种。

一、有独立请求权的第三人

他参加诉讼,实际上是提起了一个新的即不同于原诉(本诉)的诉讼。在这个诉讼中,他把原诉的双方当事人都当作被告,而自己成为原告。这样一来,法院事实上是把这个新的诉讼与原诉两个诉讼合并一起审理。

二、无独立请求权的第三人

他仅仅参加当事人一方进行诉讼。这是由于案件处理结果将使他同这一方当事人一起受到利害影响。但是,第三人不论帮助当事人哪一方,都既非原告又非被告,而是具有独立诉讼地位的诉讼参加人。他帮助当事人一方诉讼,说到底是为了维护自己的民事权益。没有独立请求权的第三人,在诉讼过程中有权陈述意见、提供证据、参加辩论,但无权处分实体权益。

第四节　诉讼代理人

这个问题在民事代理人的问题中已基本讲过了。

第三章　第一审程序

第一节　普通程序

第一审普通程序是最基本的民事诉讼程序。它包括如下三个阶段。

一、起诉和受理

起诉就是原告提起诉讼或提出民事请求。起诉的法定条件是:第一,原告与本案有直接利害关系。第二,要指出明确的被告,具体的诉讼请求以及事实根据(诉讼理由)。第三,起诉的案件符合司法管辖规定。

起诉分为起诉状和口头两种形式。

法院对于原告的起诉,经过审查后认为符合受理条件,便加以立案;认为不符合条件,要于七日内通知原告,不予受理。

二、审理前的准备

法院立案后,五日内把起诉状副本发送给被告,让他在收到后的十至十五日内提出答辩状。

法院发现起诉或应诉的人不符合当事人条件时,要加以更换。更换通知以后,符合条件的原告若全都不愿参加诉讼时,可以终结案件的审理。

发现必要共同诉讼当事人没有参加诉讼时,要通知其参加。

遇有诉讼保全和先行给付问题时,依法定程序及时解决。诉讼保全指法院为防止判决不能或难以执行而在作出判决之前采取查封、扣押等方法,限制当事人使用和处分一定的财产,以保证判决确认的权利能够实现。先行给付指在判决之前责令有义务的当事人向对方先行给付一定财物。

开庭时间、地点一经确定,要在三日前通知当事人和其他诉讼参与人。

三、开庭审理和调解

这一阶段分为五个环节。

1. 开庭。

2. 法庭调查。

3. 法庭辩论。

4. 法庭调解。

5. 法庭评议和宣判。

在法院审理民事案件过程中,当事人要随时听从召唤到庭。在两次传唤,无正当理由而不到庭,或擅自中途退庭的情况下,对于原告,可按撤诉处理;被告反诉,可缺席判决。对于被告,除了可拘传外,也可缺席判决。

第二节　简易程序

简易程序是普通程序的简化,它适用于基层法院及其派出法庭审理简单的案件。

简易程序之简易处在于:第一,可口头起诉。第二,如果双方当事人同时到法院或法庭,可立即审理,也可当即决定某日审理。第三,以简便方式传唤当事人、证人等。第四,实行独任制审判。第五,审理程序的简化,如可把普通程序的几个环节合并等。

第三节　特别程序

特别程序是民事诉讼法规定的、审理某些特殊案件的程序。

特别程序处理的案件有两类:第一,选民名单案件。第二,非讼案件,包括宣告失踪人死亡案件,认定公民无行为能力案件,认定财产无主案件。由于这两类案件均不属于民事权益的争议,因而不宜按普通程序或简易程序来进行。

特别程序的特征是:第一,所审案件不存在民事权益之争,没有被告,仅仅是要确认某种法律事实是否存在。第二,一审终审制。第三,除选民名单案件和重大疑难非讼案件外,均独任审理。第四,判决生效后遇有新的事实和情况,法院可依有关人的申请,查证属实,作出新判决,撤销原判决,而不需依照审判监督程序处理。

第四章　第二审程序

第二审程序是因上诉而引起的。上诉的期限,对判决为十五日,对裁定为十日。

享有上诉权的人是第一审程序中的原告、被告、有独立请求权的第三人以及他们的继承人、代理人等。这些人在案件中具有实体的权利义务。如是必要共同诉讼人之一上诉,应视为全体共同诉讼人的上诉。非必要共同诉讼人各自享有上诉权,可独立地上诉。无独立请求权的第三人,只能随其参加的一方当事人提起上诉,而他自己没有独立上诉权。但若第一审裁判认定他有实体的权利义务,或与当事人一方有实体的权利义务关系时,应承认其为合条件的上诉人。

第二审法院对案件的审理程序与刑事诉讼相似,不同处是:第二审法院在裁判之前可以进行调解;上诉人可以申请撤回上诉。

第五章　执行程序

执行指法院对不履行已生效的法律文书规定的义务的人,强制他履行义务的活动。

执行的根据是:第一,法院已生效的民事判决书、裁定书、调解书。第二,法院已生效的并具有财产内容的刑事判决书、裁定书。第三,法院先行给付的民事裁定书。第四,调解和仲裁机关生效的裁决书、调解书。第四,公证机关依法赋予强制执行效力的债权文书。第五,法院制作的承认并协助执行外国法院判决的裁定。

申请执行要遵守法定的期限。

执行权属法院审判权的组成部分。具体执行工作由执行员、书记员进行,重大执行措施应有司法警察参加。

执行措施包括:第一,提取、扣留被申请人的储蓄存款或者劳动收入。第二,查封、扣押、冻结、变卖被申请人的财产。第三,强制被申请人迁出房屋或者退出土地。第四,强制执行法律文书指定的行为。第五,划拨企业事业单位、机关、团体的存款。

执行过程中案外人提出异议时,执行员应对此及时审查、处理。

法院如需要有关单位或个人协助执行,必须照办。

最后,在整个民事诉讼过程中,法院均可对有关诉讼参与人采取法定的强制性措施,其中包括拘传、训诫、责令具结悔过、罚款、拘留五种。

思考题

1. 什么是民事诉讼法？它有哪些主要特征？
2. 我国民事诉讼法有哪些特有的基本原则？
3. 什么是当事人？当事人有哪些特征？
4. 什么是共同诉讼？它有哪几种？
5. 什么是第三人？第三人有哪些特征？
6. 略述民事诉讼第一审的普通程序、简易程序和特别程序。
7. 略述民事诉讼中执行程序的概念、执行根据和执行措施。
8. 民事诉讼中的强制措施有哪几种？

第九讲　国际法

【内容提要】国际法的定义;国际法区别于国内法的特点。国际法的渊源:条约、惯例。国际法的五项基本原则。国际法主体的含义及其种类。国家承认与国家继承。国籍的概念;国籍的取得和丧失;我国国籍法的主要内容。外国人的入境、居留、出境及其待遇;庇护和引渡。对国际法上人权问题的理解。领土的概念;领土的变更,对领土主权的限制。国家边界制度。内水制度。南极、北极的法律地位问题。海洋法:领海,毗连区,大陆架,专属经济区,海湾,海峡,公海,国际海底,以及防止海洋环境污染。国际航空法和外层空间法。国际外交关系的含义;外交代表机关和外交代表的种类及其法律地位。国际条约的概念、种类;国际条约的缔结程序、效力和解释。联合国的宗旨与原则;联合国的主要机构:大会,安全理事会,经济及社会理事会,托管理事会,国际法院,秘书处。解决国际争端的政治方法和法律方法;解决国际争端的强制方法。

第一章　国际法的概念

第一节　国际法的定义和特点

国际法又称国际公法,指以国家之间关系为主要调整对象的有约束力的原则、规则和制度的综合。

国际法有如下的主要特点:

1. 国际法主体是各个主权国家。

2. 国际法是国家之间在相互合作和斗争过程中制定或认可(包括明示或默契)而产生的。就是说,世界上没有统一的国际法的立法机关。

3. 国际法的实施,没有统一的超国家的强制机关来保证。它只能依靠国家单独的或集体的强制力来保证。

4. 国际法不能反映特定国家的意志。但是,各国统治阶级都不免力图按照自己的利益对国际法加以解释和利用。

第二节　国际法的渊源

一、条约

条约是国际法的主要渊源。作为国际法渊源的条约,是指普遍性条约或规定行为准则的条约。它直接制定或认可国际法的原则、规则和规章制度。

侵略和奴役性的不平等条约,由于它违反国际法的基本原则,所以是无效的,从而就谈不上成为国际法规范的问题。

二、惯例(习惯)

国际惯例或国际习惯,指国家通过默契的方式而逐渐形成的事实上的协议。

国际惯例成为国际法的渊源,必须是:第一,它已被反复地重复,而获得比较确切的、公认的含义。第二,它被各国普遍地当作义务来履行。

惯例的主要缺点在于,它不如条约那么确定,但它却是同条约相辅相成的。许多条约由惯例而来;反过来,也有些国际条约中的规定逐渐地被非缔约国承认为惯例。

需要说明的是,国际组织(如联合国)的决议和国际法院的判决都不是国际法的渊源,而是执行国际法的问题。

国际法的编纂,同国际法渊源问题有紧密的关系。它是指国家之间对于国际法规范的编纂。例如,1899 年和 1907 年两次海牙和平会议,所编纂的关于和平解决国际争端和战争法规的公约。又如,在联合国大会之下成立的"国际法委员会"审议以后,由联合国主持缔结的公约,就具有一定程度的、把国际法规范加以法典化的意义。这种法典式的国际法规包括:(1)1958 年关于海洋法的四项日内瓦公约,即领海与毗连区公约、公海公约、捕鱼与养护公海生物资源公约、大陆架公约。(2)1961 年的减少无国籍状态公约。(3)1981 年维也纳外交公约。(4)1963 年维也纳领事公约。(5)1969 年的特别使团公约。(6)1969 年维也纳条约法公约。(7)1973 年防止和惩处侵害应受国际保护人员包括外交代表的罪行的公约。(8)1975 年维也纳关于国家在其对普遍性国际组织关系上的代表权公约。(9)1978 年关于国家在条约方面继承的维也纳公约。

第三节　国际法的基本原则

国际法的基本原则,指在国际法体系中具有最高的指导性、普遍性、强制性和稳定性的那种规范。它是近些年来才开始形成的。

尽管到目前为止,国际法基本原则这个用语还没有被普遍使用,对于它究竟包括哪些内容也没有统一的定论,但是国际法基本原则体现的精神,则是普遍承认的。

1954 年 1 月我国政府同印度政府谈判西藏与印度通商和交通问题时,提出以"五项原则"作为处理中印间存在问题的准则。同年 6 月,周恩来总理访问印度、缅甸所发表的联合声明中,也重申这五项原则。1955 年 4 月在印尼万隆召开的亚非会议上,肯定和发挥了五项原则,提出十项原则。此后,五项原则获得越来越广泛的赞同。

一、互相尊重主权和领土完整

主权原则,是近代以来最首要的国际法原则。国际法本身就是调整主权国家关系的规范。可以说,一切国际法原则都是从主权原则中引申出来的。国家主权就表现为国家相互间的独立和平等的状态,而反对霸权主义。

领土,是国家主权借以表现的基本物质形态和范围。所以,侵犯国家主权的最鲜明的标志,就是破坏他国领土的完整。

二、互不侵犯原则

这项原则是对于所谓国家有权进行战争的传统国际法的一项重大修正。该传统提法的最大弊病是没有区分战争的性质,而且也没有表现出尽可能和平地解决国际争端的意思。而互不侵犯原则则相反,表明国家之间不能进行侵略战争;反过来又表明,进行反侵略的战争是符合正义的。

三、互不干涉内政原则

这里所说的内政,泛指一个国家的社会、经济、政治、文化、外交等制度。它承认各国人民有选择国家制度和生活方式的权利,而不允许别国以任何方式进行干涉。

四、平等互利原则

不论国家的大小强弱,在相互交往中,使各方能均等地获得益处,同样地赋有权利和义务。

五、和平共处原则

和平共处作为国际法的基本原则,是所追求的国家间关系的基本状态。所以,五项原则又被统一地称为"和平共处五项原则"。它要求的是国家之间的和平共处,和平协商,以和平的方法解决争端,即和平的原则。所以,对于五项原则中的任何一项的破坏,都必然破坏和平。

和平共处原则,不论对于社会制度和政治制度不同的国家之间,还是对于相同的国家之间,一律适用。

第二章　国际法的主体

第一节　国际法主体的概念

国际法的主体,广义上应指能独立地参与国际法关系,并享有权利和承担义务的人格。

根据这个定义,国际法关系有如下一些主体。

一、国家

国家是主权人格,因而是唯一的狭义上的国际法主体。

国家作为国际法主体所享有的基本权利是:(1)独立权。独立权包括领土的独立和完整与政治独立。(2)管辖权。其中有:属地管辖,即有权管辖境内的一切人和事;属人管辖,即有权管辖国境内外的一切本国人。国家管辖也含有相互对等地不受他国管辖,即豁免权问题。(3)平等权。在国际法上,国家不论大小强弱,一律平等。(4)自卫权。任何国家都有反对侵略、维护本国主权的权利。

与国家权利相对应的,是国家责任。就是指,国家违反国际法规范而对他国造成损害时,所应当承担的责任。国家除了自身的责任之外,对于它的公职人员、公民及境内的外国人或无国籍人的行为,也承担责任。国家责任,首要的是政治责任,其次还有物质责任、道义责任。

二、为争取独立而斗争的民族

在第一次世界大战期间,设在法国巴黎的捷克和波兰两国的民族委员会,曾获得协约国的承认。1954 年组成的阿尔及利亚民族解放阵线,于 1958 年宣布成立临时政府;它在 1962 年宗主国的法国承认以前,已得到包括我国在内的二十多个国家的承认。1964 年成立的巴勒斯坦解放组织,已在许多国家设立办事处,并在联合国派有观察员。但是,一般说来,一个民族不是国际法的主体。

三、国际组织

国际组织是指政府间的组织,如联合国组织。国际组织作为国际法主体,其权利和义务仅限于该组织章程规定的范围;超出这个范围,便失去主体资格。国际组织的国际法主体地位,是由国家派生的。

个人(自然人)和法人,在任何情况下都不是国际法主体。

第二节 国家承认和国家继承

一、国家承认的概念

国际法上的国家承认,指承认国通过一定方式宣告承认新产生的国家或政府的存在,从而承认它所产生的政治和法律的后果。

承认是主权国家的单方行为,所以它与双方行为的建交不同。承认,是一个国家的政治倾向和政治策略的鲜明的表现。

二、承认的种类

(一)对国家的承认

这是指对新产生的国家的承认。这些国家,可能是刚脱离殖民地的地位而独立的,可能是由几个国家合并而成的,可能是从某一国家分离出来的,以及可能由于其他原因(如 1947 年联大关于巴勒斯坦分治的决议产生出以色列国和阿拉伯人国家)。

(二)对政府的承认

一般情况下,对国家的承认就是对政府的承认。这里所说的政府承认,指的是作为国际法主体的国家没有发生变化,而是由于社会革命或政变的结果引起政府变化,因此而产生的承认。

关于政府承认的问题,在国际法的理论与实践中有所谓"有效统治原则",即新政府在其控制范围内已事实上有效地行使了统治权力,从而便推定它有进行国际交往的能力。如1950年英国和瑞典政府发给我国中央人民政府的电告中均援用这一原则,宣告对我国政府的承认。但是必须看到,这种理论也必然会导致对于外来干涉所建立的政府的承认;而这一点是不符合现代国际法原则的。

(三)对起义(叛乱)和交战团体的承认

当一国发生内战、起义或叛乱的一方有效地控制部分或大部分领土时,就可能引起他国出于保护侨民、贸易、通航等利益的考虑,承认它为叛乱团体而同其打交道。在内战双方发展为真正的战争时,他国可以把起义(叛乱)一方承认为"交战团体"。如美国南北战争期间,英国政府宣布中立,这就表示承认南方政府为交战团体。

三、承认的方式和法律后果

(一)法律的承认

承认国认为被承认的国家或政府正式和完全地达到了国际法规定的参加国际活动的要求。因此法律承认是全面的无保留的承认。这表示,自承认之日起,双方相互承担国际法上的义务。

(二)事实的承认

承认国鉴于种种考虑,只希望在事实上暂时地、局部地使被承认国家或政府参加国际活动的表示。事实承认,是一种过渡性的承认。

四、国家继承

国际法上的国家继承问题,指新、旧国家或政府之间的权利义务的继承关系。

国家继承的内容,包括条约的继承,财产的继承,债务的继承,档案的继承,等等。

第三章 国际法上的居民

第一节 国 籍

一、国籍的概念

国籍,指一个人属于某个国家的国民或公民的身份、资格。具有某国国籍就表明他受该国的管辖,享有该国法律上的权利、承担该国法律上的义务,他身处国外时受该国的外交保护。

国籍是由国内法规定的。但国籍问题对于国家间的相互关系,往往有很大的影响。

二、国籍的取得

(一)因出生而取得国籍

一个人生下来便有了国籍,这样取得的国籍又叫原始国籍,是世界各国规定取得国籍的主要方式。但原始国籍也有原则不同的区分。

第一,血统主义原则。不管一个人在何国出生,其国籍都取决于父母的国籍。具体说,本国人所生的孩子,即使出生地是外国,也属本国国籍;外国人所生的孩子,即使出生在本国,也属外国国籍。这个原则,又有双系血统主义(父母的国籍)和单系血统主义(父亲的国籍)等区分。

第二,出生地主义原则。根据一个人的出生地国来决定其国籍。

第三,混合原则。这又有以血统主义或出生地主义二者哪个为主的区分。目前,大多数国家采取混合原则。

(二)因入籍而取得国籍

这种国籍取得的方式旧称"归化",又称"继有国籍"。它有如下几种情况:

第一,由于自愿申请而取得国籍。这就是狭义的入籍。

第二,由于结婚而取得国籍。从前多数国家采用妻随夫籍。而现今有许多国家,尤其是社会主义国家的法律规定,一个人不因结婚而当然地取得或丧失国籍。

第三,由于收养而取得国籍。这里指被收养人取得收养人的国籍。

第四,由于准婚生而取得国籍。在一些国家,非婚生子女初随其母国籍,后再因其母的结婚而取得其父(母亲配偶)的国籍,等等。

三、国籍的丧失

第一,由于本人自愿申请外国国籍,而自动丧失原有国籍。

第二,由于妇女同外籍人结婚,而丧失原有国籍。

第三,由于本人申请,而退出或解除国籍。

第四,由于被剥夺,而丧失国籍。

以上,是国籍丧失的几种主要情况。

四、国籍的抵触

(1)双重(或多重)国籍。

这种情况最容易造成国家之间的矛盾。所以,许多国家都极力予以避免。

(2)无国籍。

五、中华人民共和国国籍法

我国国籍法是1980年颁布的。它的主要内容是:

(1)采取血统主义和出生地主义相结合的原则,即以血统为主、出生地为辅来确定国籍。法律规定:第一,父母双方或一方为中国公民,本人出生在中国,具有中国国籍。第二,父母双方或一方为中国公民,本人出生在外国,具有中国国籍;但父母双方或一方为中国公民并定居在外国,本人出生时便具有外国国籍的,不具有中国国籍。第三,父母无国籍或国籍不明,定居在中国,本人出生在中国,具有中国国籍。

(2)不承认双重国籍。法律规定:第一,定居外国的中国公民,自愿加入或取得外国国籍,即自动丧失中国国籍。第二,父母双方或一方为中国公民并定居外国,本人出生时即具有外国国籍,不具有中国国籍。第三,经批准加入中国国籍的,不得保留外国国籍。

(3)减少和消除无国籍人的状况。

第二节　外国人的法律地位

外国人,指具有外国国籍的人,包括无国籍的人。

外国人处于居留国的属地管辖之下,又处于本国的属人管辖之下。

一、外国人的入境、居留和出境

一般情况下,国家在互惠的基础上,准许外国人为了合法的目的而入境。外国人入境必须事先获得该国的准许,并由该国主管机关在入境者的护照上进行入境签证。国家间也可协议,对对方公民免办签证手续,简化边民过境手续。

国家为了本国安全利益,可以不准某些类别的外国人入境,如疯痴、传染病人、刑事罪犯、从事不正当职业者等等。应当指出的是,帝国主义国家常常借此搞种族歧视。

外国人合法地进入一个国家的国境后,应按照获准的申请和居留国的法律规定,获取短期或长期、或永久的居住权。

国家对于境内的外国人,只要他不违反有关规定,就不应当令其出境。但居留国有权依法限令外国人离境。同时,又要防止驱逐外国人出境权的滥用。

二、外国人的待遇

外国人要服从所在国的属地管辖权,遵守其法律;而所在国要保护外国人的合法权益,尤其人身和财产的安全。

所谓外国人的待遇,主要针对长期居留的外国人而言。外国人的待遇有两种:

(1)国民待遇,或平等待遇。这是指给外国人的待遇,与本国人相同。这讲的是民事方面的待遇,而非政治待遇。对于有关国家,这是互惠的。

(2)最惠国待遇。这是指一国给与另一国的自然人或法人的待遇,不低于现时或将来给与任何第三国的自然人或法人的待遇。最惠国待遇要根据条约确定。

第三节　庇护和引渡

一、庇护

庇护,指对遭受政治迫害的外国人加以保护,包括准其入境和居留。庇护也叫政治避难。但驻国外的任何机构,都没有庇护权。

国际惯例有对外国政治犯加以庇护和不引渡的原则。

二、引渡

引渡,指国家对处于本国境内的被通缉的他国人,应其国家的请求,而把他交给该国审判或处罚的行为。

引渡与否,完全属于国家主权范围内的事情。

实践中,常常遇到下列几个引渡方面的问题:(1)哪些国家可提出引渡? 有罪犯本人所属国家,犯罪行为发生地国家,受害国家。在这几种情况发生冲突时,最严重的犯罪行为发生地的国家有优先权。(2)引渡的对象。有被指控为罪犯的本国公民、被请求国公民、第三国公民。但将本国公民引渡出去的事情,是比较少见的。(3)引渡的理由。通常是双方国家均认为是犯罪行为,或是引渡条约指定的行为。也有的规定,是达到一定严重程度,或特定几种刑事罪犯。(4)引渡要通过外交途径办理。

第四节　国际法上的人权问题

人权问题是资产阶级在反封建的革命斗争中提出,并将其写进自己的法律之中的。起初,它大体上属于国内法的范围,而且主要是指公民的政治权利。在帝国主义时代,尤其第一次世界大战的爆发,那种非人道的、残酷的掠夺、扩张和大屠杀,激发了人道主义和人权思潮的高涨,使许多国际条约也充满此类的言词。

第二次世界大战后,鉴于法西斯主义的暴行,唤起世界人民要求保障人权。因而,保障基本人权便成为国际法的一项重要原则。人权的呼声,在联合国宪章和一系列文件中,得到强烈的反映。特别是 1966 年联大通过的《经济、社会、文化权利国际公约》和《公民权利和政治权利国际公约》,更属于专门的人权公约。这些国际人权公约,按其内容,主要有:(1)个人权利与自由的公约。包括生存、工作、休息、受教育、人身自由和安全等权利;言论、思想、宗教信仰、居住、迁徙、集会结社、通信等自由权利;禁止奴隶制度,反对种族歧视,维护民族自决;男女平等;还有,对家庭、妇女、婚姻、儿童的保护,对老弱病残的社会救济,劳动安全保障,等等。(2)专门保护妇女、难民和无国籍人的公约。(3)民族权利公约。(4)关于惩办战争罪行的公约。尽管这些公约中充满超阶级的观点、口号和主张,但其进步意义是显而易见的。至于有的帝国主义国家(例如美国)常常借用人权口号来干涉别国内政,那是另一回事。

第四章　领　土

第一节　领土的概念及其结构和变更

一、领土的定义

领土,指一个国家管辖下的地球的特定部分,是领陆、领水及其底土、领空组成的总体。

领土不可侵犯,是国际法的一项重要原则。

二、领土的结构

领土的结构包括:(1)领陆,国家境内的陆地部分,它是领土的主体,其他部分都是领陆的延伸。(2)领水,包含内水(江、河、湖、泊)和领海。(3)领空,领陆和领水的上空。在当今,由于航天技术的发展,领空已与外层空间区别开来。(4)底土,领陆、领水的下底。

国际法中常常把航行于国境外的本国船舶、飞行器,作为拟制的领土。

三、领土的变更

领土的变更,有下列诸情况:(1)先占。先占指对"无主土地"实行有效占领。这是古老的领土增加的方式。在近代,它常常同殖民主义联系在一起。(2)时效。根据一些学者的看法,一国原先不正当地占有的领土,经过相当长的时间(如五十年或一百年)的继续、稳定的占有,就被认为是其领土。显然,这是为老殖民主义者作辩护的。所以也有理由说,时效不是领土取得的方式。(3)添附。添附指土地通过新的形成而增加。它包括人工添附(如因筑坝、填海而延长了领陆和领海),更包括自然添附(如河口或海岸线向外延伸)。(4)割让。割让分为强制割让(通常是以武力为手段)、非强制割让(交换、买卖、赠予等)。(5)征服。征服指完全依靠战争中的占领来取得土地,与订约的割让有所区别。

第二次世界大战后,有大批的殖民地获得独立,或被占领的领土复归原主。这是领土的一次大变更。

四、领土主权的限制

(1)共管,指两个及两个以上国家对同一块领土主张主权。这时可以认为,两国对该领土主权互为限制。

(2)租借,指一国依据条约将领土一部分,借给另一国在一定期限内使用。本来,租借应当本着自愿平等原则,通过订约实行。但这种制度却多是根据不平等条约强行设立的,中国人民已饱受此苦。但租借毕竟同割让有所区别。

(3)划分势力范围。实际上是各国在自己势力范围内,享有各种特权。鸦片战争后的中国是一个典型。这是违反国际法的。

(4)国际地役,即为了他国利益,依据条约对一国领土实行永久性的特定限制。如,允许他国在自己领土上通行,或不准他国在某些地点上设防等。国际地役权理论,往往是用以掩盖帝国主义奴役他国的理论。真正的国际地役,必须由有关国家自愿平等地通过条约来确定。

第二节　国家边界

一、边界的概念

边界或国界,指国家领土或领土主权的空间界限。

国界的划定,要通过条约进行,单方国家无权变更,否则就是侵略。如下的国际惯例,可供签订边界条约参考:(1)山脉的分水岭。(2)河流、海峡的航道中线和一般中线。(3)桥梁及湖、内海的中线。

二、边境制度

边境制度,指国家在边界线附近地区采取的管理制度。这一般属于国内法问题。但是,如界标的设立与保护,边界河流的通航、渔业与水利资源的利用,边民的往来等,都需要双方国家协商解决。

第三节　内　水

一、河流

(1)内河,流经一国的河流。它属于该国的独占权利。他国无权航行。如长江、黄河。

(2)界河,流经两国之间、作为分界线的河流。它分属两国,其使用靠两国协议确定。有的虽可通向公海,也可不向第三国开放。如黑龙江、鸭绿江。

(3)多国河流,流经多个国家的河流。它的沿岸国,只对流经其领土部分享有主权,但要考虑其他沿岸国的利益。一般是允许沿岸国航行的。

(4)国际河流,经国际条约规定向一切国家商船开放的河流。各沿岸国对流经其境内的部分享有主权,而整个管理由全体沿岸国成立的委员会实行。如欧洲的多瑙河、莱茵河(它的管理还允许非沿岸国参加),非洲的刚果河、尼日尔河,亚洲的湄公河,拉丁美洲的亚马孙河。

二、通洋运河

(1)苏伊士运河。它是埃及主权管辖之下的。1957年埃及政府发表宣言,重申尊重1888年《君士坦丁公约》关于该运河自由航行的原则。这个条约规定:苏伊士运河"中立化",无论平时、战时对一切商船兵船开放,永不封锁;河内不得停泊军舰,不得建筑要塞。

(2)巴拿马运河。1978年在巴拿马人民斗争之下,占据运河的美国政府同巴拿马政府订立关于运河的新条约,于第二年10月生效。按该条约,承认巴拿马对运河的领土主权,以领土主权人的资格授权美国在条约生效期间对运河进行管理。但巴拿马要越来越多地参与运河的管理、维护和保卫,在运河区悬挂巴拿马国旗,巴拿马对运河区的司法、移民、海关、邮局等行使管理权。巴拿马方面宣布,运河永久中立,平时战时都保证运河安全,一律平等地向各国船只开放。从2000年元旦起,巴拿马将单独管理运河。

三、湖泊、内陆海

湖泊、内陆海如果是一国陆地所包围的,其地位同内河;如果是两个以上国家陆地所包围的,分别为各该国家的内水,对于其利用,由沿岸国协商规定。

黑海是一个非典型的内陆海。1936 年蒙特勒公约规定:一切国家商船均可自由航行,但对非沿岸国的军舰停留的时间、舰种、吨位作了限制。

第四节 极 地

一、扇形极地理论

扇形极地理论,是指:以南、北两极为顶点放射出的、同相接触的第一批国家领土的东西两端相交的经线和纬线包围的扇形地区,就属于各该国家领土的一部分。

这个理论是本世纪初由英国提出的,有别于"先占原则"的原则,企图据以解决南极归属问题。继而,法国、澳大利亚、新西兰、挪威也赞成这个主张。后来,苏联、加拿大两国又依"扇形理论",确立它们在北极的权利。

"扇形理论"没有得到国际的承认。尤其在解决南极地区的法律地位问题上,已经遭到否定。

二、北极

北极地区(极圈内)的岛屿为苏、美、加等国占有。

按国际海洋法规则,北冰洋应是除沿岸国的领海外,其余部分是公海,与其他几个大洋的地位相同。

三、南极

南极是个资源丰富的大陆。南极地区的领土归属问题,除扇形理论外,还有依据地理位置接近而主张领土主权的理论。阿根廷、智利提出"先占"原则。巴西、秘鲁、乌拉圭、南非也提出过领土要求。苏、美也声明在那里保有权利。

1959 年在华盛顿召开南极会议,有英、新、澳、法、挪、阿根廷、智利对南极主张领土权利七国,加上美、苏、日、南非、比利时,共十二国参加。会上,签订《南极条约》,于 1961 年 6 月 23 日生效,有效期 30 年。条约向所有联合国会员国开放,或经全体缔约国同意邀请的任何国家签署或加入。

1959 年的《南极条约》,适用于南纬 60 度以南地区。它对南极地区法律制度问题的主要规定是:(1)南极地区专用于和平目的,非军事化,并为此对南极大陆实行监督。(2)冻结各国对南极的领土主权要求,以及新的领土主权要求。(3)缔约国对南极地区有科学考察的自由,并进行合作。(4)成立条约最初缔约国组成的共同协商会议,每两年开会一次。讨论涉及共同利益事项,交换情报,制定促进科学合作方案、措施等。

1980 年 11 月在澳大利亚又签署保护南极地区海洋生物公约。

随着南极资源开发问题日益提到日程,国际间围绕南极问题的纷争趋于激烈。它的合理解决也有待时日。

第五节 海洋法

海洋法,是有关各种海域的法律地位和各国在各种海域从事航行、资源开发与利用、海洋科研等活动,以及海洋环境保护的原则、规则、制度的总和。

1958 年以来,联合国召开过三次海洋问题会议。最后于 1982 年通过《海洋法公约》,有包括中国在内的一百多个国家和组织的代表签字。

海洋法涉及下述一些主要问题。

一、领海

领海,指领海基线和领海线之间的海域。它属于国家领土的延伸。

领海的宽度,各国的主张不一,从 3 海里到 50 海里,而多数国家(包括我国)主张12 海里。

领海基线,有两种划分方法:(1)正常基线,即沿岸的低潮线。(2)直线基线,即沿海岸和近岸岛屿的最外缘点连接而成的一段段的直线。现今采用直线基线的国家在增多。

领海线是领海的外部界限,采用与基线平行的划法。

主要的领海制度是外国商船的"无害通过权",当然这是相互的。对于军舰能否"无害通过",有争议。但领海上面的空间,不适用"无害通过"。

二、毗连区

毗连区,指沿海国为了特定目的,在毗连领海的公海上划出一定宽度的区域,行使某些管辖权。

1958 年《领海及毗连区公约》和 1982 年海洋法公约,规定了毗连区制度。

一般主张是,毗连区宽度不超过领海宽度。1958 年公约规定,从领海基线起算不超过 12 海里;1982 年海洋公约规定不超过 24 海里。

国家对毗连区(不包括上空)行使管制,主要是为了维护本国主权和法律秩序,对违法者进行追究和惩罚。

三、大陆架

1958 年《大陆架公约》把大陆架定义为,从领海基线向外自然延伸至覆水深度 200米处海域的海床和底土。1982 年海洋法公约又提出,大陆架的标准是从领海基线起到大陆边(包括大陆架、大陆坡、大陆基)外缘,距离不到 200 海里,扩展到 200 海里。如果超过 200 海里,不应超过 350 海里,或不超过连接 2500 米深度各点的等深线 100海里。

1958 年大陆架公约和 1982 年海洋法公约关于大陆架问题,还规定:(1)沿海各国对大陆架(不包括覆水)拥有排他的专属权利。对大陆架资源的权利范围,包括海床和底土的矿物及其他非生物资源,以及定居种生物的收益权。(2)海洋相对或相邻国家之间的大陆架界限,1958年大陆架公约规定是协商原则,没有协议时采取等距离原则。不过,1969年国际法院的一判决中提出要根据当事国领土自然延伸的"公平原则"。1982年海洋法公约仍主张双方协议。

我国大陆架极其宽阔。东海大陆架宽达400海里;南海,占海底二分之一以上。我国主张公平原则。

四、专属经济区

按照1982年海洋法公约规定,指领海以外邻接领海的一个区域,其宽度是从领海基线起不超过200海里。

沿海国在本区域的权利,包括勘探和开发、养护和管理海床、底土及覆水的生物、非生物的自然资源,风力、海水、海底之能源的利用,以及为此而从事人工设施、科学研究和环境保护的活动。但要顾及国际公约规定的他国的权利。

在本区域内,一切国家有航海、航空和铺设海底电缆管道的自由。

专属经济区包含毗连区在内。

我国目前尚未就专属经济区问题作出宣布。

五、海湾

海湾,指海洋伸入陆地部分所形成的明显水曲,此种水曲的面积要等于或大于以湾口宽度为直径划成的半圆。①

领湾属于内海,而不属于公海。

一般认为,湾口不超过领海宽度一倍的,为领海海湾;超过一倍的,如较长历史时期(比如一百年)以来一直属于该国海湾的,叫"历史性海湾"。1958年《领海及毗连区公约》认定,海湾湾口为24海里的,属于领湾。

我国较大的领湾有广州湾、杭州湾、胶州湾;渤海湾,其湾口不超过24海里,又是历史性海湾,所以属于我国领湾。

但是,有些国家则大大放宽湾口。如,加拿大的哈得孙湾口50海里,苏联的大彼得湾口108海里,也被它们宣布为领湾。

六、海峡(参照海湾)

七、公海

公海,指除各国主权管辖以外的海域。它对所有国家开放。

公海的法律制度是建立于"公海自由"原则之上的。公海自由包括航行自由、上空的飞行自由、铺设海底电缆和管道自由、建造国际法允许的人工岛屿及其他设施的自由、捕鱼自由、科研自由。公海自由不能滥用,即要求用于和平目的,不侵害别国权益,不得违反国际法原则。

---

① 《中国大百科全书·法学》,第264页。

国家对公海的管辖权,包括:(1)保卫船舶国籍,确定悬挂本国国旗的规则。(2)对悬挂本国国旗的商船的专有管辖权。(3)军舰和政府船只(做出标志)的豁免权。(4)对于海盗、贩卖奴隶和毒品、从事非法广播或干扰广播的无国籍或悬挂外国国旗但疑为本国的船只等船舶,有登临检查权。(5)对违法船只的紧追权,以迫使它被拿获。

八、国际海底

国际海底,指国家管辖范围以外的海床、洋底及其底土。

按照国际惯例,国际海底及其资源是人类共同财富,任何国家不得对其行使主权,任何国家或自然人或法人不得将国际海底的任何部分据为己有。国际海底的法律制度,不影响覆水域及其上空的法律地位。

九、防止海洋环境的污染

这是一个越来越受到人类普遍关注的问题。因此,各国间有关防止海洋环境污染的法律规定,必然越来越需要加强。

第六节　国际航空法和外层空间法

一、领空的高度

领空,即国家领土(包括领水)的上空,其本身也是国家领土的组成部分,属于国家主权管辖。

目前的问题,是领空的高度如何确定。当前,大量人造卫星在80至370公里的高空运行,没有任何国家提出抗议。但是,对领空的高度仍存在很大分歧。其主张有:(1)以海平面上空10公里处的、大气对流层的外缘为界限。(2)以约30至40公里处的、飞机依靠大气可运行的高度为界限。(3)以110公里左右处的、人造卫星不依靠大气可运行的最低高度为界限。(4)以几十至1.6万公里处的、空气存在的最高限度为界限。(5)1976年一些赤道国家发表波哥大宣言,以3.6万公里之内的空域即以同步人造卫星轨道为界限。

二、反空中劫持

反空中劫持的国际规则,是随着这种劫持行为的日益猖獗而引起的。到目前为止,已有三个关于反空中劫持的国际公约。

(1)1963年东京《关于航空器内的犯罪及其他某些行为的公约》。该公约的主要精神是:①航空器登记国有权对该航空器内发生的危及航空器及其所载人员或财产安全的犯罪行使管辖权,而各缔约国均要对此给予必要的协助。对于这种罪行的处理,按各国国内法进行。②公约承认这种罪行既是发生在发生地,也是发生在航空器登记国的领土上,从而为引渡罪犯提供了根据。但另一方面,又把排除引渡政治性罪犯当作一般原则。

（2）1970年海牙《关于制止非法劫持航空器的公约》。该公约规定：①关于非法劫持航空器罪犯的定义，是在飞行中的航空器内的任何人，用武力或武力威胁及其他恐怖手段，非法劫持航空器，或企图这样做的人及其从犯。②管辖权，包括航空器的登记国，降落地国，航空器的承租人所在国，嫌疑犯正停留其上而又未将他引渡出去的国家。③如果不引渡，必须起诉。④对政治性的罪犯是否引渡，由有关国家的法律确定。

（3）1971年蒙特利尔《关于制止危害民用航空安全的非法行为的公约》。该公约作为海牙公约的补充，规定了危害航空器安全的范围，包括损害使用中的航空器和传递虚假情报来危及航空器安全的行为；从时间上说，包括从起飞前的准备开始，至降落后24小时止。

三个公约的基本精神一致，都表明对空中劫持的严格关注。

我国于1978年加入东京公约，1980年加入海牙公约和蒙特利尔公约。

我国公安部曾专门通告，自1984年4月1日起，对境内各民用机场，对乘坐国际班机的本国和外籍旅客及其行李物品实行安全技术检查。这些，同反空中劫持犯罪直接相关。

三、外层空间法

有关外层空间（宇宙空间）的国际公约，已制定过多项。其中，最为重要的应是1963年联大通过的《外层空间活动法律原则宣言》。它有"外层空间宪章"之称。

该《宣言》的主要精神是：为全人类利益来利用外层空间；一切国家有平等的探测和利用的权利；各国不得把外层空间据为己有；探测和利用要符合国际法，要维护国际和平与安全；各国政府或非政府的团体，对其外层空间活动承担责任；对于可能导致损害的外层空间活动，要事先协商；向外层空间发射的物体其所有权不变，该物体及其残部降落到登记国境外时，有关国家要将其返还给登记国；对发射造成他国损害的，要负赔偿责任；给予宇航员以尽可能的援救，并送还登记国；不装载核武器或大规模毁灭性武器并将其送入外层空间。

外层空间的国际公约，尚有待完善。

第五章　国际外交关系、国际条约和国际组织

第一节　国际外交关系

国际外交关系，指国家之间的交往关系。外交关系体现国家的对外政策，即对内政策的延续。因此，对于不同性质国家来说，其外交关系也就有所区别。

外交活动通过国家的外交机关来实现。外交机关有：国内外交机关，包括国家元首、政府领导人、外交部；派驻国外的外交代表机关，包括驻外使馆、特别使团及派往国际组织的代表团。

一、外交代表机关和外交代表

常设驻外代表机关是使馆。使馆根据两国的协议设立。它分为大使馆、公使馆、代办处。

使馆的职务是：在接受国中，代表派遣国；保护派遣国及其国民的合法权益；与接受国政府办理交涉；以一切合法手段，了解接受国的状况与发展情形；促进两国友好，及发展各方面的关系。此外，经接受国同意，兼行领事职务，负责暂时保护第三国利益等。

使馆由下列人员组成。（1）馆长，由大使、公使、代办充任，代表派遣国。（2）外交职员，包括参赞，一、二、三等秘书，各种专员，陆海空军正副武官。这（1）（2）两部分人员属外交官，持有外交护照。（3）行政技术职员，如译员、会计、无线电技术员、打字员。（4）事务职员，如司机、厨师、传达员等。这后两类人员不属外交官，持公务护照或普通护照。

驻外外交代表采用大使、公使、代办三级中的哪一级（格），以及派谁充任这种外交官职，由两国协商。现代一般采用大使级关系。仅使馆馆长不在时，由临时代办来代表。外交代表到达驻在国的首都后，要向那个国家的元首呈递国书（委任状）；代办，是向外交部长递交委任证书。使馆的其他外交官，一般由派遣国自由任命。接受国有权随时对他国外交官表示不受欢迎。

使馆人员的职务终止的情况是：（1）派遣国召回。（2）派遣国撤销使馆。（3）两国断交。（4）两国中的一国，因革命或政变等而建立新政府。（5）被接受国宣布为不受欢迎或不能接受的人。

驻某国首都的全体使馆馆长，组成外交团。根据惯例，外交团团长由执行职务最早的一国的馆长担任。外交团一般地起礼仪方面的作用。国际法不允许外交团向东道国施加政治压力。

为了执行职务的需要，在两国对等的基础上，赋予使馆及外交官以一定的外交特权（包括豁免权），其内容有：（1）使馆馆舍、交通工具及文件档案不受侵犯。（2）通讯自由。（3）在接受国允许范围内的旅行自由。（4）外交官的人身与住宅不受侵犯。（5）行政上、司法上的管辖豁免，捐税、刑事案件和劳务的豁免。（6）在使馆、馆长官邸和交通工具上，使用本国国旗、国徽。

与外交官同一户口（接受国的户口）的配偶及其未成年子女，也享有外交特权和豁免权。至于其他人员，各国规定不一。

二、领事

领事，是一国根据国际惯例和协议，派驻他国一定地点，以便在该区域内执行领事职务的人员。

领事有四个级别，就是总领事、领事、副领事、领事代办。我国只派前三级领事。

领事馆分为总领事馆和领事馆两种。总领事馆管辖几个领事区或某个重要的领事区。总领事馆馆长,由总领事担任;领事馆馆长,由领事担任。

领事的职务,主要是:(1)在领事区域内保护派遣国及其国民的利益。(2)增进两国友好,开展两国间的商业、经济、文化、科学的交流。(3)以合法手段调查接受国的情况。(4)协助派遣国的国民和入境的具有本国国籍的船舶以及在本国登记的航空器及其人员,并有权对其检查和监督。(5)办理公证、签证,以及办理本国侨民的出生、死亡、婚姻登记等户籍事项。(6)经接受国同意,可受第三国委托,代为照顾和保护其利益。

领事特权(包括豁免权):第一,领事馆特权。其中,包括馆舍不受侵犯,档案文件不受侵犯,通讯自由,免缴捐税,使用国旗国徽。第二,领事馆官员特权。其中包括:人身不可侵犯;司法、行政的管辖豁免,但不包括私人行为;免除捐税和检查,但间接税、遗产税例外;与本国国民接触的便利。

三、外交官和领事官员的义务

1.尊重接受国的法律和风俗习惯。

2.不以任何方式干涉接受国的内政。

3.使、领馆不得作为其他用途。

4.使馆只与接受国官方洽商公务。

5.外交代表和职业领事,不得以私人利益从事任何专业与商业活动。

第二节　国际条约

一、国际条约的概念及其种类

条约,是国家及其他国际法主体之间,为确定彼此权利义务而达成的书面协议。条约是国际法主体相互交往的基本的法律形式。

条约的种类有条约、公约、协定、议定书、换文、宪章、规约、盟约、宣言等等。

条约的结构,通常包括三部分:序言,说明缔约的宗旨和目的;主要条款;最后条款,主要是有关条约的诸程序事项。有时,条约还有附件。

二、条约的缔结

(一)缔约的资格

任何主权国家都有缔结条约的资格。一国的地方政权,非经国家的授权,不得对外缔结条约。国家的缔约能力,通常是由其中央权力机关和行政机关派出的代表来行使的。在我国,由全国人大常委会、国家主席和国务院代表国家同外国缔约。

(二)缔约程序

第一,谈判。这是商议和确定条约文件的活动。双边条约要双方一致同意。多边条约可以规定为一致同意;无规定时,由与会国的三分之二多数通过。当事国的同意,必须是"自由同意";由于错误、诈骗、一方代表以贿赂或威胁等手段强加给另一方的条约,是无效的。

第二,签字。这是具有重要法律后果的行为,通常要举行一定的仪式。签字有三种情况:一是草签,由各国代表在文本上签署姓名的头一个字母(中文是姓),表示条约草案已取得一致并经双方认证,但不具有法律效力;二是待核准的签署,或叫"暂签",要署代表的全名;三是正式签署。

第三,批准。一些重要的条约,往往需要当事国的有权机关的批准。批准就是对已签署的条约的确认。条约是否需要批准,也要写入条约之中。需要经过批准的条约,在批准后才生效。

第四,交换批准书。一些重要的条约经过批准后,当事国相互间还需要交换批准书,方能正式生效。

（三）条约的加入

条约的加入,指没有在多边条约或国际公约上签字的国家,事后参加该约并接受其约束的国际法行为。加入只能是指开放性的条约。我国加入条约,由全国人大常委会决定。建国以来,我国已加入了几十个国际条约。

（四）条约的保留

条约的保留,指一个国家在签署、批准和加入多边条约或国际公约时所进行的单方面的声明,目的在于排除或更改条约中若干规定对本国的法律效果。保留,是一个主权国家独立自主的权力。但保留会影响到条约的执行,所以又需要有一定的限制。一般地说,对于条约的宗旨和目的不能保留。另外,缔约国亦应对保留问题作出规定。保留以及他国接受或反对保留,都要用书面方式提出,并递交缔约国或当事国,或交给条约保存国通知有关国家。同样,撤销保留或对保留的反对,也要采取书面形式。

三、条约的效力

（一）条约的生效

这通常在条约中载明。其情况可能是:自签字之日起生效;自批准之日起生效;自互换批准书之日起生效;自条约规定之日起生效。条约的有效期限长短不一;期满之后还可延长。无限期的条约,在另订新条约之前,一直保持效力。

（二）条约对缔约国的效力

这主要表现为"条约必须得到遵守"的传统的国际法原则。但是,奴役性的不平等条约例外。

（三）条约对非缔约国的影响

一般地说,条约对第三国没有效力。但有些条约却可能为第三国设定权利和赋予义务。如:条约赋予双方以最惠国待遇,就会使此前同一方当事国有最惠国协定的国家也随之享有新的优惠待遇。又如,1888年关于苏伊士运河公约规定该运河对一切国家开放,就直接影响到非缔约国的利益。

（四）条约时效的终止

其情况是：条约期满，条约义务履行完毕，被新条约代替，缔约国的协议，退出条约，出现条约解除的条件，条约执行的不可能，以及无效的条约，等等。

四、条约的解释

为了适用条约，需要对它作出解释。条约的有权解释是当事国的协议所作的解释，或经过当事国同意的国际组织（如国际法院、专门的委员会）所作的解释。条约的解释应遵循一定的规则。如：以国际法的基本原则为指导；以条约的宗旨和目的为根据，全面地、用通常的意义作解释；对于不同文本，应作同一解释；按照条约中已载明的用语条款来解释等。

第三节　国际组织·联合国

国际组织，指国家之间为了一定的目的，依据条约而建立起来的常设机构。国际组织从不同角度上可以进行不同的分类，如：政治性的与专业性的；政府间的与非政府间的；区域性的与全球性的；同联合国有关的与同联合国无关的，等等。现代以来，最大的世界性的政治性国际组织，一是1919至1946年的国际联盟，二是联合国。

联合国是在第二次世界大战中，由同盟国家酝酿成熟的。其中包括1942年元旦由二十六国（含中、苏、美、英）发表的《联合国家宣言》，1943年莫斯科会议的《美英苏中关于建立普遍安全的宣言》，1944年华盛顿敦巴顿橡树园会议的《关于建立普遍性国际组织的建议案》，1945年2月雅尔塔决议，特别是1945年4月有五十个国家参加的旧金山会议制定的《联合国宪章》等一系列的过程。董必武同志作为中国的全权代表之一，在联合国宪章上签了字。同年10月24日宪章正式生效。

一、联合国的宗旨和原则

联合国的宗旨是维护世界和平与正义，发展各国人民之间的友好关系和国际合作。

联合国及其会员国要遵循的原则是：各会员国主权平等；诚实履行宪章义务；以和平方法解决国际争端；不以武力或武力威胁侵犯他国领土和独立；以行动协助联合国；促使非会员国也遵循上述原则；不干涉他国内政。

二、联合国的六大机构

（一）大会

联合国大会，是一个审议和提出建议的机关。它由全体会员国组成。

大会的职权有：审议维护国际和平与安全方面的原则，并向安全理事会提出建议；讨论会员国和安理会向它提出的和平安全的问题；向安理会提出有关危及国际和平安全的情势，并提出相应措施的建议；就促进政治性的国际合作问题，编纂国际法问题，经济、社会的国际合作问题，实现人权和基本自由问题，发动研究和提出建议；接受并审议安理会及其他机构的报告,选举联合国各种机构的成员,接纳会员国、中止会员国的权利或开除会员国;国际托管,审批联合国预算,分配会员国的经费,审查各机构的行政预算。

大会于每年 9 月的第三个星期二开会一次,至 12 月 25 日(圣诞节)结束。必要时,可召开特别会议或紧急特别会议。大会对重要问题,需由三分之二的出席并投票的会员国票数通过;其他问题,以简单多数票通过。

(二)安全理事会

安全理事会,简称安理会,是联合国维护和平与安全的行动机关,占首要地位的政治机关。

安理会由中、苏、美、英、法五个常任理事国和十个非常任理事国共十五个理事国组成。非常任理事国经大会选举产生,任期二年,每年改选五个,不能连选连任。

安理会的职权是:(1)在和平解决国际争端方面。促使会员国以和平方法解决争端;调查争端和建议解决争端的方法;接受会员国、非会员国及大会秘书长就和平与争端事宜提请的注意。(2)在维持和平与制止侵略方面。认定侵略行为的存在;提请当事国遵行安理会提出的、为了防止情势恶化的措施;建议、决定经济制裁、停止交通、中断外交关系等措施并促请会员国予以执行,必要时采取军事示威、封锁等行动,直至要求会员国提供维持和平的军队。(3)其他。拟定军备管制方案;行使托管权;保证国际法院判决的执行;与大会平行投票选举国际法院法官,向大会推荐联合国秘书长,建议大会中止会员国的权利、开除会员国。

安理会除了定期开会外,如有任何一个理事国的要求,将随时举行会议。会议主席由理事国轮流担任。安理会决议要以九票表决通过。但是,实质性问题(非程序性问题)必须包括五个常任理事国的同意票。这即是所谓"大国一致原则"或"大国否决权"。如果理事国是争端当事国时,不得投票。另外,对是否属于程序性的问题的表决,常任理事国也有否决权。这就使常任理事国拥有"双重否决权"。如果常任理事国弃权,决议可以通过,常任理事国的否决权是极其重要的。

(三)经济及社会理事会

经济及社会理事会,简称经社理事会,是在联合国大会的权力之下,协调联合国及其各专门机构进行经济与社会合作事业的机关。它的职权范围很广泛。

(四)托管理事会

托管理事会是联合国负责对托管地的行政管理进行监督的机构。

(五)国际法院

国际法院是联合国的司法机关。

国际法院以国家为当事国。其管辖是建立在当事国自愿的基础上的。如果不履行法院的判决,他方当事国可向安理会申诉。

国际法院还具有联大、安理会及其他专门机构的法律咨询职能。

(六)秘书处

秘书处是联合国常设的行政机构。其首长是秘书长,还有副秘书长若干人。秘书长由安理会推荐,大会任命;任期五年,可连选连任。他同时也以秘书长资格在联合国的其他五大机构中行使职权,因此其职权很广泛。秘书长要向大会报告工作;委派联合国的职员;并可以就威胁和平与安全的事件,提请安理会注意。

此外,同联合国有关的专门机构,有十七个。即:国际电信联盟,国际劳工组织,世界卫生组织,世界气象组织,世界知识产权组织,国际货币基金组织,国际复兴开发银行(世界银行),国际开发协会,国际金融公司,万国邮政联盟,联合国粮食及农业组织,联合国教科文组织,国际民用航空组织,国际海事组织,国际农业发展基金,国际关税及贸易总协定,国际原子能机构。

第六章 和平解决国际争端的方法

和平解决国际争端,是现代国际法的一项重要原则。这是人类的普遍愿望,对于维护国际和平与安全有重大意义。在当前,国际争端的最大渊薮是超级大国推行的霸权主义。

和平解决国际争端,包括下列诸方法。

第一节 政治解决方法

一、直接谈判

这是最基本的和平解决争端的方法。

直接谈判属于一种协商的性质。它可以是双边的,也可以是多边的或国际会议的形式;可以是口头的,也可以是书面的形式。

直接谈判的可能的结果是:使争端获得解决,达成司法解决的协议,破裂。

二、斡旋和调停

这是在第三者(非当事国、他国首脑、国际组织)的参与下,促使当事国进行谈判,和平解决争端。

斡旋,指第三者仅仅促成当事国的谈判,而它自己不参加谈判。

调停,指第三者除了促成当事国的谈判之外,还要参加谈判的过程,从中调停,使它们达成协议。

三、调查委员会和和解委员会

这两者都是根据争端当事国的特别协定而成立的和平解决争端的机构。

调查委员会的任务,是查明争端的事实,并就事实真相问题作出报告,提交争端当事国自己解决争端。

和解委员会的任务,是除了调查争端的事实以外,还要设法使争端当事国达成和解的协议。

第二节　法律解决方法

一、仲裁

仲裁,指根据争端当事国的协议,自愿地把争端交给它们选任的仲裁者作出裁决,并服从裁决的一种解决争端的方法。

国际仲裁是一种自愿管辖。仲裁者可以是一个国家的首脑人物或法律专家,也可以是由数人组成的仲裁法庭。仲裁法庭可以是当事国任意商定的,也可以是根据国际公约的原则性规定而设的法院(国际海牙常设仲裁法院)。

二、国际法院

这是指 1946 年在海牙成立的联合国国际法院。它在行使司法职能时,处于完全独立的地位。国际法院由十五名不同国籍的法官组成。法官任期九年,可连选连任。每年改选法官总数的三分之一。

国际法院仅以国家为诉讼当事人。其管辖的根本原则,是当事国的自愿同意。所适用的法律,有国际条约、国际习惯和各国承认的一般法律原则。它的判决为终审判决,不许上诉。如有一方不履行判决,他方可向安理会申诉。

第三节　联合国在和平解决国际争端方面的作用

一、联合国大会对于和平解决国际争端的作用

联大在和平解决国际争端方面的职权,表现于:(1)它根据任何会员国或非会员国、安理会及联合国秘书长的提请,通过大会、或特别会议、或紧急特别会议,对于争端或情势进行讨论。(2)讨论后,可向会员国或安理会或二者提出建议,也可提请安理会注意。(3)有权为此而建立辅助机构,进行调查。

但是,当安理会正在就争端或情势问题执行职务时,不经安理会的请求,大会不能就这项争端或情势提出任何建议。另外,大会也没有这方面的行动权。

二、安理会对于和平解决国际争端的作用

由于安理会对于维护和平与安全负有主要责任,因此它对于和平解决国际争端就有广泛的权力。这表现在,它可以对任何争端进行调查,而且有执行的行动权。

安理会可以对下列两类争端采取行动。

(一)对于足以危及国际和平与安全的争端:安理会可要求争端当事国采用谈判、

调查、调停、和解、仲裁、司法等方法解决争端;而且,安理会也可亲自进行这些方式中的某些活动(如调查、调停、斡旋、和解)。

(二)对于构成侵略行为的情势:安理会可采取行动的方法,包括建议的方法,武力以外的方法,直至军事行动的方法。

在了解联合国(大会、安理会)在和平解决国际争端方面的作用问题时,必须同当时的国际政治力量对比关系紧密结合起来。

最后,还需要指出,在和平方法之外,解决国际争端还存在着非和平的方法,即强制的方法。强制的方法主要有:(1)反报。一个国家受到虽然不违反国际法,但却属于不礼貌、不友好或歧视性的对待时,可以对加害国采取相同或相类似的行动。(2)报复。受害国采取在通常情况下属于违反国际法的强制手段,如停止履行条约义务、扣留财产、冻结资财等。(3)次于战争的方法。如平时封锁、武装干涉等。(4)战争方法,即最高的手段。对于这些强制方法,应当从本质上加以认识和分析。

思考题

1. 什么是国际法?国际法有哪些特点?

2. 国际法的基本原则是什么?

3. 国际法主体的概念、国家的基本权利和义务是什么?

4. 什么是国际法中的承认和继承?

5. 什么是国籍?国籍是怎样取得的?

6. 我国国籍法的主要内容是什么?

7. 什么是外国人?外国人的法律地位是怎样的?

8 什么是庇护和引渡?

9. 领土的结构和国界的涵义是什么?

10. 什么是领海?什么是领海无害通过权?

11. 什么叫毗连区、专属经济区、大陆架?

12. 略述公海的法律制度。

13. 空中空间的法律地位是什么?什么是国家的领空主权?

14. 简述反空中劫持的国际公约的基本精神。

15. 使馆有哪几类工作人员?使馆的职能是什么?使馆及其人员享受哪些外交特权和豁免权?

16. 国际条约的概念、缔结程序是什么?国际条约在什么情况下才有效?

17. 什么是条约的加入和保留?

18. 联合国的宗旨和原则是什么?联合国有哪些主要机构?

19. 简述解决国际争端的方法。

下　篇

自学辅导

《法学概论》问题解答

一、什么是法？它有哪些主要特征？

法是奉为(上升为)法律的统治阶级意志即国家意志。它是由国家制定、认可,依靠国家强制力保证实施的行为规范的总和。目的在于确认、保护和发展对统治阶级有利的社会关系和社会秩序,为社会经济基础服务。

法的主要特征有:

1.法是奉为法律的统治阶级意志即国家意志。

法是经济上和政治上占统治地位的阶级的意志的体现。它反映统治阶级的根本利益和共同意志(整体意志)。所谓统治阶级的共同意志,指统治阶级的共同愿望和共同要求;不是统治阶级某一部分人的意志,更不是个别人的意志。法反映统治阶级意志而且仅仅是反映统治阶级意志,排斥被统治阶级的意志。但是,这并不意味被统治阶级对统治阶级的法没有任何影响。在一些资本主义国家,由于劳动人民的斗争,迫使资产阶级改变统治策略,在法律条文里规定有某些虚伪的东西,如"扩大选举权""罢工自由"等。这种规定不是资产阶级的恩赐,而是人民群众斗争的结果。但这样一些法律规范仍然是根据资产阶级的统治需要制定的,所以还是反映资产阶级的意志。法所反映的统治阶级意志不是统治阶级的随便什么意志,而是奉为法律的意志,借助于国家政权表达的意志,即国家意志。

2.法是由国家制定、认可,并依靠国家强制力保证实施的。

①法是由国家制定、认可的。法是由许许多多法的规范所构成的。它们都是分别由不同的国家机关,按照不同法定权限和程序制定的;或者认可一些已经存在的社会规范,使它们具有法的效力。

②法是依靠国家强制力保证实施的。法是必须要遵守的,但不会自动地被整个社会一体遵行。因为:首先,被统治阶级普遍不愿遵守统治自己的法;其次,在统治阶级内部,也不免有人常常要破坏它。为此,要保证法的实施,就必须由国家政权强制力作为后盾,依靠军队、警察、法庭、监狱这一套机构惩罚那些不执行法的人。没有这种强制力,法就等于零。

3.法是特殊的社会规范。

人们要在社会中从事生产劳动和过生活,必须要有一定的行为规则或规范来指导。这些行为规范有二类:一是社会规范,调整人和人之间的相互关系,具有阶级性;二是技术规范,是指人们在劳动生产中根据对自然规律的认识而制定的,调整人和自然之间的关系的行为规则,它不具有阶级性。法是属于社会规范之列的。但它又是特殊的社会规范,即国家制定或认可,并依靠国家强制力保证实施的社会规范,是国家的强大工具。

4.法是确认、保护和发展有利于统治阶级的社会关系和社会秩序,为社会经济基础服务。

二、法同道德的联系和区别是什么?

道德是社会规范的一种,是人们关于善和恶、正义和非正义、公正和偏私、光荣和耻辱等这些观念和行为规范的总和。道德是依靠社会舆论和人们良心来维持的。在阶级社会里,道德有鲜明的阶级性。由于法和统治阶级道德之间在根本性质上和阶级属性上是一致的(即都是由统治阶级赖以生存的物质生活条件所决定,都是统治阶级利益和意志的体现),这就决定了这两种现象必然是互相配合、互相渗透、互相补充的。它们都是统治阶级维持自己统治的工具,是不可缺少的。

1.它们的联系是:

①法积极保护统治阶级的道德,传播和巩固统治阶级道德,不断地把统治阶级道德规范制定为法的规范。

②统治阶级道德,积极为统治阶级法作辩护,用道德舆论力量来约束人们的思想,引导人们遵守法。每一种法的规范都有道德根据,违犯了法也就违犯了道德。

2.它们的区别是:

①存在的时间不同。法仅仅是在阶级社会中才存在;而道德存在于一切社会中。

②调整范围不同。凡是法禁止的行为,必然是统治阶级的道德所禁止的。但是,违反道德不一定违法。

③实行方式不同。

④表现形式不同。法是借助国家规范性文件表达的;而道德主要存在于人们的观念中,存在于风俗习惯中。

⑤在阶级社会当中,法的体系在一个国家只能有一个,而道德体系是多元的。不同阶级,有不同的道德体系。

⑥法维护有利于统治阶级的社会关系和社会秩序,所以,统治阶级道德与法是一致的。但是,被统治阶级道德与法则是对抗的。

三、我国社会主义法同党的政策之间是什么关系?

在我国,法和党的政策是联系最紧密的两种社会现象。

党的政策与法的关系,说到底也就是党和国家的关系。

1.党的政策是法的灵魂。

党的政策是以马列主义、毛泽东思想为指导,根据社会发展规律,适应革命和建设形势需要,在总结人民群众的实践经验基础上提出、制定的。它集中反映了我国社会历史发展的客观要求,集中代表了人民利益和意志。因此,党的政策成为我们国家一切行为的出发点和归宿,是法的灵魂,决定法的性质、内容和发展方向。

第一,我国的法都是根据党的政策制定的,都是政策的条文化、具体化、定型化。

第二,在国家实践当中,要根据政策精神理解法和运用法。

第三,在法律没有明文规定时,就要根据党的政策办事。这时,党的相应政策就是法。

2. 政策不能代替法。

第一,党的政策和法都是工人阶级和人民意志的表现。但是,政策是先锋队的意志,不是国家意志。它要变成国家意志,必须经过国家机关制定和认可。

第二,党的政策是党的组织提出和制定的,更多地具有一般号召性和原则指导性。

第三,党的政策本身不具有国家强制性,党不能代替国家直接向人民发号施令,不能强制人民遵守政策。

第四,党的政策内容是广泛的,不是所有政策都要制定为法。

第五,党的政策的表现形式,除了法以外,更多的是通过党的文件、党报社论、文学艺术等形式表达的。

四、法是怎样产生的? 法与原始社会的社会规范有什么区别?

法和国家一样,是一定历史时期的社会现象。法作为一种奉为法律的统治阶级意志,它是由国家制定和认可,依靠国家强制力保证实施的行为规范的总和。它不是从来就有的,而是伴随着阶级的产生而产生的,是阶级矛盾不可调和的产物和表现,并且也将随着阶级的消灭、国家的消亡而失去存在的必要性。

在原始社会,由于生产力水平低下,私有制和阶级剥削还不可能产生,国家和法律自然也无法产生。而人们在长期的共同劳动和生活中逐渐地、自发地形成的习惯,便成为调整社会成员之间的相互关系、维护社会秩序,并由大家共同遵守的行为规范。

原始社会的社会规范同阶级社会才产生的法之间,有着原则的区别:

1. 法是奉为法律的统治阶级意志;而原始社会的社会规范是反映全社会成员的意志和利益的。

2. 法是由国家制定和认可,并由国家强制力保证实施的;而原始社会的社会规范是人们在长期的共同劳动和生活中逐渐地、自发地形成,并被人们自觉遵守的,不需要特殊的强制力(国家机器)来保证其实施。

3. 法的目的是维护对统治阶级有利的社会关系和社会秩序;而原始社会的社会规范则是维护没有阶级差别的氏族社会的社会秩序。

五、什么叫法的历史类型? 法的历史类型有哪些?

法的历史类型,是法的最基本的实质性的分类。它指在历史上存在的法。凡建立在相同经济基础之上和具有相同阶级性的法,就被当作一种法的历史类型。

和四种文明社会形态相适应,有四种历史类型的法,即:奴隶制法,封建制法,资产阶级法,社会主义法。

法的历史类型的更替不是自发实现的,而是通过社会革命来实现的。只有通过革命手段,才能使旧的历史类型的法变成新的历史类型的法。

六、奴隶制法和封建制法的主要共同点是什么?

奴隶制法和封建制法的主要共同点是:

1. 两者都是私有制经济基础的上层建筑,并严格地保护私有制。奴隶制法严格保护奴隶主对奴隶和生产资料的占有,规定奴隶不能成为法律关系的主体,没有独立的法律人格,只能是法律关系的客体,可以被任意买卖和屠杀。封建制法是竭力维护封建土地所有制和农民对封建主的人身依附关系的。

2. 两者都公开地承认和维护等级、特权制度。奴隶制法对自由民的特权也有不同等级的规定,如古代巴比伦国家就把奴隶主阶级分为君子(阿维鲁姆)和小人(穆什根奴)两部分。封建制法也把封建主分成不同的等级,各个等级享有不同的特权。

3. 两者都采取极其残酷和野蛮的统治措施和刑罚制度,维护统治阶级的政治统治。奴隶制法对敢于造反的奴隶规定了十分野蛮的刑罚,如中国西周规定在脸上刺字、割鼻、斩首……古罗马广泛采用钉十字架等。封建制法对违反了"王法"的人,也是严厉惩办,如我国从秦到南北朝,规定了"非所宣言罪""腹非罪"等。

4. 都有浓厚的宗教色彩,习惯法占据重要地位,成文法不够发达。

七、资产阶级法的基本特点有哪些?

资产阶级的法只能是资产阶级意志的反映,是维护资产阶级的利益,压迫无产阶级和劳动人民,实行资产阶级专政的工具。但它为资产阶级利益服务和对无产阶级的镇压,并非赤裸裸的,而是用"民主""自由""平等""博爱"等字眼伪装起来的。它有如下基本特点:

1. 宣布私有财产的神圣不可侵犯。资产阶级宪法和法律宣布私有财产不可侵犯。在资本主义社会,拥有财产的是资本家,而无产者是没有财产的,所以这一条原则是保护资产阶级利益的。把不平等说成是平等,是虚伪的。资产阶级法在承认资本所有权时,往往是把财产权解释成人对物的统治,这只不过是借用法律形式来巧妙地掩盖资本对人的统治。

2. 实行"契约自由"。这是指所有的人都可以按自己的意志来订立商品货币交换的契约,而不受一切外来的干涉,包括国家的干涉。对于"契约自由"的本质,可从两方面分析:一方面,契约是用来调整资本家和雇佣工人之间的关系的,这意味着让工人"自由地"出卖自己的劳动力,资本家可以自由地来剥削工人。另一方面,契约也用来调整资本家相互之间的关系,保证在资本家之间自由地进行竞争。

3. 法律面前人人平等。资产阶级在夺取政权之后,把在反封建过程中所提出的"法律面前人人平等"的口号上升为法律原则。要认清这一原则的虚伪性:

①在资本主义社会,一个人权利的多少,是根据资本的多少来分配的,没有资本就无权利可谈。

②资产阶级法律一方面规定公民有很多的自由平等权利,另一方面又有很多的

"但书",把规定的自由平等权利一笔勾销了。

③资产阶级国家的司法人员和律师大都是资本家所豢养的走狗,是为资产阶级的利益服务的。

所谓法律面前人人平等,只有对资产阶级才是真实的,而对劳动人民则是虚伪的。

4.确定了资产阶级的法制原则。资产阶级在反封建中提出了"法的统治"即法治,提出了按法律办事的法制。资产阶级革命胜利后,把法制规定成为宪法的一个原则。这是为了把对劳动人民的统治纳入资产阶级法的范围之内,并借助法制原则来保证资本之间的自由竞争。到了帝国主义时期,由于垄断资产阶级总是趋向反动统治,因此,也趋向于对法制的破坏。但毕竟还需要依靠法制作为手段来调整本阶级内部的关系,来欺骗和统治劳动人民。

八、社会主义法产生的一般规律是什么？我国社会主义法的产生和发展有什么特点？

社会主义法产生的一般规律是:社会主义法是在无产阶级革命推翻资产阶级统治,夺取国家政权后建立起来的,是无产阶级革命的产物。社会主义法无论就其产生的基础,还是就其反映的阶级意志和担负的任务来说,都是同剥削阶级的法根本对立的。这就决定了无产阶级不能因袭、继承旧法,而只能彻底废除它,并在此基础上建立起崭新的社会主义法。

由于各国条件不同,革命的具体道路不同,每个国家的无产阶级革命在废除旧法、创立新法方面也是有区别的。我国社会主义法的产生和发展的特点是:因为我国革命分为新民主主义和社会主义两个阶段,人民民主专政经历了两个阶段,与此相适应,革命的法也必然经历两个发展阶段。第一阶段,建国之前,解放区颁布的法,是新民主主义的法;第二阶段,建国之后颁布的法,是社会主义的法。1949年2月党中央颁布了废除国民党六法全书的决定。文件规定:人民的司法工作应由人民自己的法律作依据。在人民自己的法律没制定出来之前,应以党的政策、人民政府颁布的一些法规,以及中国人民解放军所颁布的法律性文件作为依据。这个决定是我国解放区法制建设经验的总结,对新中国的法制建设仍有重要的指导意义。

九、什么是社会主义法？它的主要作用是什么？

1.社会主义法是体现工人阶级及其领导下的人民群众意志,由社会主义国家制定和认可,并依靠国家强制力保证实施的行为规范的总和。社会主义的法是实现无产阶级专政即人民民主专政的工具。目的是确认、维护和发展社会主义的新型社会关系和社会秩序,建设高度文明、高度民主的政治制度和社会制度。

2.社会主义法与资本主义以及一切剥削阶级的法,有着本质的区别。它不是少数人的意志的反映,而是工人阶级领导下的广大劳动人民群众意志的反映。其主要作用是:

①对人民的敌人实行专政。其中包括反革命分子,严重的刑事犯罪分子,严重的

经济犯罪分子。

②充分保障社会主义民主。其中包括保卫人民自己的国家政权,人民切身的各项民主自由权利。同时,把法作为人民自我教育的手段。

③保障和促进社会主义经济的组织和建设。其中包括对非社会主义经济实行社会主义改造,维护公有制,保卫公共财产和公民个人的合法财产,特别是要大力促进社会生产力的发展。

④保障和促进社会主义精神文明建设。

十、什么叫社会主义法律规范?它由哪些要素所构成?怎样对社会主义法律规范进行分类?

1.社会主义法律规范就是由社会主义国家制定和认可,反映工人阶级领导下的人民群众的意志,依靠社会主义国家强制力保证实施的,以便确认、保护和发展社会主义社会关系和社会秩序的行为规则。

2.社会主义法律规范在结构方面包含三个要素:假定、处理、制裁。

假定,指规定适用这项法律规范的条件和情况的部分。或者说,指规范中所要求和所禁止的行为,应当在什么具体时间、地点以及对什么人才能适用。

处理,指法律规范中行为规则本身的部分。即指明应该做什么、不应该做什么,应该怎样做、不应该怎样做的部分。

制裁,指不遵守该项法律规范时将会引起什么样的法律后果的部分。法律规范都是通过条文表达的。但法律规范和法律条文不是一个东西。两者是内容和形式的关系,规范是内容,条文是形式。

3.社会主义法律规范的分类,可以从不同目的、角度上加以确定。常用分类有:

①根据法律规范内容中所包含的权利和义务方面的特性来分类,可分为三种:禁止性规范、义务性规范、授权性规范。

禁止性规范,是指规定不得做某种行为的法律规范。

义务性规范,是指规定必须做某种行为的法律规范。

授权性规范,是指规定公民享有某种权利的法律规范,至于是否行使这一权利,可由公民自行决定。

禁止性规范和义务性规范具有命令性质,授权性规范具有任意性质。

②根据法律规范中行为规则的确定程度来分类,主要有三种:确定性规范、委任性规范、准用性规范。

确定性规范,指直接规定某种行为规则的内容,而不依靠别的规范来说明和补充。

委任性规范,指在该规范中只规定一般原则,具体的内容委任给特定机关来规定。

准用性规范,指在该规范中没有规定行为规则的内容,只是规定在适用该规范时,准许援用其他有关的规范。

委任性规范、准用性规范都依靠别的规范表达自己的内容,而准用性规范所准用的规范则是事先就存在和确定了的,所以也是确定性规范。委任性规范则是不确定性规范。

十一、什么叫社会主义法律规范的渊源?我国法律规范的渊源有哪些?法律汇编和法典编纂有什么区别?

1.社会主义法律规范的渊源及其种类。

法律规范的渊源,也有人称法律规范的形式。社会主义法律规范的渊源,指各种社会主义法律规范是由什么国家机关制定,并通过什么具体形式表示,具有多大程度的法律效力。

国家机关颁布的法律规范很多,可以概括成以下两大部分。

①法律——指拥有立法权的最高国家机关,按照严格的程序制定和颁布,有最高法律效力的规范。法律从不同角度,又可划分为不同的种类:

第一,从内容重要程度看,法律可分为宪法性法律、基本性法律和其他法律。宪法性法律,是国家的根本性的法律,具有最高的法律效力,是一切其他法律的立法依据;宪法性法律由全国人民代表大会制定。基本性法律,规定国家某一方面的基本制度;基本性法律也由全国人民代表大会制定。其他法律,指除由全国人民代表大会制定以外的各种法律,它由全国人民代表大会常务委员会制定。

第二,从生效的空间范围看,法律可分为在全国范围内都有效的全国性法律和在特定地区内有效的地方性法律。

第三,从对人的效力看,法律可分为对全国公民都适用的一般性法律和只对特定部分公民适用的特殊性法律。

此外,法律也可分为平时法律和战争时期等颁布的非常法律。

法律的基本特征是:第一,由享有立法权的最高国家权力机关即全国人民代表大会及其常务委员会制定。第二,经过特殊程序制定的,其中包括立法倡议、法律草案的讨论、表决通过、公布几个步骤。第三,规定的内容是社会制度、国家制度和社会关系的基本问题。第四,具有最高的规范效力,其他法律规范都要从属于法律并保证其实施,且不得与其相抵触。

②从属于法律的其他规范——指有关的机关,在自己的权限范围内,为实施宪法和法律、行使自己的职权,制定和颁布的规范性文件。包括:

第一,国务院及其所属各部、各委员会制定的规范性文件。国务院所规定的行政措施和制定的行政法规、决定和命令,是我国最高行政性规范文件,有全国效力。国务院所属各部、委发布的命令、指示和规章,在其全国系统有效。由于特殊需要,有时党中央、国务院联合发布指示,它在全国和全党都有效力。

第二,县级以上各级人民代表大会及其常务委员会、各级人民政府,分别制定的地方性法规、决议、决定和命令,在其所管辖的区域内有效。

第三,民族自治地方的人民代表大会制定的自治条例和单行条例等,在其民族自治区域内有效。

还有,国家认可的习惯也是我国法律渊源之一,但这不是主要渊源。

另外,法律渊源还有我国同外国签订的包含规范性内容的条约,以及我国宣布承认和参加的已经存在的国际条约。

2.法律汇编和法典编纂,是法律规范系统化的两种具体方法。两者有本质区别:

法律汇编,指由任何单位和个人出于各种需要,通过各种方法对于现行法律规范加以简单地集中和编排,汇成书册。法典编纂是指按照最新宪法的精神和统一的原则,对某一部门的现行法律规范全部地进行重新审查,编纂成一部有严密内在联系的系统的法律文件,即法典。

法律汇编不是立法,对法律规范的内容不作任何改变,纯属于技术性工作。法典编纂是一种立法活动,包括法律规范的立、改、废,以新的规范填补空白,消除旧的规范之间的矛盾,修改含糊不清、过时、个别失误的规范,废除某些不适用的规范。

法律汇编只能提供必要的资料,没有任何法律上的权威性和约束力。法典是系统的立法文件,一经颁布,便具有法律上的权威性和约束力。

十二、略述社会主义社会中守法的意义。

在我国,人人都需要守法。这是由我们社会主义国家和法的本质所决定的。

1.遵守社会主义法,是巩固无产阶级专政和社会主义制度的需要。社会主义法是人民自己制定的,自己不恪守,就会给敌对分子和各种犯罪分子造成可乘之隙。而恪守法律,就能堵塞各种漏洞,防止和及时揭露、打击一切违法犯罪分子。

2.遵守社会主义法,是保障人民群众充分享受社会主义民主自由权利以及在人民内部贯彻民主集中制的需要。社会主义法是保障人民民主自由权利的有力工具。守法才能巩固人民当家作主的地位,将社会主义制度下的民主与集中、自由与纪律、权利与义务统一起来,正确地享受和行使自己的民主自由权利。同时,只有守法才能充分地进行人民内部的自我教育,防止并妥善地解决人民内部的某些违法行为,并同压制民主、违法乱纪现象作斗争。

3.遵守社会主义法,是维护正常和良好的生产、工作、学习、生活秩序的需要。这样一来,社会主义现代化建设才能顺利地开展。否则,就要造成社会的混乱,危害甚至葬送国家四化建设的大业。

我国社会主义法,有普遍的强制力。它不仅要强迫人民的敌人和人民内部的不良分子遵守法,而且对所有的人都有约束力。守法是每个公民的义务,任何人都不能例外。

在守法方面要强调共产党员和国家干部的模范带头作用。

十三、什么叫社会主义法的适用? 它的主要原则是什么?

社会主义法的适用,是指社会主义国家机关及其工作人员,按法定权限和程序,为了完成特定的职务而运用法律的活动。

法的适用的基本要求是正确、合法、及时。为此,必须遵循以下主要原则:

1.以事实为根据,以法律为准绳。执法机关对案件作出处理时,只能以客观事实为依据,这是正确实施法律的前提。这就要求执法人员必须克服主观主义,重证据,不轻信口供,搞好调查研究,详尽占有案件材料,进行全面分析,作出正确判断。其次,执法人员的一切活动都必须符合法律的要求,即严格按照实体法和程序法的规定处理案件。

2.公民在法律适用上一律平等。凡是我国公民,不分民族、性别、宗教、职务高低等情况,他们的合法权益都受法律同样的保护,对公民义务都要同等地承担;无论任何人都无超出法律之上的特权;无论是谁有违法犯罪行为,都要受到法律的制裁。只有这样,才能保证工人阶级和广大人民的意志得到真正的实现,维护社会主义法律的权威性,充分发挥它的作用。

3.坚持群众路线。执法机关和人员,要树立相信群众、依靠群众和为群众服务的思想,深入实际,宣传和发动群众,倾听群众意见,这对及时、准确地处理案件具有重要意义。

十四、社会主义法律规范的解释应当怎样进行分类? 怎样认识社会主义法律规范的类推适用?

1.社会主义法律规范的解释的分类。

社会主义法律规范的解释,就是要说明法律规范的真正含义。它可以从不同角度来进行分类。

①从解释的主体上,可分为正式解释和非正式解释。

正式解释,也叫有权解释。它主要包括:第一,立法解释,指立法机关对法律规范所作的解释;第二,行政解释,指国家行政机关在自己的职权范围内对法律规范所作的解释;第三,司法解释,指法院在审判过程中对它所适用的法律规范所作的解释。其中,最高人民法院审判委员会所作的司法解释,对全国法院系统都有约束力。其他各级法院在处理具体案件时所作的司法解释,只能对该案件有约束力。

非正式解释,也叫无权解释。它主要包括:第一,学理解释,指在进行法学研究过程中对法律规范所作的解释;第二,任意解释,指纯属私人的解释。这两种解释都不具有法律效力。

②从解释的内容和范围上,可分为扩充解释、限制解释和字面解释。

扩充解释,即把法律规范的要素扩大地进行解释。

限制解释,即将法律规范的要素缩小地进行解释。

字面解释,即完全按照法律规范条文的字面意思进行的解释。

不论哪种解释,都要忠实于立法的本来精神。

③从解释的方法上,可分为文法解释、逻辑解释、历史解释和系统解释。

文法解释,从语法结构、文字排列上来解释法律规范的内容。

逻辑解释,按逻辑规则分析规范的内容与所用概念的涵义,排除前后矛盾的解释,求得对规范的一致理解。

历史解释,指通过对制定法律规范的历史条件的分析而进行的解释。

系统解释,指通过说明某法律规范在一定法律规范体系中的地位而进行的解释。

2. 社会主义法律规范的类推适用。

社会主义法律规范的类推,指的是在社会主义司法实践中,由于缺乏法律的直接规定,而适用性质上最相近似的法律规范的情况。这种类推的规定,是为了补充立法的不足。法律规范的类推适用必须从严掌握,应当报请最高人民法院核准。

资产阶级国家的法律是用来为资产阶级服务的,他们利用类推作出对资产阶级有利的判决,加重对劳动人民的迫害。社会主义国家采用类推适用的目的,是为了加强社会主义法制,保障国家和人民的利益。

十五、什么是社会主义法律关系? 它包括哪几个要素?

1. 社会主义法律关系是一种特殊的社会主义社会关系,是社会主义法律规范在调整社会生活过程中产生的关系。这种关系,是通过人们之间权利义务关系表现出来的。它有以下几个特点:

①它是一种特殊的社会关系,特殊的上层建筑关系。首先,用来调整这种社会关系的法本身就是国家意志,也就是获得集中表现的统治阶级的思想;其次是各种具体的法律关系,一般都是由参加者的意志所引起的。因而,法律关系的思想色彩是非常明显的。

②它是社会主义法律规范在调整社会生活过程中所产生的关系。也就是说,法律关系是以法律规范的存在作为前提的;如果缺少某个法律规范,就不会产生相应的法律关系。

③它是通过人们权利义务关系获得表现的。严格地说,权利和义务本身就是一个法律概念,因而在没有法律的社会中,也就不存在权利义务的区别。法律关系作为阶级社会中的特有关系,这种关系的参与者,都是作为法律规范所规定的权利和义务的承担者。

2. 法律关系有三大要素:

①主体,也叫权利主体。主体指的是参与法律关系,从而享有权利和承担义务的人。

(权利,是指法律规定的可以做或不做一定行为的能力。义务,指的是必须做或不做一定行为的责任。)

②客体,也叫权利客体。客体指的是法律关系主体的权利和义务所指向的对象。

在社会主义国家,绝对不允许把人公开或变相地当作法律关系的客体。

③法律事实,指的是引起一定法律关系发生、变更、消灭的条件和情况。

法律事实包括两类:一是法律事件,指不以当事人意志为转移的现象(包括自然的现象和人为的现象）。二是行为,它是以当事人的意志为转移的。

十六、什么是社会主义法制?

关于法制的概念,有广义和狭义两种理解。广义的理解,指国家的法律和制度的总称。从这个意义上说,一切历史类型的国家,都有自己的法制。狭义的理解,指全体国家机关、社会团体、公职人员和公民,都一律平等地、严格地依法办事。狭义的法制,在奴隶制和封建制国家是不存在的。因为这些国家公开地维护人身的不平等,维护人身的依附关系及野蛮的特权等级制度。所以,从这个角度来讲,法制是近代以来才有的,只存在于资产阶级国家和社会主义国家。当然资产阶级法制和社会主义法制有本质的区别。

社会主义法制,广义上说是社会主义国家建立的法律和制度的总称。狭义理解则指一切国家机关、企事业单位、社会团体、国家工作人员以及全体公民,必须严格遵守和执行国家的法律和制度,即依法办事。

作为国家领导力量的中国共产党,也必须遵守宪法和法律,在宪法和法律范围内活动。

由于社会主义民主是最广泛的民主,所以社会主义法制能真正实行,并能向最彻底、最完善的方向发展。

十七、我国法制的基本要求是什么?

我国法制的基本要求是"有法可依,有法必依,执法必严,违法必究"。这四者是密切关联、不可分割的统一体。

有法可依。加强立法工作,制定完备的法律,使人们在社会生活的各个方面都有法可依,是健全社会主义法制的前提。

有法必依。有法不依,等于无法。因此,有法必依,是健全社会主义法制的核心问题。有法必依,首先要求国家机关及其公职人员严格执法,即依法办事。还要求全体公民严格守法。

执法必严。这是指执法机关和执法人员执行法律必须严格、严肃、严明,一丝不苟按法律办事。这有两个主要环节:一是办事过程要符合法律规定的程序;二是对于公务和案件的处理必须以法律为依据。

违法必究。这是对应执法必严提出来的。凡是违法的人,一律要受到法律的追究和制裁,不允许任何人有置身于法律之外、凌驾于法律之上的特权,坚持公民在法律适用方面一律平等。违法必究,是健全社会主义法制的重要保证。

所以,只有认真、全面做到以上四个方面,才能保证社会主义法制的统一性、连续性、平等性,才可以说社会主义法制比较健全,法制的作用得到了充分的发挥。

十八、怎样理解社会主义民主和法制的辩证关系?

社会主义民主与法制都是社会主义经济基础的上层建筑,都是为经济基础服务的,二者互相依存、相辅相成。

1.社会主义民主是社会主义法制的前提和基础。

①民主是首位的,处于决定性地位的,法制则是从属的、被决定的。人民只有掌握了政权,争得了民主,才能把自己的意志上升为法律,建立自己的法制。

②社会主义法制力量寓于民主之中,即存在于组成国家政权的人民群众之中。

③社会主义法制总是伴随着社会主义民主的发展而向前发展。

2.社会主义法制是社会主义民主的确认和保障。

①法制把民主当作人民斗争的胜利果实系统、明确、具体地记录和固定下来,使其制度化、法律化。

②法制通过本身的指导作用,促进社会主义民主的实现。

③社会主义法制通过惩罚各种违法和犯罪行为,维护人民的民主权利,捍卫人民的民主。

总之,没有充分的民主,不可能有健全的法制;没有社会主义法制,也不可能有社会主义的民主。二者是紧密联系,不可偏废的。

十九、略述现代资产阶级法学的主要流派及其基本观点。

现代资产阶级法学理论,有三大主流派。一是现代自然法学,其中包括:新托马斯主义法学派,新世俗的自然法学派。二是现代概念法学,其中包括:凯尔逊的纯粹法学派,哈特的新分析法学派。三是社会学法学,其中包括:美国实用主义法学派,法国社会连带主义法学派。各具体法学派的简单情况和观点,分别介绍如下。

1.新经院主义(新托马斯主义)法学派,把法的本质归结为神意,是最古老的"神学论"的延续。

2.近代(古典)自然法学派,极力论证自然法(与人定法相对并凌驾于人定法之上的)为"人类理性"(即资产阶级意志)的体现,并从中引申出"法律面前人人平等""天赋人权""主权在民"等资产阶级民主原则。尽管这个学派在反封建斗争中起过积极的历史作用,但它的自然法学说是唯心主义、反科学的。现代资产阶级则利用自然法学派理论,为帝国主义的国内外政策服务。

3.分析法学派,19世纪在英国兴起,创始人奥斯丁。该学派认为法律是国家主权者的命令,如不服从就应加以制裁;法学的任务在于从条文形式上对实在法进行分析研究,即不涉及价值观念及法律是否符合正义的观念。以此掩盖法律的阶级本质,维护资产阶级统治。分析法学派的现今代表,是英国的哈特。

4.规范法学派,亦称纯粹法学派,20世纪初在维也纳开始传播,创始人凯尔森。该学派把法律当作纯粹的独立自在的规范体系,认为法律是超人的永恒正义,与政治、经济等现实生活无关;法学应从逻辑形式上分析"法的外壳",而不去作任何"直观的价值判断"。

5.社会连带主义法学派,20世纪初在法国兴起,主要代表狄骥。该学派认为社会分工形成了人们彼此间相互依存的关系,是社会最高原则;法律的任务就在于巩固和促进这种关系,保证社会的每个成员对社会履行自己的职责。这是一种宣扬"阶级合作"、反对马克思主义阶级斗争学说的理论。

6.实用主义法学派,主要流行于20世纪的美国,代表人物有霍尔姆斯、庞德等。这个学派以实用主义哲学为理论基础,认为:法的本质是不可知的,凡对资本主义产生"良好效果"的法律,就是最好的法律;宣称法院可以不受法律拘束,法官可以任意判决,然后再制造法律根据;主张法是一种"社会监督"的工具;鼓吹实施"预防性"刑罚,为垄断资产阶级国家机关的专横、非法行为制造理论根据。

二十、什么叫社会主义法律意识?它对于加强社会主义法制有什么意义?

社会主义法律意识是工人阶级为代表的广大人民的法律观念或法律心理和马克思主义法律理论的总称。

社会主义法律意识是社会主义立法、法的适用以及守法的主观依据。因此,只有提高整个社会的社会主义法律意识,才能不断加强法制。

二十一、什么是宪法?

宪法是国家的根本大法,是阶级斗争的总结。它由掌握政权的统治阶级制定,集中表现统治阶级意志,是统治阶级用来巩固自己的胜利成果、镇压敌对阶级的工具。

宪法是国家的根本大法:①宪法规定的内容和普通法律不同。它规定一个国家的社会制度和国家制度的基本原则,而普通法律则只规定国家生活或社会生活中某一方面的行为规则。②宪法的法律效力与普通法律不同。它具有最高的法律效力,是国家一切立法活动的基础,是制定各种普通法律的依据,普通法律如果违背了宪法的原则就无效。所以宪法又通称为"母法",普通法律称为"子法"。③宪法的制定和修改程序也与普通法律不同,需按特定程序进行。许多国家都设立专门委员会起草或修改宪法,有的需将草案交全民讨论。宪法的修改一般要经立法机关全体成员的三分之二的多数通过,而普通法律只需过半数即可通过。

二十二、为什么说宪法是阶级力量对比关系的集中表现?

宪法是阶级斗争中阶级力量对比关系的集中表现,是统治阶级阶级利益的集中表现,是统治阶级专政的工具。因为:①宪法反映了社会各阶级在国家中的地位和相互关系,统治阶级和被统治阶级的关系,领导阶级和被领导阶级的关系。所以,它具有强烈的阶级性。②每一个国家宪法的具体内容要随着阶级力量实际对比关系的变化而变化。同一类宪法,表现的阶级对比关系不同,如法、英、日的宪法就是如此。同一个国家的不同发展阶段的宪法所反映的阶级力量对比关系也是不同的。③制定和修改宪法,有时还受国际阶级斗争形势的影响。

二十三、社会主义宪法和资产阶级宪法有什么根本区别?

1.社会主义宪法是巩固无产阶级专政的工具;资产阶级宪法是巩固资产阶级专政的工具。

2.社会主义宪法确立、保护和发展社会主义所有制;资产阶级宪法确立的是资本主义私有制,维护资本主义的剥削制度。

3.社会主义宪法规定各民族一律享有平等权利;资产阶级宪法是实现民族压迫和种族歧视的工具。

4.社会主义宪法规定的民主自由有真实性,并在生产发展的基础上逐步扩大民主自由的权利;资产阶级宪法否认公民的民主自由权利,或对已规定的民主自由权利加上许多附带条件和限制。

5.社会主义宪法规定的民主自由权利有着充分的物质和法律保障;而资产阶级宪法规定的民主自由权利是缺乏或者没有物质和法律保障的。

6.一切资产阶级宪法都具有"虚假"和"不虚假"的二重性,国家机构部分不虚假,公民权利部分虚假;而社会主义宪法与实际相一致。

二十四、我国 1954 年宪法有何特点?

1954 年宪法是我国历史上第一部社会主义类型的宪法。它有如下特点:

1. 它是在中国共产党领导下起草并经过全民讨论的。

1953 年 1 月 13 日,成立了以毛泽东同志为首的中华人民共和国宪法起草委员会,负责宪法的起草工作。1954 年 6 月 14 日,中央人民政府委员会一致通过《中华人民共和国宪法草案》,又经过一亿五千多万人讨论并补充和修改,然后提交全国人民代表大会审议。

2.它总结了历史经验。

①它总结了中国近代宪政运动和宪法问题的历史经验;②它总结了新中国成立以后的新的历史经验;③它总结了国际社会主义运动经验。

3.它贯彻了民主原则和社会主义原则。它贯彻在整部宪法当中,规定了建设社会主义的任务和道路。

4.它体现了原则性和灵活性相结合。如公民的权利在不断扩大,少数民族地区根据自己的具体情况可以制订单行法规等。

1954 年宪法是一部比较完善的宪法,它对于巩固我国人民革命斗争的胜利成果,推动社会主义革命和社会主义建设事业的顺利发展,起到伟大的历史作用。

二十五、1982 年宪法有何特点?

1.关于我国国家性质的规定。我国是工人阶级领导的以工农联盟为基础的人民民主专政的国家;社会主义制度是我国的根本制度。

2.除规定人民代表大会间接民主制度外,还规定了直接民主制度。人民依法可以通过各种途径管理国家,管理经济和文化事业,管理社会事务。

3.第一次明确规定了社会主义的法和党的关系、权和法的关系、解决党的领导和国家政权的关系。

4.关于土地所有制问题,根据我国具体情况没有宣布土地国有,而是区别情况作了不同的规定。

5.关于我国社会经济制度的规定,是总结建国以来,特别是党的十一届三中全会以来的新经验提出来的。

6.对建设社会主义精神文明作了规定,确认社会主义精神文明是新宪法的一大特点。

7.关于特别行政区的规定,反映了全国人民的希望,关系到解决台湾回归祖国等一系列的问题。

8.关于社会主义民主,新宪法从各个方面加以扩大。它既切实可行,又有物质、法律保障。

9.在民族区域自治方面,扩大了民族自治机关的自治权,明确平等、互助、团结的社会主义民族关系。

概括地讲,1982年宪法发扬了民主,加强了法制;规定发展社会主义经济,促进四个现代化建设;反映了建设社会主义精神文明的重要内容;改革了国家机构,加强了民主集中制,加强了各民族的平等和团结互助的新关系。

二十六、什么是工人阶级领导?

工人阶级领导就是工人阶级一个阶级独占领导权,不同其他任何阶级分享领导权。

工人阶级领导是通过自己的先锋队——共产党实现的;工人阶级及其政党的领导作用又是通过工人阶级的革命领袖实现的。群众、阶级、政党、领袖统一不可分。

二十七、为什么说工农联盟是我们国家的基础?

1.工农联盟是我们建设和巩固人民民主专政的重要力量,是我国同国内外敌人斗争的主要力量。

2.只有工农结成巩固联盟,才能在这个基础上团结一切可以团结的力量,结成最广泛的统一战线,才能有力地孤立和打击阶级敌人。

3.工农联盟是我们进行社会主义革命和社会主义建设,实现四个现代化的基本的社会力量和主力军。

4.工农联盟是我们党和国家一切政策和措施的出发点。

5.工农联盟是我们加强国家各民族团结和巩固祖国统一的基本保证。

二十八、为什么说人民民主专政实质上是无产阶级专政?

1.人民民主专政是由中国工人阶级及其政党——中国共产党领导的。

2.人民民主专政是以工农联盟为基础的。没有工农联盟,就谈不上人民民主专政。

3.这个专政担负着由新民主主义革命过渡到社会主义革命的任务,是要把资产阶级、小生产者的生产资料私有制逐步改变成为社会主义公有制,它的任务是彻底消灭人剥削人的制度,发展生产力,组织社会主义经济、文化的建设。

4.这个专政是社会主义向共产主义过渡的必要条件。

总之,从领导力量、阶级基础、专政职能和历史任务看,人民民主专政实质上就是无产阶级专政。

二十九、我国人民民主专政的特点有哪些?

1. 从建立和发展来看。

第一,人民民主专政是通过长期的武装斗争建立起来的。

第二,它经历了从小到大、从乡村到城市、从局部地区到全国政权的阶段。

第三,它经历了两个发展阶段,即从工农民主专政到无产阶级专政。

第四,它是在半封建半殖民地的基础上建立起来的。

2. 从阶级关系来看。

人民民主专政始终有广泛的民主统一战线。这个统一战线开始包括两个阶级联盟,一是工农联盟,另一是劳动人民和可以合作的非劳动人民的联盟。现在是全体社会主义劳动者和一切爱国者的联盟。

3. 从消灭剥削阶级来看。

人民民主专政采取和平改造的办法来消灭民族资产阶级,把工人阶级和民族资产阶级的矛盾作为人民内部矛盾来处理,采取了一系列方法,并利用一切积极因素为人民服务。人民民主专政的对象不包括民族资产阶级,只包括极少数反动的资本家。

4. 从对反动阶级和反动派专政来看。

人民民主专政并不是单纯地为了惩罚他们,而重要的是剥夺他们进行反革命活动的经济条件,以便把他们改造成为自食其力的劳动者。

5. 从社会主义改造和社会主义建设来看。

改造和建设是同时并举的,是交错进行的,而不是分开进行的。

三十、我国统一战线的性质和作用是什么?

在建国初期,我国统一战线有两个阶级联盟,一个是工人阶级同农民以及其他劳动人民的联盟,这是最基本的联盟;另一个是工人阶级同民族资产阶级以及其他可以团结的非劳动人民的联盟,这是非基本的、辅助的联盟,但在我国历史条件下,又是一个不可缺少的重要联盟。两个联盟互相促进、互相结合。正因为这样,使社会主义改造能够顺利进行,进一步解放和发展了生产力,促进了社会主义建设。

三十多年来,我国社会阶级状况发生了根本的变化。工人阶级队伍壮大了;农民由个体变为集体农民;知识分子从总体上说也成为工人阶级的一部分;民族资产阶级作为一个阶级已经消灭,他们中的绝大多数人已经变成自食其力的新人。因此,现在的统一战线叫做全体社会主义劳动者、拥护社会主义的爱国者和拥护祖国统一的爱国者的广泛的爱国统一战线。现在统一战线的工作是着眼于台湾回归祖国,着眼于港澳同胞和国外侨胞,着眼于发展国际反霸统一战线。统一战线的任务是为实现四个现代化和祖国统一服务。

三十一、什么是政治制度？

政治制度是指国家政权的组织形式，又叫政体，也叫国家形式。

政治制度与国体有密切关系。政权组织形式决定于国家本质，政体由国体所决定。所谓"国体"是指社会各阶级在国家中的地位。政体是为国体服务的。奴隶制国家曾采用过各种政体。封建制国家一般都采用君主专制形式。资产阶级国家大多采用议会制。无产阶级专政的国家也有多种多样的政权形式。无产阶级夺取政权以后，究竟采取哪一种政权组织形式，应根据本国的阶级力量对比关系、经济发展水平、历史条件、民族特点、国际环境等因素，创造性地来解决。

三十二、为什么说人民代表大会制度是我国的根本制度？

1. 人民代表大会制度，是中国人民根据民主集中制的原则，通过普选组成全国人民代表大会和地方各级人民代表大会，并以人民代表大会为基础建立全部国家机构，在党的领导下实现人民当家作主和人民民主专政历史任务的一种制度。人民代表大会制度是党和毛泽东同志根据我国长期革命斗争的实践提出来的，是我国革命斗争经验的总结，是符合我国国情的。

2. 人民代表大会制度是我国的根本政治制度，这是因为：

第一，具有广泛性。它和其他制度、其他组织不同，是直接实现人民民主专政的权力机关，只有它才能最明显、最完善地反映出人民民主专政的本质和各个阶级在国家中的地位。其他如工会、妇联等组织都不能反映这个本质。

第二，具有全权性。它和其他制度、其他组织不同，各级人民代表大会是我国最有权力的组织。它是人民意志的全权代表者。全国人民代表大会可以制定宪法和法律，地方各级人民代表大会可以决定本级行政区域内的重大问题。其他任何重大的制度都要经过它们批准或其授权机关批准，才能发生效力。

第三，具有全面性。它和其他制度、其他组织不同，反映人民政治生活的全面。我国有很多制度、如婚姻制度、军队制度、教育制度等，都只是反映人民政治生活的某一方面。

从以上可以看出人民代表大会制度是我国的根本政治制度。

三十三、人民代表大会制度的优越性表现在哪里？

人民民主专政的本质，决定了必须实行民主集中制的原则。人民代表大会制度就是根据这一原则建立的，它有巨大的优越性：

1. 人民代表大会制度最便于人民行使自己的权利和国家的权力，最便于团结全国各族人民参加国家管理，使它真正成为代表广大人民意志的权力机关。

2. 人民代表大会制度，能够使国家权力高度集中，能够保证国家权力统一行使。

3. 人民代表大会制度，便于发挥中央和地方两个积极性。人民代表大会制度中，实行少数服从多数，又照顾少数的原则。它实行下级服从上级，地方服从中央的原则，这样既保证了国家、中央的集中统一领导，又能发挥地方的积极性和创造性。

资产阶级国家搞的所谓立法、行政、司法三权分立，实际上行政权高于一切。如在美国,许多大权都掌握在总统手中,总统又听命于垄断资产阶级,因此资产阶级国家的所谓民主制度对广大劳动人民来说是虚伪的、骗人的。

三十四、什么是选举制度?

选举制度是选举国家代表机关的原则和程序的总称。一般由宪法和选举法规定。其主要内容包括选举权利的确定及其行使的方式、组织选举的方法以及选民和代表之间的关系等。

三十五、1979 年选举法和 1953 年选举法比较,有什么不同的地方?

1979 年选举法和 1953 年选举法比较,有以下特点:

1. 扩大了直接选举的范围。

直接选举是指人民代表大会的代表由选民直接选举产生。我国现行选举法把直接选举的范围扩大到县和自治县一级,这既适应了我国政治、经济、文化的发展,也完全符合我国的国情。在县一级实行直接选举,把县一级的政权置于人民群众的直接监督之下,会进一步调动广大人民群众,特别是八亿农民的社会主义积极性。这对发展农业生产,加快四化建设,加强工农联盟,巩固人民民主专政,必将发挥重大作用。

2. 代表名额和代表产生办法以人口为基础。

选举法对每一代表所代表的人口比例作了不同的规定,使城市和少数民族的代表所代表的人口数少于农村和汉族代表所代表的人口数。这是从实际出发的,只有这样才能保证工人阶级的领导地位,更好地体现民族平等的原则。

3. 采取了差额选举的方法。

这样规定能使选举人充分行使自己的权利,选举自己信任的人当选人大代表。

4. 采取按生产单位、事业单位、工作单位和居住状况相结合的方法划分选区,更方便公民进行选举。

5. 避免了机构重复。

县以上不再设选举委员会,因为县以上已建立人大常委会,可以主持选举。

6. 采取投票站为主的方法进行投票,方便了选民。

7. 选民对代表有监督权和罢免权。

我国选举法不仅规定各级人民代表大会的代表受选民和原选举单位的监督,选民或原选举单位有权罢免自己选出的代表,而且具体规定了罢免的程序。这就使监督权、罢免权制度化法律化,从而确保选举人的民主权利。

8. 对破坏选举的行为给予制裁。

对用暴力、威胁、欺骗、贿赂等非法手段破坏选举或妨害选民自由行使选举权和被选举权的人,将依法给予行政处分或刑事处分。

三十六、马克思主义者应当如何看待资本主义统治下的普选?

1. 马克思主义者肯定资产阶级普选制反封建专制的历史作用。

2. 资产阶级普选制和其他资产阶级民主制一样是建立在以私有制为核心的资本

主义剥削的经济基础之上的,它是资产阶级专政的有力工具。

3.无产阶级的任务是要教育、团结、组织工人和劳动人民在条件成熟时用暴力推翻反动统治,建立自己的政权,不能对资产阶级的议会制抱有任何幻想。

4.在暴力革命条件未成熟前,在一定条件下,无产阶级可以利用资产阶级议会制,但要服从无产阶级的总任务。

5.马克思主义认为,真正的普选,只有在无产阶级夺取政权,建立了社会主义民主之后,才有可能。

三十七、什么是国家结构形式? 什么叫民族区域自治制度?

国家结构形式是指一个国家的整体与各个组成部分之间的关系。分两种:①单一制的国家:是以普通行政单位或者自治单位所组成的统一国家,全国只有一个宪法和一个中央政权机关,各行政单位或者自治单位,都受中央的统一领导。②联邦制的国家:是由各成员国或者组成单位所组成。在联邦制国家中,除了联邦宪法和联邦中央政权机关外,各成员国都有自己的立法权和政权机关,在联邦宪法和法律规定的范围内,行使自己的国家权力。

国家结构形式是和国家的阶级本质相适应并由国家的阶级本质所决定。

民族区域自治:我国的民族区域自治,就是在中华人民共和国领土内,在最高国家机关的统一领导下,遵照宪法的基本原则,以少数民族聚居的地区为基础,建立相应的民族自治地方,以实行自治的民族的公民为主,组成自治机关,管理本民族内部地方性事务,实现人民当家作主的权利。

三十八、我国为什么要实行单一制的国家结构形式?

马克思主义者主张,当无产阶级夺取政权以后,在决定国家结构形式时,要考虑到无产阶级革命和无产阶级专政的利益,以及国内的民族关系。在一般情况下,无产阶级要建立集中统一的、单一的国家,原则上反对联邦制和分离制。在特定情况下,即当本国民族问题所处的条件不允许建立统一的多民族国家,而联邦制又有利于从分散走向统一的时候,才把联邦制作为一种例外,作为走向完全统一的一种过渡形式。

在我国,建立单一制国家形式的理由是:

1.从我国的民族成分和民族分布状况来看,我国是一个多民族的国家,除汉族外,还有55个少数民族。分布面积占全国面积的50%~60%。在少数民族聚居的地区,也大多有大量的汉族居住。这种大杂居、小聚居的民族分布情况,使各民族在政治、经济文化等方面建立了密切不可分离的联系。各民族只有在统一的祖国大家庭中团结互助,才能得到共同的发展。

2.从民族关系的历史发展情况来看,我国从秦朝以来,就形成了统一的中央集权制国家。虽然存在过民族压迫和歧视,但各民族互相交往从未中断,共同劳动、共同斗争,形成了有机的整体,共同创造了祖国的文化。半个多世纪以来,在党的领导下,各民族在反对三座大山的共同斗争中,共同的利益更加把各民族联结在一起,结成了血肉不可分离的战斗友谊。组成统一的国家,是我国历史发展的必然趋势。

3. 从社会主义革命和建设的要求来看,党和国家就是要巩固国家的统一和民族的团结,在党的领导下,共同建设四化,在革命和建设中逐步发展各民族的经济文化,消除历史遗留的民族间的差别和事实上的不平等。

4. 从我国所处的国际环境和国际阶级斗争的形势来看,帝国主义、霸权主义还威胁着我国的安全,各族人民只有在党的领导下,坚持团结统一,才能巩固和发展革命的成果,粉碎他们挑拨民族关系、破坏民族团结、重新奴役我国人民的阴谋。

因此,建立单一制的国家,无论在理论上还是实际上都是必要的和可能的,反映了我国各族人民的共同愿望,这是我们的事业必定要胜利的基本保证。

三十九、大民族主义和地方民族主义的表现是什么? 为什么要反对它们?

大民族主义是资产阶级民族主义的一种表现。认为本民族是"大民族""优秀民族",应居于支配地位,享受各种特权。它歧视和忽视少数民族的民族特点。在工作中包办代替,强迫命令,强加于人。

地方民族主义是剥削阶级思想在民族关系上的反映。它的特点是看不见祖国的进步事物,看不见本民族的前途,保守排外,故步自封。

不论大民族主义(主要是大汉族主义)还是地方民族主义,都是违背马克思主义关于民族问题的理论的,在实践上它违背社会主义宪法的各民族一律平等的原则,不利于民族团结,不利于巩固祖国的统一,不利于发挥各民族尤其是少数民族的社会主义积极性,阻碍社会主义建设事业的发展。所以,我们既反对大民族主义,又反对地方民族主义。

四十、自治机关的自治权利包括哪些内容?

1. 我国的民族自治地方的自治机关分为三级,即自治区、自治州、自治县。它们的自治机关是人民代表大会和人民政府,是在中央统一领导下的地方国家机关,是我国地方国家机关的组成部分。自治机关的产生、任期、职权和派出机构的设置等,应当依据宪法第二章第三节规定的关于地方国家机关的组织的基本原则。

2. 自治机关除行使宪法规定的一般地方国家机关的职权外,可以依照法律规定的权限行使自治权。如可以依照当地民族的政治、经济和文化特点,制定自治条例和单行条例;在执行职务的时候,使用当地民族通用的一种或几种语言文字;可以管理本地方的财政;依照国家的军事制度和当地的实际需要,经国务院批准可以组织本地方维护社会治安的公安部队;自治区主席、自治州州长、自治县县长由实行区域自治的民族的公民担任,等等。

四十一、什么是中华人民共和国公民?

公民,也称国民。公民通常是指具有一国国籍,并根据该国宪法和法律规定,享有权利、承担义务的人。中华人民共和国公民,就是我国宪法和法律规定的权利和义务的主体。或者说,凡是具有中华人民共和国国籍,并且根据宪法和法律享受权利和承担义务的人,都是中华人民共和国的公民。

四十二、我国公民权利和义务的社会主义本质表现在哪里?

我国公民的权利,指我国宪法和法律所规定的实现某种行为的可能性。这种行为受到国家法律的保护。

我国公民的义务,指国家要求公民所必须履行的一定责任,按法律规定是不允许违反的。

我国公民的权利和义务,由国家性质所决定,具有社会主义的本质。其主要表现是:

1. 公民的权利和自由的广泛性。这表现在两个方面:一方面,享受权利和自由的基础是广泛的,是供绝大多数人享受的,只有极少数人才受到限制;另一方面,宪法和法律给予公民的权利和自由的范围是广泛的,包括政治、经济、文化等各个方面。

2. 公民权利和自由的现实性。这里指法定的公民权利和自由,是从实际出发、实事求是的,有法律保障和物质保障,并在生产发展的基础上逐步扩大。

3. 公民权利和义务的平等性。这里指享受公民的权利和义务,不因公民的民族、性别、职业、社会出身、教育程度、财产状况等而有所差别。既不允许任何人在法定权利之外享有特权,也不允许任何人逃避法定的义务。公民都必须平等地遵守宪法和法律。

4. 公民权利和义务的一致性。权利和义务是统一的。公民必须既依法享受权利,又依法承担义务。不能只享受权利而不承担义务,也不能只承担义务而不享受权利。权利和义务的统一,反映了国家、集体、公民个人利益的一致性,公民当前利益和长远利益的一致性。公民在享受权利的时候,不能侵害国家的、社会的、集体的和其他公民的权利和自由。

四十三、我国公民有哪些基本权利?

根据我国宪法规定,公民的基本权利有:

1. 平等权(包括法律面前人人平等,男女平等,民族平等)。

2. 政治权利和自由(包括选举权、被选举权,言论、出版、集会、结社、游行、示威的自由)。

3. 宗教信仰自由。

4. 人身自由(包括人身自由不受侵犯,人格尊严不受侵犯,住宅不受侵犯,通信自由和通讯秘密受法律保护)。

5. 批评建议权(包括申诉、控告、检举权和取得赔偿权)。

6. 社会经济权利(包括劳动权利和义务,劳动者的休息权,退休人员生活保障权,物质帮助权)。

7. 文化教育权利和自由(有受教育的权利和义务,有进行科研、文学艺术创作和其他文化活动的自由)。

8. 国家保护妇女的权利和利益。

9. 婚姻、家庭、母亲、儿童受国家保护。

10. 国家保护华侨、归侨、侨眷合法的权利和利益。

四十四、我国公民有哪些基本义务？

根据我国宪法规定，公民的基本义务有：

1. 维护国家统一和各民族的团结。

2. 遵守宪法和法律，保守国家机密，爱护公共财产，遵守劳动纪律，遵守公共秩序，尊重社会公德。

3. 维护祖国安全、荣誉和利益。

4. 保卫祖国，依法服兵役和参加民兵组织。

5. 依法纳税的义务。

四十五、我国国家机构的本质和特点是什么？

国家机构是统治阶级为了实现国家权力而建立起来的一整套国家机关的总称。它们是统治阶级实行专政的工具。

国家机构的本质是由国家性质决定的。我国的国家性质决定了我国的国家机构与一切剥削阶级的国家机构有着本质的不同。我国的国家机构是实现人民民主专政的工具，是我们社会主义经济基础的重要的上层建筑，是为巩固和发展我国社会主义经济制度服务的。它包括：国家权力机关、国家行政机关、国家审判机关、国家检察机关以及军队和从属于它们的物质手段等。

我国国家机构的特点是：

1. 从它的产生来看，是在彻底打碎了国民党反动派的国家机构以后建立起来的。

2. 从它的阶级本质来看，是掌握在以工人阶级为领导的广大人民群众的手里，是维护人民权力，保护人民利益的一个有力的工具。

3. 从它执行的任务来看，是为了逐步消灭旧的生产关系，建立新的生产关系，是为了建设社会主义，提高广大人民物质文化生活水平服务的。

4. 从它的组织原则来看，是依据民主集中制的原则建立起来的。

5. 从它发展的方向来看，是在逐渐加强的过程中，在人民积极参加的过程中，来保证人类最美好的前途——共产主义的实现，为自己的消亡创造条件。它在新时期的任务就是保证四化的实现。

四十六、我国国家机构的组织和活动原则有哪些？

有以下几项原则：

1. 党的领导原则。党对国家机关的领导，主要是通过政治、组织、思想领导来实现的。根据党章规定，在中央和地方国家机构的领导机关中都要成立党组，负责执行党的方针政策、团结非党干部和群众完成党和国家交给的任务，指导机关党组织的工作。国家机关各部门的重大问题，要经过党组讨论研究作出决定。

2.民主集中制原则。这是我国国家机构最根本的组织和活动的原则。①在国家机关和人民群众的关系方面，表现为国家权力机关由人民选举产生，受人民的监督。②在国家权力机关和其他国家机关关系方面，表现为国家行政机关、审判机关、检察机关、军事机关等国家机关，要受国家权力机关监督，其领导人要由国家权力机关任免，必须执行权力机关的决定。③在中央和地方国家机关、上级和下级国家机关之间的关系方面，表现为地方服从中央、下级服从上级。

3.集体领导和个人分工负责相结合的原则。它是民主集中制原则在国家机关领导制度上的具体运用。国家机关在行使职权进行工作时，对有关方针政策的大事，重大工作任务的部署，干部的重要任免、调动和处理，群众利益方面的重要问题，都必须经过集体讨论，共同研究决定，然后分工负责贯彻执行。

4.密切联系群众的原则。国家机关必须密切联系群众，这是由国家机关的人民性决定的。人民是国家的主人，国家机关要全心全意为人民服务，联系群众，听取群众意见。

5.社会主义法制原则。该原则的中心环节是依法办事，实际上就是按人民的意志办事，任何组织、个人都不得违反宪法。

四十七、我国有哪些国家机构？它们相互间的关系是什么？

1.最高国家权力机关——包括全国人民代表大会和全国人大常委会。人大常委会是全国人大闭会期间全国最高国家权力机关。

2.中华人民共和国主席（副主席）——他是属于国家权力机关这个范畴的。

3.国务院——就是中央人民政府，是最高权力机关（全国人大和人大常委会）的执行机关，是最高国家行政机关。国务院要向全国人大、人大常委会报告工作。

4.中央军事委员会——是由全国人大产生的，它受全国人大和人大常委会的监督。中央军事委员会主席向全国人大和人大常委会负责。

此外，还包括最高人民法院和最高人民检察院。

以上是中央国家权力机关。

地方上的权力机关有：

1.地方各级人民代表大会、地方各级人民政府。

2.地方各级法院和各级检察院。

3.民族区域自治机关，分为三级：自治区、自治州、自治县。

四十八、1982 年宪法对我国国家机构有哪些重要的改革？

1.扩大了全国人大常委会的职权。如：过去没有立法权，现在有立法权了。

2.重新设立国家主席、副主席。但职权范围、年龄、任期等有变动。

3.国务院的改革，主要表现在两个方面。

①国务院的组成有变化，设立了国务委员，增加了秘书长。国务院可召开两个会，一是国务院常务会议，总理、副总理、国务委员、秘书长参加；一是国务院的全体会议，

除以上人员外各部部长、各委员会主任和审计长参加。这两个会议权力同等。压缩了副总理的人数,国务委员相当于副总理。

②实行总理负责制和各部部长、各委员会主任负责制。同时规定总理、副总理、国务委员连续任职不得超过两届。

4.设立审计机关,设立审计长。它的任务是对国务院各部门和地方各级政府的财政收支、对国家的财政金融机构和企事业组织的财务收支进行审计监督。

5.设立中央军事委员会。它的主要任务是领导全国武装力量,由主席一人,副主席、委员若干人组成,实行主席负责制。它是一个军事决策机关。有关武装力量的建设,仍然由国务院来管。

6.加强了地方国家机关的建设,主要是加强了地方的职权。

7.加强了民族区域自治制度,扩大了民族自治机关的自治权。

8.改变农村人民公社的政社合一体制,设立乡政权。

四十九、什么叫刑法？刑法有哪些主要特征？

刑法是掌握政权的统治阶级为维护其统治地位而规定的,有关什么行为是犯罪和对犯罪者适用何种刑罚的法律规范的总和。

刑法的主要特征是:

1.刑法所调整的社会关系,是犯罪人实施的具有社会危害性的行为而引起的一种特殊的否定性的社会关系。

2.刑法是保障其他部门法能够实现的一种部门法。这一点是由刑法本身所具有的性质及所承担的基本任务决定的。

3.刑法所规定的制裁是最严厉的。不仅可以剥夺犯罪分子的财产、政治权利、人身自由,甚至还可以剥夺生命。

刑法是所有部门法中阶级性、强制性最鲜明的。我国的刑法是镇压敌人、惩治犯罪、保护人民、保卫国家、保卫四化建设的锐利武器。

五十、什么叫犯罪？犯罪的基本特征是什么？

犯罪是具有强烈阶级性的概念。在我国,犯罪的定义是由刑法明确加以规定的。刑法第十条规定:"一切危害国家主权和领土完整,危害无产阶级专政制度,破坏社会主义革命和社会主义建设,破坏社会秩序,侵犯全民所有财产或者劳动群众集体所有财产,侵犯公民私人所有的合法财产,侵犯公民的人身权利、民主权利和其他权利,以及其他危害社会的行为,依照法律应当受到刑罚处罚的,都是犯罪;但是情节显著轻微、危害不大的,不认为是犯罪。"

犯罪具有以下几个特征:

1.犯罪是具有社会危害性的行为。这是犯罪最本质的特征。只有以犯罪是否有社会危害性这个标准,才能分清罪和非罪以及罪行程度。犯罪有一定质和量的范围,社会危害性达到一定程度,就被认为是犯罪。

2.犯罪必须是违反刑法的行为。

3.犯罪是应当受到刑罚惩罚的行为。任何一种违法行为都要承担法律上的责任。但是由于所违反的法律不同,所承担的法律责任和性质也不同。承担刑罚处罚责任的,只能是违反刑法的行为。

五十一、犯罪构成的概念是什么?

犯罪构成就是刑法中规定的某种行为构成犯罪所必须具备的主观和客观条件的总和。犯罪构成包括四个要件(方面):①犯罪的客体;②犯罪的客观要件;③犯罪的主体;④犯罪的主观要件。一个人的行为,必须同时具备这四个要件,才能确定为犯罪,缺少任何一个要件都不能构成犯罪。

五十二、什么是犯罪客体?

犯罪客体,就是犯罪行为侵害的社会主义社会关系。

犯罪客体包括三类:

第一类:一般客体,就是社会主义社会关系的整体,表现了犯罪的共同性质。

第二类:同类客体,就是某一类犯罪共同侵犯的客体。这是社会主义社会关系的一部分。我国刑法分则的八章,就表现了犯罪的八种同类客体。即,反革命罪,危害公共安全罪,破坏社会主义经济秩序罪,侵犯公民人身权利、民主权利罪,侵犯财产罪,妨害社会管理秩序罪,妨害婚姻、家庭罪,渎职罪。

第三类:直接客体,就是特定犯罪直接侵犯的社会主义社会关系的具体部分。如杀人罪的直接客体就是他人的生命权利;贪污罪的直接客体就是国家和集体的财产所有权。

三类客体之间的关系是整体、部分、个别的关系。

五十三、什么是犯罪的客观要件?

犯罪的客观要件是指犯罪的外部状况和特征。

犯罪的客观要件包括以下几个方面的内容:

1.犯罪的条件。这是指犯罪的时间、地点,犯罪的方式、方法和手段,犯罪的对象。

2.犯罪的行为。这是说犯罪必须是表现于外部的行为,而不能是思想;仅仅有思想而没有行为,不能构成犯罪。这种行为可以是积极的作为,也可以是消极的不作为。

3.犯罪结果。这是指犯罪对客体所造成的危害,也是犯罪不可缺少的要件。如果有一种行为根本不可能危害客体,那么这种行为就决不能成为犯罪行为。

有时没有造成结果,也可以构成犯罪。如:预备犯罪,犯罪未遂,犯罪的中止。

犯罪结果对于不同的犯罪具有不同的意义。

第一种情况:有的法律条文要求犯罪要有有形的结果。如,杀人罪,要有致人死亡的结果;如果没有造成,就是未遂。

第二种情况:有的是以危害结果的大小来作为犯罪要件的。如,盗窃罪、诈骗罪,非法占有的财产必须达到一定数量才能构成这种犯罪。

第三种情况:有的规定,只要这种行为有造成严重后果的危险就构成了犯罪。如,破坏火车、飞机、轮船等交通工具的犯罪,只要造成其倾覆危险便构成犯罪。

第四种情况:有的时候法律条文上没有提到后果,只要有这种行为就构成犯罪。如,非法搜查他人的身体和住宅。

4.行为和结果之间要有因果关系。

一个罪犯只能对他的行为所引起的后果负责。也就是说,二者必须有因果联系。但是,实际情况是非常复杂的,要注意具体分析。

五十四、什么是犯罪主体?

犯罪主体,就是实施犯罪、依法应负刑事责任的人。

1.犯罪主体必须是法律规范所要求的人。

2.犯罪主体必须是自然人,而不能是法人。

3.犯罪主体必须是达到刑事责任年龄的人。

我国刑法规定:已满十六周岁的人犯罪,应负刑事责任。已满十四周岁不满十六周岁的人,犯杀人、重伤、抢劫、放火、惯窃罪或其他严重破坏社会秩序罪,应负刑事责任。不满十四周岁的,一律不负刑事责任。

刑法还规定:已满十四周岁不满十八周岁的犯罪,应当从轻或者减轻处罚。犯罪时不满十八周岁的,不适用死刑;十六至十八周岁之间的,如罪行特别严重,可判死刑缓期二年执行。

4.犯罪主体必须是具有刑事责任能力的人。

所谓刑事责任能力,就是具有刑法所要求的辨认和控制自己行为的能力。按刑法规定:

精神病人在不能辨认或者不能控制自己行为的时候造成危害结果的,不负刑事责任;但应责令他的家属或者监护人严加看管和医疗。间歇精神病人在精神正常的时候犯罪,应负刑事责任。

酗酒人犯罪,应负刑事责任。

又聋又哑人或者盲人犯罪,可以从轻、减轻或者免除处罚。

五十五、犯罪的主观要件是什么?略述直接故意和间接故意两种犯罪的同异点;略述疏忽大意和过于自信两种过失犯罪的同异点。

犯罪的主观要件,是指犯罪主体对自己实施的行为及其危害结果所持有的心理状态。

犯罪的主观要件分故意犯罪和过失犯罪。

1.故意犯罪。

明知自己的行为会发生危害社会的结果,并希望或者放任这种结果发生,因而构成犯罪的,是故意犯罪。

故意犯罪分两种:一种是行为人明知自己的行为会发生危害社会的结果,并且希望这种结果的发生,为直接故意犯罪。另一种是行为人预见到自己的行为可能发生危害社会的结果,但却放任这种结果发生,为间接故意犯罪。

直接故意和间接故意其相同点是,行为人都预见到自己的行为将引起危害社会的结果。不同点是,前者预见到的是结果一定发生,并且希望结果的发生;后者预见到的是结果可能发生,并且放任结果的发生。二者危害程度不一样,前者较后者严重。

2. 过失犯罪。

应当预见自己的行为可能发生危害社会的结果,因为疏忽大意而没有预见,或者已经预见而轻信能够避免,以致发生这种结果的,是过失犯罪。

过失犯罪有两种:一种是行为人应当预见自己的行为可能发生危害社会的结果,因为疏忽大意没有预见,称疏忽大意的过失犯罪。另一种是行为人已经预见到自己的行为会发生危害社会的结果,而轻信能够避免,以致发生这种结果,称过于自信的过失犯罪。

疏忽大意和过于自信两种过失犯罪的相同之处是:主观上都没有危害社会的意图。它们的区别在于:前者是应当预见而没有预见,后者是预见到了却轻信可以避免。

故意犯罪和过失犯罪的区别之一在于:前者具有犯罪的目的和动机,后者则没有。

五十六、什么是正当防卫?什么是紧急避险?

1. 正当防卫。

所谓正当防卫,就是为了使公共利益、本人或者他人的人身和其他权利免受正在进行的不法侵害,对实施侵害人采取的必要防卫行为。

正当防卫大多是一种同犯罪作斗争的合法行为。所以,一般地说,正当防卫不仅不负刑事责任,而且应该受到鼓励和表扬。

根据刑法的规定,正当防卫应具备下列条件:

第一,只有合法权益受到不法侵害,才能实行防卫。

第二,必须是对正在进行的不法侵害行为,才能实行防卫。

第三,必须是对实施不法侵害者本人实行防卫。

第四,防卫行为不能超过必要的限度。所谓必要的限度,就是说防卫行为所造成的损害大小和防卫所保护的利益的大小,应大体上相适应(但是允许适当超过)。

正当防卫必须同时具备上述四个条件,缺少其中的任何一个,都不是正当防卫。

2. 紧急避险。

所谓紧急避险,就是为了使公共利益、本人或者他人的人身和其他权利免受正在发生的危险,不得已而采取的侵犯法律所保护的公共利益或者他人利益的行为。

紧急避险虽然给公共利益或者他人利益造成一定的损害,但它是在不得已的情况下采取的紧急措施,目的在于保护国家或公民的更大利益。因而,它不仅不是危害社会的行为,相反却有利于社会。如,消防队员在救火中,为防止火势蔓延,拆毁一所未被燃烧的房屋。所以,紧急避险行为不应负刑事责任。

根据刑法的规定,紧急避险应具备下述条件:

第一,必须是为了避免合法利益即公共利益、本人或者他人的人身和其他权利正在遭到的危险而采取的。

但是,紧急避险的规定,不适用于职务上、业务上负有特定责任的人。如,正在救火的消防员负有灭火的义务,不得因怕烈火烧身而逃离火灾现场。

第二,必须是正在发生危险的情况下采取的。

第三,必须是不得已而采取的。

第四,紧急避险的行为不能超过必要的限度。这是因为,紧急避险是损害一种合法权益而保全另一种合法权益,这就要求被损害的利益必须小于被保护的利益。如果被损害的利益大于或者等于被保护的利益,就超过了紧急避险行为的必要限度。

紧急避险必须同时具备上述四个条件,缺少其中的任何一个,就不是紧急避险。

附:正当防卫和紧急避险之间,存在着如下的区别:

(1)正当防卫只发生在受到不法侵害的场合;紧急避险则既可以发生在由于人的违法行为所造成的危险的场合,也可以发生在由于自然力量所造成的危险的场合。

(2)正当防卫行为只能施之于不法侵害者,并使他受到损害;紧急避险则是对第三者实行的,并允许使第三者的合法权利受到一定的损害。

(3)正当防卫是为了排除正在进行的不法侵害,防卫的方式不一定是唯一可能采取的方式;紧急避险是为了避免危险,采取的方式则必须是唯一可行的。

(4)正当防卫所引起的损害只要求大体上同所避免的损害相适应,允许适当超过;紧急避险所引起的损害则必须小于所避免的损害。

五十七、故意犯罪有哪几个主要发展阶段?

故意犯罪的发展阶段,是指故意犯罪发展过程中所经历的几个主要的状态。它包括如下几个层次:

1. 犯罪的预备。犯罪的预备是指为了实现犯罪的目的,而着手进行犯罪前的准备活动。犯罪预备有两个方面:一是准备犯罪工具,就是指准备用来犯罪的一切东西,包括直接达到犯罪目的的工具、逃避破案的工具或伪造现场的工具、转移赃物的工具等;二是准备犯罪条件,就是指准备犯罪工具以外的一切条件,如制订计划、探测地点、清除犯罪障碍、制造假象、了解被害人行踪、纠集共同犯罪人等。

对预备犯罪,要比照既遂犯罪从轻、减轻或免除处罚。

2. 犯罪的未遂。所谓犯罪的未遂,是指已着手实行犯罪,由于犯罪分子意志以外的原因而未得逞。犯罪未遂有三个特点:一是罪犯已经着手犯罪,已经进行了刑法关于这个具体犯罪所规定的那些行为;二是犯罪没有得逞,没有达到预期的目的和结果;三是犯罪没有得逞的原因,是出于罪犯意志以外的原因。

对犯罪的未遂要比照犯罪既遂从轻或减轻处罚。

3. 犯罪的中止。在犯罪过程中,自动中止犯罪或者自动有效地防止犯罪结果发生的,是犯罪中止。它的主要特点是:罪犯出于自己的意志而自动停止犯罪行为或有效地防止了犯罪结果的发生。犯罪中止要具备的条件是:①必须是在犯罪既遂以前中止的;②犯罪的中止一定要出于罪犯本人的念头,而不是被迫的;③犯罪的中止一定要有效地防止预期的结果的发生。

犯罪中止的原因多种多样,但不管哪种原因,对社会都有利。所以法律规定,对其要减轻或者免除处罚。

4.犯罪的既遂。即达到了罪犯预期的目的和结果。

五十八、略述共同犯罪的概念、形式及共同犯罪人的种类。

1.共同犯罪是指二人以上共同故意犯罪。构成共同犯罪应具备的要件是:从客观要件看,要求共同犯罪的人是为了同一个犯罪目的而结为一体,他们共同行为都与造成的结果有因果联系;从犯罪的主观要件看,他们都是故意犯罪,都意识到他们是在共同犯罪。

共同犯罪比单个人犯罪更危险。他们往往采取更加狡猾的手段,有组织、有计划、有步骤地进行犯罪。

2.共同犯罪的形式有如下几种:一种叫一般的共同犯罪,就是指两个以上的人为了实施某一种犯罪而勾结在一起,在进行了一次或几次犯罪后自行解体;一种叫犯罪集团,就是以实施某种犯罪为目的,而建立起来的组织。犯罪集团是最为危险的。

3.共同犯罪人分为主犯、从犯、胁从犯和教唆犯四种。

主犯,即组织、领导犯罪集团进行犯罪活动的或者在共同犯罪中起主要作用的犯罪分子,主犯的危害性最大,所以应当从重处罚。

从犯,即在共同犯罪中起次要或者辅助作用的犯罪分子,从犯在共同犯罪中的活动通常表现为提供犯罪工具、指示犯罪目标等等。对于从犯,要比照主犯从轻、减轻或免除处罚。

胁从犯,即被胁迫、被诱骗参加犯罪的犯罪分子,胁从犯的特点是:他不是自愿参加犯罪;一般地说,他在共同犯罪中起的作用最小。所以,对胁从犯的处罚也是最轻的,即比照从犯减轻或免除处罚。

教唆犯,即用威逼、欺骗、怂恿、引诱、授意、劝说等手段,故意引导他人犯罪的犯罪分子,构成教唆犯必须具备两个条件:在客观上,他有教唆别人犯罪的行为,从而教唆者的犯罪行为同他的教唆有因果联系;在主观上,他的教唆行为必须是故意的。教唆犯的危险性是同被教唆的犯罪的性质和情节相联系的。

五十九、我国刑罚的概念和目的是什么?

刑罚,指人民法院以国家名义,按照刑法对犯罪分子适用的惩罚方法。

我国刑罚的目的:①通过适用刑罚,惩罚和改造犯罪分子。②通过适用刑罚,可以对社会上的不稳定分子,起到震慑和警戒的作用,使其不走上犯罪的道路。③通过适用刑罚,可以提高人民群众的警惕性,增强法制观念,鼓舞他们坚决同一切犯罪行为作不懈的斗争。

六十、什么是主刑？什么是附加刑？

1. 只能独立适用,而不能作为其他刑种的附加刑来适用的刑罚,叫主刑。它包括管制、拘役、有期徒刑、无期徒刑、死刑五种。

2. 可以独立适用,也可以附加于主刑上适用的,叫附加刑。它包括罚金、剥夺政治权利、没收财产和驱逐出境四种。

六十一、分别说明我国刑罚具体适用中的量刑、数罪并罚、累犯、自首、缓刑、减刑、假释、时效各种概念的含义。

1. 量刑,是指人民法院按照刑法规定对罪犯裁量决定刑罚的审判活动。

2. 数罪并罚,是指一个人犯了数罪,人民法院对其所犯各罪,分别定罪量刑后,依法合并加以处罚。

3. 累犯,是指被判处有期徒刑以上刑罚的犯罪分子,在刑罚执行完毕或者赦免以后,三年以内又犯应当判处有期徒刑以上刑罚的罪犯。反革命罪的累犯,则没有前罪和后罪的时间中隔的限制。

4. 自首,是指罪犯在犯罪以后,主动向司法机关或所在组织投案,并坦白交代自己罪行的行为。

5. 缓刑,是指对罪行轻微的犯罪分子,在能遵守一定条件的情况下,不执行原判刑罚的制度。

6. 减刑,是指对判处管制、拘役、有期徒刑、无期徒刑的罪犯,在执行刑罚期间,如果确有悔改或立功表现,依法将原判刑罚予以减轻的制度。

7. 假释,是指对判处有期徒刑或无期徒刑的罪犯,按照他在服刑期间的悔改表现,依法有条件地提前释放的制度。

8. 时效,又称追诉时效,是指法律规定对罪犯追究刑事责任的有效期限。

六十二、分别说明反革命罪,危害公共安全罪,破坏社会主义经济秩序罪,侵犯公民人身权利、民主权利罪,侵犯财产罪,妨害社会管理秩序罪,妨害婚姻、家庭罪,渎职罪八类犯罪的犯罪构成。

1. 反革命罪的犯罪构成:①犯罪客体,就是我国人民民主专政的国家政权和社会主义制度。②犯罪的客观要件,必须有反革命的行为,也就是危害中华人民共和国的行为。③犯罪主体,是达到法定年龄、有责任能力的人,包括中国人、外国人、无国籍人,都可以构成犯罪主体。但有的具体犯罪(如背叛祖国罪)的犯罪主体,只能是中国人。④主观要件,只能是故意,并且必须具有反革命的目的。

2. 危害公共安全罪的犯罪构成:①犯罪客体,就是社会主义社会的公共安全,也就是不特定多数人生命健康的安全,社会上生产、工作的安全,重大的公私财产的安全。没有特定的对象。②客观要件,是实行了危害公共安全的行为。可能造成严重后果,可能没造成严重后果。如果是过失犯罪,必须造成严重后果。③主观要件,可以是故意,也可以是过失。④犯罪主体,可以是普通公民,也可以是国家工作人员。有些犯罪,其主体只能是特定的人员。

3.破坏社会主义经济秩序罪的犯罪构成:①犯罪客体,是国家经济管理的正常活动。②客观要件,是违反经济管理法规,破坏国家经济管理活动的行为。③犯罪主体,大多数是一般主体,少量是特殊主体。④主观要件,一般都是直接故意,过失不能构成这类犯罪。这类犯罪要求有营利的目的或私人的目的。

4.侵犯公民人身权利,民主权利罪的犯罪构成:①犯罪客体,是公民的人身权利、民主权利。②客观要件,是侵害的行为。大多数是以作为的形式。③犯罪主体,刑讯逼供,报复陷害,非法剥夺公民宗教信仰自由,侵犯少数民族风俗习惯等几项具体犯罪的主体,只能是国家工作人员。其余都是一般主体。④主观要件,杀人罪、伤害罪可以由过失构成,其他只能由故意构成。

5.侵犯财产罪的犯罪构成:①犯罪客体,就是社会主义财产关系,包括全民所有财产、集体所有财产和公民私人所有的合法财产。②客观要件,是各种危害行为。大体有两类:非法地把公私财物转为己有或转给第三者占有;把公私财物加以毁坏的行为。二者都可以造成所有权的损害。③犯罪主体,除贪污罪是特殊主体(公职人员)外,都是一般主体。④主观要件,只能由故意构成。在犯罪目的方面,一般是非法地攫为己有或转交第三者所有;只有毁坏财物罪,才以毁坏本身为目的。

6.妨害社会管理秩序罪的犯罪构成:①犯罪客体,是国家机关对社会的管理活动和正常社会秩序。②客观要件,是各种侵犯行为,情节严重。③犯罪主体,是一切有行为能力的人。④主观要件,所有具体犯罪都必须是故意的。

7.妨害婚姻、家庭罪的犯罪构成:①犯罪客体,是我国社会主义婚姻、家庭制度。②客观要件,包括作为或不作为。③犯罪主体,在多数情况下,加害人与被害人之间有亲属关系。④主观要件,只能是故意,不能是过失。

8.渎职罪的犯罪构成:①犯罪客体,是国家机关正常活动。②客观要件,是和他的职务活动相联系的作为或不作为。③犯罪主体,是国家机关工作人员,也就是一切国家机关、企事业单位和其他依照法律从事公务的人。④主观要件,多数是故意,少数可以是过失。

六十三、什么是民法?

民法是调整一定范围的财产关系和人身关系的法律规范的总和。

一定范围的财产关系,是指平等的当事人相互之间,即公民之间、法人之间以及公民与法人之间,在物质财富的占有、支配、交换、分配过程中发生的权利义务关系。民法调整财产关系的特点是:①它是以社会主义商品货币交换为条件而产生的,并以这种商品货币关系为其一般的表现形式。②它基本上是表现着平等的财产所有者之间的物质利益关系。③它的内容一般是等价有偿的,双方的权利义务是对等的,法律对双方的权利的保护也是平等的。

一定范围的人身关系,指的是同人身不可分离,与财产有密切联系,但却又不具有直接经济内容的社会关系,也就是基于权利人的人格和身份而产生的社会关系(包括人格权关系和身份权关系)。

六十四、我国民法有哪些基本原则?

我国民法的基本原则,概括地反映了我国民事立法的指导思想,集中地体现着我国民法的社会主义本质;它是我国民法区别于一切剥削阶级国家民法的根本标志。

1. 社会主义公共财产神圣不可侵犯的原则。

社会主义公共财产,即全民所有制财产和劳动群众集体所有制财产。加强对财产关系的法律调整,保证公共财产不受侵犯,是我国民法的首要任务。

2. 服从国民经济计划指导的原则。

社会主义经济是计划经济。在国民经济计划的指导下,通过各种民事活动(如订立合同等),加强不同单位之间的经济协作,对实现计划任务、巩固经济核算制度,都具有很重要的意义。

3. 保护公民合法权益。

保护公民合法权益是我国一切法律部门的共同任务。民法通过对公民财产权和人身权的保护(如所有权、债权、继承权、著作权、发明权等),使他们的合法权益不受侵害。另一方面,公民的民事权利必须正当行使,不得违背法律和公共利益。

4. 平等、等价、有偿的原则。

当事人在法律地位上一律平等,在经济利益上实行等价、有偿的原则,这是民事法律关系的重要特征,反映了社会主义制度下的商品经济和价值规律的客观要求。坚持这一原则,对发展社会主义的商品生产、商品交换,维护社会经济秩序,提高企业的经济效益,满足广大人民的物质和文化生活的需要,都具有很重要的作用。

5. 兼顾国家、集体和个人利益的原则。

民法中的有关规定必须兼顾上述三个方面的利益,这是由我国社会主义制度的本质决定的。一方面,只有充分保障公共利益、整体利益,才能使个人利益、局部利益得到满足。另一方面,在保障公共利益、整体利益的同时,也必须充分关心和保护个人利益、局部利益,以便促使公民、单位从物质上关心社会财富的增长。

六十五、试述民事法律关系的概念和要素。

民事法律关系,是为民事法律规范所确认的、具有民事权利义务内容的社会关系。它是民法的调整对象——一定范围的财产关系和人身关系在法律上的表现。例如,所有权关系、债权关系、继承权关系、著作权关系、发明权关系等,都是民事法律关系。

民事法律关系有三个要素:

1. 民事法律关系的主体。

民事法律关系的主体亦称民事主体,指依法享有权利、承担义务的民事法律关系的参与者。

　　民事法律关系必须有两个或者两个以上的主体参与。在民事法律关系中享有权利的一方称为权利主体,承担义务的一方称为义务主体。在大多数情况下,民事法律关系的参与者既是权利主体,又是义务主体(如买卖、租赁等);在少数情况下,一方只享有权利,他方只承担义务(如借贷、赠与)。

　　民事法律关系主体的资格是由国家通过法律加以规定的。在我国,民事主体主要是公民(自然人)和法人。国家则是一种特殊的民事主体,它参与民事活动,主要是通过国家机关、国营企业、事业单位以法人资格进行的;只有在特定的情况下,如发行国库券、签订外贸协定等,才以特殊主体的资格直接参与民事法律关系。

　　2.民事法律关系的内容。

　　这是指民事权利和民事义务。正是这种权利和义务才把法律关系的参与人联结起来。权利和义务都是由法律所确认,以国家的强制力保证其实现的。

　　这里所说的权利,是指权利主体依法为一定行为或者要求义务主体为一定行为或不为一定行为的可能性。因义务主体的行为或不行为,致使权利不能实现时,权利主体可以诉诸法律,请求保护(如追索债务、要求赔偿等)。

　　这里所说的义务,是指义务主体为了满足权利主体的要求而为一定行为或不为一定行为的必要性,不履行义务或不适当履行义务时,应依法承担民事责任。

　　权利和义务是相互联系、相互依存的,任何权利都要通过他人履行义务才能实现,任何义务都要有人享受权利才有履行的意义,两者从不同的角度表现了同一个民事法律关系的内容。

　　3.民事法律关系的客体。

　　这是指民事法律关系中的权利和义务共同指向的对象。如果没有客体,权利、义务就无从体现,无法落实,民事法律也就没有存在的意义。

　　客体究竟是什么,在法学界中尚有歧见。按照一般的看法,客体可以分为:物、行为和智力成果。

　　六十六、民事法律事实有哪些种类?

　　1.民事法律事实的概念。

　　民事法律事实,是民事法律关系发生、变更和终止的原因。首先,民事法律事实是一种客观事实,仅凭主观愿望是不能引起民事法律后果的。其次,并不是一切客观事实都是民事法律事实,只有当法律规定,把某种客观事实和一定的民事法律后果联系起来(即前者是因,后者是果)时,这种客观事实才是民事法律事实。例如,订立租赁合同引起租赁关系的发生,债权的转让引起债的主体的变更,清偿债务导致债权关系的终止等。

　　2.民事法律事实的种类。

　　民事法律事实分为事件和行为两大类别。

　　①事件,指与当事人的意志无关的法律事实。例如,自然灾害的发生可以引起保

险公司的赔偿责任,人的死亡可以引起财产继承等。

②行为指人(主体)的有意识的活动。现实生活中,民事法律关系的发生、变更和终止大多数是由行为引起的。合法行为和违法行为都可以作为法律事实。合法行为中又可分为法律行为、行政行为、司法行为、其他合法行为等。法律行为是权利主体所实施的,旨在设定、变更或终止民事法律关系的行为,如合同、遗嘱等。行政行为,是因国家管理机关行使行政权力而引起法律后果的行为,如主管机关下达或改变物资供应计划,可以引起供应关系的发生、变更等。司法行为,是审判机关依法实施的,能够引起民事法律后果的行为,如法院关于分家析产的判决等。其他合法行为,如抛弃继承权等。违法行为,实施某些为法律所禁止的行为,也能引起一定的民事法律后果,如因侵权行为而发生的损害赔偿之债等。

六十七、试述权利能力和行为能力的概念。

1.民事权利能力和行为能力的概念。

作为民事主体的公民(自然人)和法人,依法具有权利能力和行为能力。

①权利能力,是国家赋予民事主体的、享受权利和承担义务的能力。换言之,有了权利能力,才能作为民事主体。权利能力是民事主体的根本属性。

应当将权利能力和权利(主观权利)加以区别。首先,权利能力是一种作为民事主体的资格,主体不论是否参与民事法律关系,其权利能力总是存在的。主观权利是主体在从事活动中依法取得的实际权利,具有权利能力的主体只有通过一定的法律事实,参与具体的民事法律关系,才能取得某项主观权利。其次,权利能力包括享有权利的能力和承担义务的能力,主观权利则仅指主体依法取得的实际权利,并不包括义务。再次,权利能力与主体具有不可分离的性质,主观权利则是可以由主体处分的。

②行为能力,是民事主体通过自己的行为取得民事权利、承担民事义务的能力。不仅包括为合法行为的能力,也包括对违法行为承担责任的能力。

行为能力不同于权利能力。具有权利能力是能够作为民事主体参与民事活动的必要前提,具有行为能力则是民事主体独立行使权利能力的必要条件。

关于民事主体的权利能力和行为能力,法律对公民(自然人)和法人有不同的规定。

2.我国公民的权利能力的特征。

我国公民的权利能力的特征:

权利能力的性质、内容和特点取决于一定的社会制度。我国公民的权利能力是平等的,权利能力的内容是很广泛的,权利和义务是一致的,权利的实现和义务的履行是有实际保障的。

①公民的权利能力始于出生,终于死亡。

②未出生的胎儿不具有权利能力。但是,胎儿在继承问题上的利益,在我国的继承法中是给予适当保护的。

③公民的权利能力除终于死亡外,还终于宣告死亡。

3.公民的行为能力。

与权利能力不同,公民的行为能力不是一出生就有,也不是一切人都有的。一个通过自己的行为去取得民事权利、承担民事义务的人,必须能够理解其行为的性质和后果。年龄的大小和理智是否正常,是确定公民有无行为能力,有完全行为能力还是只有不完全行为能力的根据。

六十八、法人的概念及特征是什么?

1.法人的概念。

在我国,法人是指国家认可的,具有独立的组织和独立的财产,能够以自己的名义享有民事权利、承担民事义务的组织。法人是社会组织在法律上的人格化,是根据法律的规定拟制、创设的。

建立和完善具有中国特色的、社会主义性质的法人制度,有利于实现国民经济计划,有利于巩固经济核算制和经济责任制,有利于发挥经济单位的主动性、积极性和创造性,有利于社会经济秩序的稳定和国家经济体制的改革。在我国,能作为法人的社会组织有国家机关、国营企事业单位、集体经济组织、依法成立的社会团体、中外合资经营企业等。

2.法人的特征。

①法人是独立的社会组织。

作为独立社会组织的法人必须有自己的领导机关、明确的宗旨和业务范围。法人的成立须经国家认可。

②法人有独立的财产。

③法人以自己的名义参与民事活动,取得权利,承担义务。这一点正是法人的主体资格的必然表现。为了保证权利的实现和义务的履行,法人能够以自己的名义参与诉讼,在法院起诉、应诉。

只有同时具备以上特征的社会组织才是法人。

六十九、法人的权利能力、行为能力与公民有何不同?

1.关于权利能力。

①法人的权利能力是一种特别的权利能力,其内容是和法人的宗旨、业务范围相一致的。法人无权进行违背其宗旨、超越其业务范围的民事活动。不同种类的法人,权利能力的内容是有区别的。公民的权利能力则是平等的、一致的。

②法人权利能力始于法人的成立,终于法人的消灭。公民的权利能力则始于出生,终于死亡和宣告死亡。

③法人没有某些为公民所专有的权利能力(如继承遗产等)。公民也没有某些为法人所专有的权利能力(如信贷业务只能由银行、信用合作社等合法的金融机构经营,保险业务只能由国家的保险机构经营等)。

2. 关于行为能力。

①法人的行为能力是一种特别的行为能力,它的范围和法人的权利能力的范围是完全一致的(如某一法人没有经营商业的权利能力,同时也就没有经营商业的行为能力)。

②法人的行为能力和法人的权利能力同时开始,同时终止。

③法人的行为能力是通过法人机关的行为而实现的。法人机关可以直接为法律行为,也可以根据需要委托公民或者其他法人作为它的代理人。

七十、代理关系的概念和基本特征是什么?

1. 代理的概念。

代理是按照代理关系,代理人在代理权限内,以被代理人的名义与第三人为法律行为,其后果直接由被代理人承受的法律制度。

代理的种类有三种,即委托代理、法定代理和指定代理。

2. 代理的法律特征。

①代理行为必须是具有法律意义的行为。

②代理行为是以被代理人的名义进行的。

③代理人在代理权限内独立地为意思表示。因此,代理人和居间人、传达人、中证人是有严格区别的。

④代理行为的法律后果直接属于被代理人。

七十一、试述所有权的概念及其法律特征。

1. 所有权的概念。

所有权是法律确认的、民事主体对财产所享有的占有、使用和处分的权利。

所有权是一定社会中的所有制形式在法律上的表现。所有权由所有制决定并反作用于所有制。

2. 所有权的法律特征。

①所有权是人们之间基于对物质财富的占有和支配而发生的法律关系。

所有权不是人与物之间的关系,而是人与人之间的关系。既然所有人对其财产享有占有、使用、处分的权利,那么,非所有人就负有不得侵犯上述权利的义务,这就在所有人和非所有人之间发生了权利义务关系,即法律关系。

②所有权是最完全的物权。

所有权按其性质来说是物权的一种。所有权是完全的物权,其他物权是限制的物权。所有人对物不仅有权占有、使用、收益,而且有权处分。各种限制物权,都只有所有权中的部分权利。(以典权为例,典权人通过支付典价,在一定期限内对出典物有占有、使用、收益之权,但不能像所有人那样,对上述财产作出卖、赠与等处分。只有当期限届满出典人不交还典价时,出典物才转归典权人所有。)

③所有人有依法排除他人妨碍及侵犯的权利。

所有权具有排他性。某人对某物有所有权,就意味着其他不特定的人都不得妨碍、侵犯其所有权;否则,所有人有权诉诸法律,予以排除。确认产权、恢复原状、返还原物、排除妨害、赔偿损害等,都是保护所有权的民事方法。

④所有权的客体都是物。

所有权是因物而设定的权利,所有权关系的客体都是物。也就是说,物是所有人的权利和非所有人的义务共同指向的对象。当然,以物为客体的不限于所有权。但是,不以物为客体的就不是所有权。

七十二、所有权有哪些内容?

所有权的内容是指所有权法律关系中所有人的权利和非所有人的义务。如果从权利的角度来表述,是指所有人在法律规定的范围内对其财产享有占有、使用和处分这三种权能。

1. 占有。

占有是指人对物的实际控制。物可以由所有人占有,也可以由非所有人占有。

非所有人占有可分为合法占有和不法占有。合法占有是以法律的规定或所有人的同意为根据的。如国营企业基于国家授权占有国家财产,公民受托人保管财物等。不法占有则缺乏上述根据。

不法占有又可分为善意占有和恶意占有两种情况。不知或者不应知其占有是非法的,谓之善意;明知或应知其占有是非法的,谓之恶意。

2. 使用。

使用是指按照物的性能加以利用,从而取得利益。

广义上的使用包括收益,即取得原物的孳息。孳息可分为天然孳息和法定孳息。

使用权可以由所有人自己行使,也可以依法由非所有人行使。后者如承租人使用出租人的房屋等。

3. 处分。

处分是指所有人在法律允许的范围内有按照自己的意志处理财产的权利。处分权是所有人的最重要的权能,是所有权的最高表现。

七十三、试述债的实际履行原则。

债是一种存在于特定的当事人之间的民事法律关系。只有通过履行才能实现债的目的。实际履行,是我国债权制度的一项重要原则。

1. 什么是债的实际履行?

实际履行,是指按照债的标的去履行,不得任意变更债的标的(如以给付货币代替给付实物等),也不得用其他方法(如给付违约金或赔偿损失等)去代替债的履行。

实际履行主要是债务人的义务,但债权人也应予以协助、配合。

2. 实际履行,反映了社会主义制度下债的本质要求。

在我国,债是实现国民经济计划、满足广大人民物质和文化生活需要的重要手段。

坚持实际履行的原则,有利于发挥债在流通领域中的积极作用,对加强经济协作、维护社会经济秩序等都具有很重要的意义。如果不实际履行,债权人即使通过其他方法获得了一定的补偿,但债的预期目的并未达到,就会给社会经济生活带来一系列不利的后果。

所以,实际履行是法律对各种债所提出的普遍要求,只有在实际履行已经不可能或者已经没有意义时,方可用承担财产责任的方法去代替实际履行。强调债的实际履行,是我国债权制度区别于资本主义债权制度的一个重要标志。

3.为了保证实际履行,法律要求履行的主体、标的、时间、地点和方法等均须适当,这些都是实际履行的具体化,也是衡量债是否全面履行的尺度和标准。

七十四、债不履行的后果如何?

债的不履行,是指债务人没有按照债的要求全面地、适当地完成特定的行为(包括行为和不行为)。

债不履行的法律后果,就是债务人必须对此承担民事责任。

1.承担民事责任的条件。

①债的不履行和债权人所受的损害之间有因果关系。

②债的不履行是出于债务人的过错。否则,债务人可以免除责任。

2.承担民事责任的方法:

①支付违约金。其数额或比例等应依法律或合同规定。

②赔偿损失。其既包括直接损失——因不履行而使债权人的财产减少,也包括间接损失——因不履行而使债权人失去本来必可得到的利益。

如果债务人仍有履行能力,债权人仍有接受履行的要求,后者有权依诉讼程序请求强制履行。

七十五、试述合同的法律特征。

1.合同的概念。

合同,是当事人之间关于确立、变更或终止民事法律关系的协议。

合同亦称契约,是债的最重要的发生根据,是商品交换的法律形式。

2.合同的法律特征。

①合同是双方法律行为。双方意思表示一致,合同方能成立。单方法律行为则不然。

②合同当事人地位平等。这种平等的法律地位,正是当事人自主、自愿地表达其意志,通过协商取得一致意见的基础。

③合同的目的是为了确立、变更或终止当事人之间的权利义务关系。当事人订立合同,总是为了追求某种民事法律后果。因此,合同与那些并不产生民事法律后果的约定有着严格的区别。

④合同是合法行为,对当事人具有法律上的拘束力。合同一经订立,非经他方同

意,任何一方都不得擅自变更或解除。

七十六、试述合同签订的程序和形式。

1. 合同签订的程序。

合同签订的过程就是当事人就合同条款进行协商达成一致意见的过程,也就是双方的意思表示达到一致的过程。就意思表示的性质而言,合同的签订分为要约和承诺两个步骤。

①要约。

要约是一方以订立合同为目的,向他方所作的意思表示,即关于订合同的建议。发出要约的一方称要约人,要约指向的他方称受要约人。

要约应当明确、具体,包括合同的主要条款。要约可向特定的人发出,也可向不特定的人发出。

要约一经生效(口头要约自受要约人得知时生效,非口头要约自书信、电报等送达受要约人时生效),即对要约人发生拘束力。只有受要约人拒绝要约、承诺期限内受要约人没有承诺,要约人在要约生效前撤回要约,才能使要约人不受其要约的拘束。

②承诺。

承诺是受要约人同意要约的意思表示,即对要约人关于订立合同的建议所作的肯定的答复。

承诺的内容应当与要约的内容相一致。如果受要约人的答复中变更了要约中的条款,这种答复不是承诺,而是新的要约。

口头承诺自要约人得知时生效,非口头承诺自书信、电报等送达要约人时生效。承诺也可以在生效以前撤回。

2. 合同的形式。

如果法律规定了某种合同必须具备的形式,当事人必须遵守这种规定,违背法定形式的合同无效。如果法律没有规定,当事人可以通过协议确定合同的形式。

合同的具体形式如下:

①口头形式。由于口头形式缺乏文字根据,后果重大、内容复杂的合同不宜采用。

②书面形式。书面形式明确肯定,有根有据,对于预防和处理合同纠纷,有很重要的作用。我国经济合同法第三条规定:"经济合同,除即时清结者外,应当采用书面形式。"

③公证形式。这是一种特殊的书面形式。书面合同经过公证后,其内容和效力取得了最有力的证明。事关重大、易生争议的合同和涉外合同,以采用公证形式为宜。

按照法律规定或当事人约定,有些合同还需要签证或经主管部门核准登记。这些程序性质的要求,也是合同的形式要件。

七十七、合同的主要条款有哪些?

1. 合同的主要条款。

主要条款是相对于普通条款而言的。确定合同主要条款的根据是法律的规定、合同的性质和当事人的约定。一般合同的主要条款有三:

①标的。标的就是双方当事人的权利义务共同指向的对象。

②价款(酬金)。价款是一方为取得标的而向他方支付的代价,它是有偿合同的必要条款。

③期限。期限包括合同的有效期限和履行期限。有效期限,是指自合同成立至合同终止的期间。履行期限,是指当事人行使权利、履行义务的具体时间,如什么时候交货,什么时候付款等。

2. 主要条款和普通条款的关系。

普通条款,是主要条款以外的合同条款,一般说来,包括包装要求、交付地点、运送方法、验收程序、付款方式、违约责任等。如经法律规定和当事人约定,也可以把上述条款作为主要条款。

合同欠缺必须具备的主要条款,原则上应视为合同未成立。

主要条款已经具备,普通条款不齐全的,应视为合同已成立。

七十八、合同担保的方法有哪些?

合同的担保指双方当事人为保证合同的履行而采取的具有法律形式的保证措施。其主要方法如下:

1. 违约金。

违约金指一方不履行或不适当履行合同时,要给付对方一定数量的金钱。

违约金的规定可能是法律的要求,也可能是双方的约定。

违约金的支付,有的属惩罚性的,有的属补偿性的,或二者兼有。

2. 定金。

定金指一方当事人在签订合同时事先给付对方一定数量的金钱。

定金具有合同成立标志的性质,也具有保证合同履行的性质,即不履行义务时对方就不返还定金了,还具有预付款的性质。

3. 留置。

留置就是一方当事人对已被其占有的对方财产,由于对方不履行合同而采取的扣留措施。如《经济合同法》规定,承揽人接受定做人的来料加工,在定做方超过六个月不领取定做物时,承揽方有权将定做物变卖,并从所得价款中优先受偿。

4. 保证人。

这就是双方当事人在合同中规定,当义务人不能履行合同时,由第三人代为履行的方法。这第三人叫保证人。

七十九、什么叫损害赔偿之债？

1. 损害赔偿之债的概念。

损害赔偿之债,是指一方(加害人)不法侵害另一方(受害人)的财产权利或人身权利,而造成经济上的损失时,应当依法予以赔偿。

2. 损害赔偿之债的特征。

①损害赔偿是一种民事法律制裁。在性质上不同于行政制裁或刑事制裁中的罚款、罚金、没收财产等。这种民事法律制裁是赔偿性的,行政法、刑法中的经济制裁则是惩罚性的。

②损害赔偿是一种财产责任。即以自己的财产去补偿受害人的财产损失。

③损害赔偿是针对侵害所有权、人身权的违法行为而采用的制裁手段。损害赔偿的民事责任不同于违反合同义务的民事责任。侵权行为侵害的是所有权、人身权,违反合同义务的行为侵害的则是债权。

④损害赔偿是适用于侵权行为的民事制裁。但是,它并不排除其他的制裁方法。例如,对于侵害所有权和人身权的违法行为,还可以追究行政责任或刑事责任。

八十、构成损害赔偿责任的条件有哪些？

损害赔偿责任的构成,包括以下四个不可缺少的条件。

1. 损害的事实是客观存在的。

损害已经实际发生,是确定赔偿责任的前提。在民法中,如果损害并未实际发生,就谈不上赔偿问题。

2. 造成损害的行为是违法的。

如果造成损害的行为不具有违法性,而是合法的,行为人不负损害赔偿责任。能够造成损害的合法行为,主要包括:职务授权行为,正当防卫行为,紧急避险行为,其他为社会所公认的合法行为。

3. 违法行为和损害事实之间是有因果关系的。

4. 行为人是有过错的。

前三项都是损害赔偿责任的客观要件,行为人的过错则是损害赔偿责任的主观要件。行为人只有出于自己的过错,才对损害承担赔偿责任。这里所说的过错,包括故意和过失。如果行为人没有过错,除个别情况外,即使他的行为造成了损害,也不能追究赔偿责任。

故意和过失的区别,对确定民事责任和赔偿的范围并无重要意义。但是,在除了损害赔偿外是否还要追究其他法律责任(行政责任、刑事责任)的问题上,将故意和过失加以区别是有重要意义的。

由于损害赔偿责任采取过错原则,所以,由于不可抗力、无法预见或受害人自己的过错等原因而造成的损害,行为人不负赔偿责任。

八十一、什么叫智力成果权?

智力成果权,指智力成果的创造者依法对其智力成果所享有的权利,包括人身权利和财产权利。

智力成果权的种类,有著作权、发明权、专利权、商标权等。

八十二、试述财产继承权的概念和特征。

1. 概念。

财产继承权,是指继承人依法承受被继承人死亡后所遗留的财产的权利。

被继承人和继承人都只能是公民(自然人)。但是,国家和法人可以作为遗赠受领人。

财产继承分为法定继承和遗嘱继承两种。

2. 特征。

①继承权是与所有权相联系的。一方面,有了所有权才有继承权,可供继承的只能是死者生前所有的财产。另一方面,保护继承权又是保护所有权的必然要求;从一定意义上来说,继承权是对所有权的一种补充。

②继承权是与一定的身份关系相联系的。这一点,主要是就法定继承而言的,某些遗嘱继承人和死者之间也有一定的身份关系。

③继承权的实现是与一定的法律事实相联系的。在法定继承中,这种法律事实就是被继承人的死亡。在遗嘱继承中,这种法律事实是一种事实构成,即遗嘱行为和遗嘱人的死亡。

八十三、什么叫法定继承?

1. 法定继承的概念。

法定继承,是继承人的范围、顺序和遗产的分配都由法律加以规定的一种继承方式。

法定继承人都是被继承人的一定范围的亲属。这种继承方式,对于保护死者近亲属的财产权益、实现家庭的经济职能,都有很重要的意义。

2. 法定继承人的范围。

①配偶。配偶之间的继承权是以夫妻人身关系为依据的。

②子女。子女既包括婚生子女,也包括非婚生子女;既包括亲生子女,也包括养子女、符合婚姻法第二十一条第二款规定的继子女。

③父母。这里所说的父母,也包括养父母和符合婚姻法第二十一条第二款规定的继父母。

④兄弟姊妹、祖父母、外祖父母。

⑤从审判实践来看,丧失配偶的儿媳和公婆之间,丧失配偶的女婿和岳父母之间,有扶养关系的,彼此之间也互有继承权。

2. 法定继承人的顺序。

①第一顺序继承人:配偶、子女、父母。

丧失配偶的儿媳和公婆之间,丧失配偶的女婿和岳父母之间,有扶养关系的,可适用第一顺序。

②第二顺序继承人:兄弟姊妹、祖父母、外祖父母。

确定顺序的意义在于,有第一顺序继承人时,只能由第一顺序继承人继承。如果没有第一顺序继承人,或者他们都放弃继承或被剥夺继承权,始得由第二顺序继承人继承。

在遗产的分配上,同一顺序的继承人享有平等的权利。在处理具体问题时,首先应照顾未成年的、无劳动能力的继承人,其次还应考虑继承人对被继承人所尽义务的多少,以及继承人生活上的实际需要等。既要保护继承人的合法权利,又要防止绝对平均主义。

3.代位继承。

代位继承,是指法定继承人在继承开始前死亡的,其应得的遗产由其直系晚辈血亲代其继承。

在代位继承人不止一人时,他们只能共同分配被代位人的应继份,而不能以个人为单位,同其他法定继承人平分遗产。

八十四、什么叫遗嘱继承?

1.遗嘱继承的概念。

遗嘱是被继承人生前对其遗产所作的预先的处分,按照遗嘱的内容来继承遗产,就叫作遗嘱继承。

遗嘱是一种单方法律行为,于遗嘱人死亡时生效。

2.遗嘱的有效条件。

①遗嘱人必须有行为能力。

②遗嘱中的意思表示必须真实。

因受威胁、诈欺而立的遗嘱,以及他人伪造、篡改的遗嘱,都是无效的。

③遗嘱的内容必须合法。

遗嘱人有权处分其遗产,但是,遗嘱不得违反国家的法律,不得取消或者减少法定继承人中的未成年人和无劳动能力人应得的遗产份额。否则,应宣布遗嘱全部无效或部分无效。

④遗嘱必须具备一定的形式。

公证遗嘱,由遗嘱人经公证机关办理。

自书遗嘱,由遗嘱人亲笔书写,签名,注明年、月、日。

代书遗嘱,应当有两个以上见证人在场见证,由其中一人代书,注明年、月、日,并由代书人、其他见证人和遗嘱人签名。

以录音形式订立的遗嘱,应当有两个以上见证人在场见证。

遗嘱人在危急情况下,可以立口头遗嘱。口头遗嘱应当有两个以上见证人在场见证。危急情况解除后,遗嘱人能够用书面或者录音形式立遗嘱的,所立的口头遗嘱无效。

但是,下列人员不能作为遗嘱见证人:无行为能力人、限制行为能力人;继承人、受遗赠人;与继承人、受遗赠人有利害关系的人。

3. 遗赠。

遗赠,是指公民通过遗嘱将其遗产的一部分或全部赠给国家、集体组织,或将遗产中的特定财物赠给其他公民。这也是遗嘱人处分其遗产的一种方式。它是一种在遗嘱人死后生效的赠与行为。

遗赠与遗嘱继承有关,它们都是以遗嘱为根据。但是,遗赠受领人不同于遗嘱继承人,他并不直接参与遗产的分配,而是从继承人那里得到遗产。继承人在其所得遗产的实际价值的范围内,有依嘱执行遗赠的义务。

遗赠受领人不接受遗赠时,遗赠财产按照法定继承的方式处理。

如果受赠人先于遗嘱人死亡,遗赠无效。

八十五、什么是经济法? 我国经济法的调整对象如何?

经济法是调整一定经济关系的法律规范的总称,也可以叫领导、组织、管理经济和经营协作法。它的调整对象是:

1. 调整国民经济在管理活动中所发生的经济关系。国民经济是一个复杂的有机整体,各部门、各企业之间存在着相互依存、相互制约的关系。因此,国家在确立一套科学的经济管理体制的基础上,运用经济法来调整国民经济管理工作中的经济组织关系,是经济法的重要任务之一。如通过法的形式明确各级经济主管机关和各经济组织的性质、任务和活动原则,明确国家各经济主管机关和企业的权利、义务及相互关系等。

2. 调整社会主义组织之间在经济协作活动中所发生的经济关系。我国在今后相当长的时期内允许多种经济成分存在,允许经济竞争,就应运用法律手段明确占有、使用和处分权。

3. 确认社会主义组织和其他社会团体的内部的组织结构和经济责任等。如调节经济组织内部生产和管理的科、室、车间的职责、权利、义务。

八十六、我国经济法有哪些特有的基本原则?

1. 遵循客观发展规律的原则。经济法必须遵循客观规律,主要是指必须遵循客观经济规律,同时还必须遵循和社会生产有关的自然规律。从经济规律来说,既有在一切社会形态或几个社会形态都发生作用的经济规律,又有在某一个社会形态发生作用的特有的经济规律。在一切社会形态发生作用的经济规律,如生产关系要适应生产力性质的规律;在几个社会形态发生作用的经济规律,如价值规律;社会主义社会所特有的,如基本经济规律、有计划按比例规律、按劳分配的规律等等。我们的党和国家正是在全面认识和运用这些规律的基础上制定出了自己的方针和政策,而这些方针和政策需要通过各种经济法规使它具体化、条文化,这就表现为取得普遍遵守的经济法律形式。所以经济法必须遵守客观经济规律。

另一方面,制定经济法还必须遵守和社会生产有关的自然规律,如生态平衡规律、技术规律等等,如果违背它们,就要受到惩罚。

2. 发展有计划的商品经济的原则。社会主义计划经济必须自觉依据和运用价值规律,它是在公有制基础上的有计划的商品经济。只有充分发展商品经济,才能把经济真正搞活,促使各个企业提高效率,灵活经营,灵敏地适应复杂多变的社会需求,而这是单纯依靠行权手段和指令性计划所不能做到的。但同时还应该看到,即使是社会主义的商品经济,它的广泛发展也会产生某种盲目性,必须有计划地指导、调节和行政管理,这在社会主义条件下是能够做到的。因此,实行计划经济同运用价值规律、发展商品经济,不是互相排斥,而是统一的。

3. 巩固和发展社会主义所有制的原则。所有的法律都是保护社会主义所有制的。但经济法除直接保护以外,还要规定怎么发展社会主义所有制,特别要通过不断调整社会主义公有制的各种经济关系,促进企业改善经营管理、组织进行协作,推动企业发展生产,促进联合,扩大社会主义阵地。

4. 遵守国家统一领导和经济组织相对自主的原则,即民主集中制原则。社会主义经济客观上要求由国家统一领导,同时又要求这些经济组织有相对独立的权利。这二者是相辅相成的,没有国家统一领导就没有计划经济;而对千千万万个企业、组织、公司等,也应当给以必要的自主权,确认它应有的法律地位,保障它应得的物质利益,以增强社会主义经济的活力,促进经济发展。

5. 遵循责权利效相结合的原则,这个原则是经济法所特有的基本原则。责即经济责任,权即经济权限,利即兼顾国家、集体和个人的物质利益,效即注重效益的原则。经济法既然是管理经济和经营协作的法律,各个组织必然要承担经济法律责任,应当具有相对自主的法律地位,享受和行使它应当有的经济权利,应当给予独特的物质利益,但是这种物质利益是建立在经济效益基础上的。这就是经济法责权利效相结合的原则。

八十七、什么是国民经济计划法、国营工业企业法、商业法、财政法和金融法?

1. 国民经济计划法是调整国家机关、企业事业单位及其他社会组织,在国民经济计划的编制、审批、执行、检查、监督方面所发生的各种关系的法律规范体系。

2. 国营工业企业法是调整国家对国营工业企业的管理和国营工业企业生产经营活动的法律规范体系。

3. 商业法是调整国家对商业企业管理活动和商品流通活动(包括收购、零售、批发、调拨、储存等)的法律规范体系。

4. 财政法是调整国家财政收入与管理关系的法律规范体系。

财政法主要包括预算法和税法。

5.金融法是确定金融机构地位和调整货币资金流通关系的法律规范体系。

财政法和金融法的特征在于：①是对部分产品或资金的分配和再分配的活动。②直接依靠国家的强制力保证实施。③无偿性。

八十八、什么是经济纠纷的调解？

经济纠纷的调解是主管的行政组织对于经济法律关系当事人之间的经济纠纷所进行的调解。

经济调解要遵循当事人自愿、调查研究、明确责任和合法的原则。

当事人间发生经济纠纷后若不能自行和解，可由一方或双方当事人向主管机关提出调解的申请，而主管机关必须受理。

申请调解的期限是，申请人自他知道或应当知道被侵权之日起一年内提出。如有正当理由，超过一年的也可作为特殊情况予以受理。否则，一般不予受理。

调解成立后要制作调解书，它具有法律效力。

八十九、什么是经济纠纷的仲裁？

经济仲裁即经济纠纷的仲裁。当事人双方对事件或问题的争执，由仲裁机关居中调解，做出判断和裁决即叫经济仲裁。所以仲裁是第三者的行为。

经济仲裁机关，是指按法律规定对经济纠纷进行裁决的行政机关。我国经济合同仲裁条例规定，经济合同的仲裁机关是国家工商行政管理局和地方各级工商行政管理局。局下普遍设经济合同仲裁委员会，它是统一受理经济合同纠纷案件的专门仲裁机构。委员会设专门仲裁员，还可聘请兼职仲裁员。通常，解决重要的经济合同纠纷案件，是由三人组成仲裁庭解决。简单的经济合同纠纷案件，可以由一个经济仲裁员解决。

经济仲裁程序是：①提出仲裁申请，递交仲裁申请书和副本。②接受仲裁申请。如申请符合规定要在七天内立案，五天内把副本送达被诉人，被诉人要提交答辩书。③认真调查和取证。④进行调解，达成协议时制作调解书。⑤组织仲裁。调解没有达成协议，或调解书送给双方以前一方反悔或双方反悔，即进行仲裁，并将仲裁决定书递交双方。如对仲裁不服，可在十五天内向法院起诉。⑥裁决的执行。已经发生效力的调解书或仲裁决定书，应由仲裁机关监督执行；如一方当事人不执行，可向法院申请要求执行。

此外，还有涉外仲裁，它的机关是海事仲裁委员会和对外贸易仲裁委员会，解决海事和外贸中发生的纠纷。

九十、什么是经济司法？

经济司法是人民法院和人民检察院对经济纠纷案件、经济犯罪案件、涉外经济案件所进行的诉讼活动。

九十一、什么是婚姻法？它有哪些特征？

婚姻法是调整婚姻关系和家庭关系的法律规范的总和。

婚姻法所调整的社会关系具有人身关系和财产关系的双重性质。其中,具有特定身份的人们之间的人身关系是主导性的,而财产关系是从属性的。

婚姻法的主要特征是:①它适合于全体公民。②它有鲜明的伦理性。③它的规范多是命令性的。

九十二、试述我国婚姻法的基本原则?

1. 婚姻自由原则。

2. 一夫一妻原则。

3. 男女平等原则。

4. 保护妇女、儿童和老人合法权益的原则。

5. 计划生育的原则。

九十三、结婚必须具备哪些条件和必须排除哪些条件?

结婚是一种具有重要法律意义的行为,是夫妻关系借以建立的法律事实。按照我国婚姻法的规定,结婚当事人必须同时具备以下五个条件:

1. 男女双方完全自愿。

2. 到达法定婚龄。"结婚年龄,男不得早于二十二周岁,女不得早于二十周岁。"

3. 符合一夫一妻制。

4. 没有禁止结婚的血亲关系。婚姻法规定,直系血亲和三代以内的旁系血亲禁止结婚。

5. 没有禁止结婚的疾病。如患麻风病未经治愈或患其他在医学上认为不应当结婚的疾病的,禁止结婚。

九十四、夫妻间有哪些权利和义务?

1. 夫妻双方都有各用自己姓名的权利。

2. 夫妻双方都有参加生产、工作、学习和社会活动的自由。

3. 夫妻双方都有计划生育的义务。

4. 夫妻对共同财产有平等的处理权。

5. 夫妻有互相扶养的义务。

6. 夫妻有互相继承遗产的权利。

九十五、离婚的法律后果如何?

1. 对离婚的双方当事人:①解除夫妻身份关系。其中包括解除由于夫妻身份关系所带来的法定权利义务,如解除扶养义务,丧失相互继承遗产的权利,获得再次结婚的自由。②变更夫妻间的财产关系。其中包括分割共同共有的财产,清偿债务,一方生活困难、另一方应给与适当的经济帮助。

2. 对子女:①父母与子女的关系,不由于其父母离婚而解除。②要妥善解决离婚后子女由何方抚养的问题。③对子女抚养费用的负担问题。

九十六、什么是刑事诉讼法？我国刑事诉讼法的主要任务是什么？

刑事诉讼法就是指规定司法机关办理刑事案件程序的法律规范的总和。也可以说，它是调整刑事诉讼过程中产生的社会关系的法律规范的总和。

刑事诉讼法是实现刑事实体法（刑法）的程序法。①

我国刑事诉讼法的主要任务有三项。

第一，保证准确、及时地查明犯罪事实，正确运用法律来惩罚犯罪分子。司法机关处理刑事案件，它的锋芒直接指向犯罪分子，使其得到应有的处罚。

要达到这个目的必须做到：第一步，一定要把犯罪事实搞清楚，要揭露事实的真相。第二步，要针对犯罪事实，对罪犯进行定罪、量刑。刑诉法就是要保证这个任务的实现。

第二，保证无罪的人不受刑事追究。要坚持做到不放纵一个坏人，不冤枉一个好人。这二者不可偏废。

同刑事犯罪进行斗争以及处理刑事案件的过程要涉及到被告人的荣誉、财产、自由权利，甚至涉及到生命问题，是一个极严肃的事情。而犯罪分子又往往企图用各种手段掩盖自己的犯罪行为。刑事案件如果搞错了，其后果极严重。所以，国家要求司法人员必须同过去剥削阶级的野蛮的司法传统作风作斗争。

第三，教育公民自觉遵守法律，积极同犯罪行为作斗争。

我国人民群众的利益和国家利益在根本上是一致的。人民群众通过刑事诉讼的过程，可以清楚地看到和体会到犯罪的危害性，因而就能激发他们自觉地同犯罪作斗争，就会增强他们自己的守法观念。

总之，我国刑诉法积极地实现和维护社会主义法制，保护公民的权利，保障社会主义革命和建设的顺利进行。

九十七、我国刑事诉讼法有哪些基本原则？各项基本原则的主要意义是什么？

刑事诉讼法的基本原则，是指人民法院、人民检察院、公安机关在刑事诉讼活动中必须遵守的基本准则，它贯穿在整个刑事诉讼法所规定的各种重要制度和程序中。

刑事诉讼法的基本原则有：司法机关依法行使职权的原则；依靠人民群众，以事实为根据、以法律为准绳，做到一切公民在法律适用上一律平等的原则；司法三机关分工负责，互相配合，互相制约的原则；各民族公民有用本民族语言文字进行诉讼的权利的原则；两审终审制原则；法院公开审判，被告人有权获得辩护的原则；人民陪审员参加陪审的原则；保障诉讼参与人依法享有诉讼权利的原则；不应追究刑事责任的不追诉的原则；外国人犯罪应当追究刑事责任的应适用我国刑事诉讼法的原则等。

刑事诉讼法的基本原则的根本意义在于保证正确地处理各种案件，实现刑事诉讼

---

① 实体法，指规定人们在政治、经济、文化、家庭、婚姻等方面的本体的权利义务关系的法律，如宪法、民法、刑法、婚姻法，等等。程序法，指规定为实现实体法中权利义务关系而调整诉讼活动过程的法律，有刑事诉讼法、民事诉讼法。

法的任务。

司法机关依法行使职权的原则,明确划分了三机关的职权范围,是为了保证它们各司其职,防止互相超越职权和出现违法乱纪现象,也防止互相推诿而影响同犯罪作斗争,切实做到分工合作,共同完成刑事诉讼任务。刑事诉讼法还规定侦查权、检察权和审判权由司法机关行使,其他任何机关、团体和个人都无权行使,这就保证国家法律的统一实施。

司法机关进行诉讼活动,必须依靠群众的原则,一是可以得到广大人民群众的支持,迅速、准确地惩罚罪犯;二是把专门机关置于广大群众监督之下,可以少犯错误;三是可以使群众受到教育,增强维护法制的自觉性。

司法机关分工负责,互相配合,互相制约的原则,可以保证准确有效地执行法律。

各民族公民有权用本民族语言文字进行诉讼的原则,是党的民族政策的体现,也是正确处理案件所必须的。

关于被告有权获得辩护的权利,意义在于保障被告人的合法权益,体现了社会主义民主精神,也在于使司法机关客观、全面地了解案情,正确地适用法律。

保障诉讼参与人的诉讼权利的原则,有利于诉讼活动的顺利进行。

回避,两审终审制,不应追究刑事责任的不追诉等原则,都是为了便于弄清事实,正确适用法律,既不放纵一个坏人,也不冤枉一个好人。

追究外国人犯罪适用本法的原则,是国家主权原则在刑事诉讼法中的具体体现。

(注:要扼要地了解一下每项原则的主要内容。)

九十八、略述刑事诉讼法中的管辖制度、回避制度、附带民事诉讼制度的主要内容。

1.管辖制度。管辖,是指刑事案件由司法三机关中哪个机关来处理,以及由哪一个法院来审理的职责分工问题。管辖可分为职能管辖和审判管辖。

职能管辖,是法院、检察院、公安机关受理案件的权限的划分,解决这三个机关的职责分工问题。①对于告诉才处理和其他不需要进行侦查的轻微刑事案件,由人民法院直接受理。②贪污罪、侵犯公民民主权利罪和渎职罪,以及人民检察院认为需要自己直接受理的其他案件,直接由人民检察院立案侦查。③其他案件的立案侦查,都由公安机关进行。

审判管辖,是人民法院组织系统内上下级之间以及同一级各法院之间对案件审判权限的划分,是解决不同法院之间的职责分工问题。审判管辖可分为:①审级管辖。这是指上下级法院对审判第一审案件的权限分工。除依法应由上级人民法院管辖的案件外,第一审刑事案件都由基层人民法院管辖。中级法院管辖的第一审刑事案件有反革命案件,可判无期徒刑、死刑的普通刑事案件,外国人犯罪或者我国公民侵犯外国人合法权利的刑事案件。由高级法院管辖的第一审刑事案件,是全省性的重大刑事案件。由最高法院管辖的第一审刑事案件,是全国性的重大刑事案件。上级法院在必要时可以审判下级人民法院管辖的第一审刑事案件,也可以把自己管辖的第一审刑事案件交由下级法院审判,下级法院如果认为案情重大、复杂,也可以请求将案件移送上一级法院审判。②地区管辖。这是指同级地方法院之间在审判第一审刑事案件方面的权限分工。地区管辖又有下列几种情况:犯罪地法院管辖、居住地法院管辖、指定管辖。③专门管辖。这是指有些刑事案件依照法律规定应由专门法院管辖。专门法院包括军事法院、铁路运输法院、海事法院、水上运输法院、森林法院等。凡属专门法院管辖的案件,即不归普通法院管辖。

2. 回避制度。这是指审判、检察、侦查等人员,由于与案件有利害关系或其他关系,可能影响公正处理案件而不能参加本案诉讼活动的制度。有下列情况之一的应主动要求回避,当事人及其法定代理人也有权要求他们回避:①是本案的当事人或者是当事人的近亲属。②本人或本人的近亲属与本案有利害关系。③担任过本案的证人、鉴定人、辩护人或者附带民事诉讼当事人的代理人。④与本案当事人有其他关系,可能影响公正地处理案件。此外,对于上级法院发回重审或再审的案件,当事人认为原承办人员继续审理此案不适宜时,也可申请回避。回避也适用于书记人员、鉴定人和翻译人员。当事人申请回避时,如各该有权决定回避的机关认为理由不充分,可以驳回。对驳回的决定,当事人可以申请复议一次。

3. 附带民事诉讼制度。这是指司法机关在刑事诉讼过程中,根据被害人等的申请,为了处理被告人的犯罪行为所直接造成的经济损失进行赔偿的一种诉讼活动。

有权利提起附带民事诉讼的,首先是被害人,其次是检察机关。检察院在公诉时可以提出被告人同时赔偿造成的损失,法院可以查封被告人的财产和扣押他的东西。附带民事诉讼应该与刑事诉讼一块审判。只有在为了避免过多地延长刑事案件处理时间时,才允许在刑事案件审判后,再由同一合议庭审理附带民事诉讼案件。

九十九、辩护原则和制度的主要内容和意义是什么?

刑事诉讼法规定,被告人有权获得辩护,而且人民法院有义务保证被告人获得辩护。这是一项重要的诉讼原则。辩护权是被告人的一项主要诉讼权利。

辩护权,是指被告人就被指控的犯罪行为的真伪、情节的轻重、定罪量刑是否恰当,有关机关对他所采取的追诉措施是否合法等问题为自己进行辩解和反驳控诉的权利。被告人的辩护权,从侦查到审判阶段都可以行使。

辩护权,首先由被告人本人行使。此外,还可委托下列人员为他辩护:①律师;②人民团体或被告人所在单位推荐,或者人民法院许可的公民;③被告人的近亲属、监护人。

公诉人出庭公诉的案件,被告人为聋、哑、盲或未成年人的案件,如果没有委托辩护人,法院要为他指定辩护人。

保障被告人辩护权的意义在于:①保障被告人的刑事诉讼主体的地位,使他有充分表达本人意见的机会,行使法定的权利。②帮助法庭正确地弄清案件情况和适用法律,公正判决。③有利于人民群众对司法机关的活动实行监督,使他们全面了解案情,更好地从中受到法制教育。

一〇〇、什么是刑事诉讼中的证据? 证据有哪几类? 应当怎样正确对待各类证据?

凡是证明案件真实情况的一切事实都是证据。

证据必须具备三个条件:①必须是客观事实;②必须与案件有联系,对查明案情有意义;③其来源、收集和查实,要有法律的规定。

证据有六类:

1.物证和书证。

物证,是证明犯罪的物品和物质痕迹。包括犯罪工具(如刀枪、毒药等),带有犯罪痕迹的物品,犯罪侵犯的对象物(如赃物、尸体、烧坏的房屋)等。

书证,是特定的、在内容上对案件事实具有证明意义的书面材料。如身份证、书信、票据、账目等。

严格地说,书证也是物证的一种。但有区别:①书证主要取其内容上的意义,而作为物证的文件是取其外部特征(如涂改);②书证文件可以为其他文件代替,但物证文件不可。在实践中,有许多证据文件既是书证,又是物证。

2.证人的证言。

证人的证言是指证人根据司法机关的通知,对他耳闻目睹或他所知道的一切与犯罪有关的事实所作的陈述。

在生理和精神上有缺陷,或年幼不能辨别是非,不能正确表达自己的意见的人,不能当证人。另外,同案犯不能互相作证人;但有的被告人已处理完毕,他就可以充当证人。被告人的辩护人也不能充当证人。除此情况外,一切知道情况的人都有义务提供证言。

证人的证言是普遍的、主要的证据。但证人的证言不是完整无缺的。证人证言必须经过公诉人、被害人和被告人、辩护人双方的讯问和质证,听取各方面证人的证言,即要经过详细的查实之后,才能作为定罪的根据。法庭如果查明证人作伪证或隐匿罪证,要给予法律处分。

3.被害人陈述。

这是指直接遭到犯罪行为侵害的人,如实向司法机关反映侵害事实经过。由于他直接受害,所以知道得具体,但也容易强调对自己有利的一面。

4.被告人的供述和辩解。

被告人承认自己有罪和否认自己有罪,或认为自己罪轻的一种陈述。

这之所以是证据的一种,是因为他对自己的罪行最了解。但他对案件处理结果利害关系大,所以他的口供往往有虚伪性,把它作为证据时要十分慎重。

从历史上看,对口供采取什么态度,往往是测量司法机关性质的一种尺度。剥削阶级的司法机关迷信口供,所以搞刑讯逼供。在社会主义社会,被告人是诉讼主体,他做有利于自己的陈述,是行使他的辩护权利;而他承认自己的罪行,只是表明他的悔罪态度(这对他是有利的)。

我们的法律要求重证据,重调查研究,不轻信口供。如果一个案件只有被告人自己的口供而无其他证据,不能认为是犯罪,也不能适用刑罚;相反,没有口供,证据充分、确实,也可以认定被告人有罪和处以刑罚。

5.鉴定结论。

这是对案件涉及的专门知识或技术问题进行鉴定的专家(鉴定人)所做的结论。如法医对尸体解剖的结论。

这种证据的特点:首先是鉴定人与案件无利害关系,事先对案件无所了解,因而他的地位不是特定的;其次,鉴定人只提供技术性、知识性证据。

鉴定人所提供的证据应该正确,但也可能不正确。所以,司法机关要判断其可靠程度。还要指出,司法机关不受鉴定结论的约束;司法机关的结论可与鉴定结论不同。

随着科学技术的发展,鉴定结论的证据意义不断增加。

6.勘验和检查笔录。

这是侦察人员在诉讼活动中,通过勘验和检查现场、物证、尸体等同犯罪有关的各种情况所做的笔录。

这种证据的特点:提供证据的主体是侦察人员。它仅仅对情况进行客观记载。它具有综合性的证明作用,但没有新的证明作用,不过是把客观存在的、已有的证据固定化。一般地说,它的可靠性比较大。但侦查人员也受主客观因素的影响,因而也可能有错误。

证据是认定犯罪的唯一根据。司法机关有权向有关单位和公民来收集和调查证据。凡伪造、隐匿、毁灭证据者,要受法律追究。

此外,法律规定,司法机关所制作的司法文件,都应当是以事实为根据的,如果司法人员故意隐瞒事实真相,要受法律追究。

在证据理论上,有两个要讨论的问题:

①证明责任(举证责任)。即谁有义务提供证据,证明案件事实。按照法律规定,审判、检察、侦查机关及其人员有此责任和义务。被告人无此义务,但有反驳控诉的权利。我们的法律要求被告人如实回答问题,这不是说被告人有举证义务,而是因为这样做对他有好处。

②罪行的推定(假定)。这是指在整个刑事诉讼活动中,在法院判决或裁定正式生效前,对被告人的罪行作什么样的假定。

在剥削阶级国家,尤其封建国家实行有罪推定论,先把被告人当有罪人看待,所以搞刑讯。另一种是无罪推定论,把被告人先当成无罪的,最后根据证据作出有罪或无罪的结论。自由资产阶级一般是无罪推定论,苏联也实行无罪推定论。我国有人主张:以事实为根据、以法律为准绳。

一〇一、什么是刑事诉讼中的强制措施？它有哪些强制措施？

强制措施,是指司法机关为了有效保证侦查和审判工作的顺利进行,依法对被告人或重大嫌疑分子的人身自由采取的各种暂时的强制性方法。它是司法机关同犯罪分子作斗争的一种重要手段。

根据刑事诉讼法的规定,强制措施有拘传、取保候审、监视居住、逮捕和拘留等五种。

拘传:指审判机关对于经合法传唤后无正当理由而不到案的被告人,强制其到案的一种措施。

取保候审:指责令被告人提出与本案无利害关系的第三者出具保证书,担保被告人不逃避侦查和审判并随传随到的一种强制方法。

监视居住:指限令被告人在指定的地区居住,并对其行动加以监视的一种强制方法。

逮捕:是一种以羁押方式对被告人人身自由权利加以限制的强制措施。它是最严厉的强制措施。

拘留:是公安机关在紧急情况下,对罪该逮捕的现行犯或重大嫌疑分子依法采取的一种限制人犯人身自由的临时性强制措施。它与行政拘留性质不同,与逮捕也不同。

一〇二、我国刑事诉讼法的普通程序包括哪几个环节？

1. 立案:指司法机关在审查控告、检举、自首的材料,认定有犯罪事实存在、依法需要追究刑事责任,决定作为一起刑事案件进行侦查或调查的一种诉讼活动。

2. 侦查:是指公安机关、人民检察院在办理案件的过程中,依法对犯罪案件进行的专门调查工作和采取有关强制措施的诉讼活动。

3. 提起公诉:指人民检察院以国家公诉人的身份,将刑事案件提请人民法院审判的一种诉讼活动。

4. 审判:是人民法院对案件进行审理和裁决的诉讼活动。

5. 执行:指有关国家机关依照法定程序将已经发生法律效力的判决或裁定,按其内容和要求加以实现的一种活动。

一〇三、什么是死刑复核程序？什么是审判监督程序？

死刑复核和审判监督程序,属于我国刑事诉讼中的特殊程序。

死刑复核程序,是对死刑的判决或裁定进行审查、核准的制度。这是我国法律规定对死刑采取的一种特殊的监督程序。目的在于对死刑实行严格控制,以避免错杀、多杀。

审判监督程序,是人民法院依法对已经发生法律效力的判决和裁定,确认其有错误而重新进行审查处理的一种特殊程序。

一〇四、略述 1983 年 9 月 2 日全国人大常委会通过的两个文件的内容及其意义。

1983 年 9 月 2 日全国人大常委会通过的《关于迅速审判严重危害社会治安的犯罪分子的程序的决定》,其主要内容是:

1. 对杀人、强奸、抢劫、爆炸和其他严重危害公共安全应当判处死刑的犯罪分子,主要犯罪事实清楚,证据确凿、民愤极大的,应当迅速及时审判,可以不受刑事诉讼法第一百一十一条规定的关于起诉书副本送达被告人期限(至迟在开庭前七日),以及各项传票通知书送达期限(至迟在开庭前三日)的限制。

2. 前列犯罪分子的上诉期限和人民检察院的抗诉期限,由刑事诉讼法第一百三十一条规定的十日改为三日。

通过的《关于修改〈中华人民共和国人民法院组织法〉的决定》,其主要内容是:

1. 删去第九条"人民法院审判第一审案件实行人民陪审员陪审的制度";对第十条第二款"人民法院审判第一审案件,由审判员和人民陪审员组成合议庭进行",修改为"人民法院审判第一审案件,由审判员组成合议庭或者由审判员和人民陪审员组成合议庭进行"。

2. 第十三条"死刑案件由最高人民法院判决或者核准"修改为"死刑案件除由最高人民法院判决的以外,应当报请最高人民法院核准。杀人、强奸、抢劫、爆炸以及其他严重危害公共安全和社会治安判处死刑的核准权,最高人民法院在必要的时候,得授权省、自治区、直辖市的高级人民法院行使"。

全国人大常委会根据实践经验和形势的要求,及时地将《中华人民共和国刑事诉讼法》和《人民法院组织法》做出修改,具有重要意义:

1. 党的十一届三中全会以来,全国的政治、经济形势很好,但社会治安却长期没有得到根本好转,刑事案件发案率一直较高,恶性案件时有发生,人民群众缺乏安全感。严惩犯罪分子反映了广大人民的愿望,是保护人民生命、财产安全,保卫国家利益的需要,是坚决贯彻中央"依法从重从快"的方针,及时、准确地严惩刑事犯罪,扭转社会治安状况的有力措施。

2. 完全符合扭转我国当前社会治安不正常的状况的需要。这两个文件缩短司法机关办案周期,减少不必要程序,进一步明确必要情况下的职责权限。这样就可以有效提高办案效率,进一步加强社会主义的法制建设,巩固人民民主专政。

3. 它是进一步实现社会风气根本好转的需要,是发展社会主义民主,进一步发展安定团结的政治局面,进行四化建设的保证。

一〇五、什么是民事诉讼法?

民事诉讼法是调整人民法院和诉讼参与人在审判民事案件过程中所进行的活动,以及由此而引起的诉讼关系的法律规范的总和。

这表明民事诉讼法包含以下几点特殊内容:

1. 在民事诉讼活动中占主导地位的,始终是人民法院。换言之,民事诉讼法最主要的是规定人民法院如何行使民事案件的审判权。

2.民事诉讼法就是处理民事案件的程序法。

3.民事诉讼活动的目的,在于处理案件,解决民事纠纷。这里所说的民事纠纷也包括婚姻法律关系和部分经济法律关系方面的纠纷,以及某些行政法律关系等方面的纠纷。

一〇六、我国民事诉讼法有哪些特有的基本原则?

作为程序法的民事诉讼法,它的许多原则和刑事诉讼法是共同的,但由于二者性质和任务的不同,民诉法还有自己独具的基本原则。

1.当事人诉讼权利平等。①我国公民都享有平等的民事权利和诉讼权利,诉讼权利是用来保护民事权利的。民事权利平等是民诉权利平等的前提,但没有民诉权利的平等,民事权利的平等也是不能实现的。②在整个民诉活动过程中,双方当事人的诉讼权利是平等的,不论原告或被告,都享有对等的诉讼权利,不允许一方比另一方享有优越的地位和特殊的权利,不允许有特权当事人的存在。③法律上不仅赋予双方当事人平等的诉讼权利,同时又要求法院保障诉讼当事人平等地行使诉讼权利。

2.辩论的原则。①辩论的原则即在人民法院的主持之下,当事人有权对案件的事实和争议的问题各自陈述自己的主张和根据,互相进行反驳和答辩,以维护自己的合法利益。它体现法院审判活动的民主性。②辩论原则贯穿在民事诉讼活动的全部过程中。③双方当事人进行辩论的形式主要是言辞辩论,也可以通过书面形式进行。④双方当事人进行辩论的内容既包括实体性的问题,也包括程序性的问题。⑤法院在辩论过程中不是消极旁观,而是依职权进行指挥。

3.处分原则。①处分原则就是当事人有权在法律规定的范围内处分自己的民事权利和诉讼权利。当事人的处分行为在很大程度上影响到诉讼程序的进程。②处分原则也贯穿于整个诉讼过程之中。③我国民诉法所确定的处分原则不是绝对的,是相对的、受到限制的。一方面当事人的处分行为必须在法律规定的范围内进行,另一方面处分行为不能侵犯国家、集体和他人的民事权益。所以,我国的民事处分原则又是与国家干预相结合的。所谓国家干预就是法院代表国家依法对当事人的诉讼行为进行审查和监督,法院不受当事人诉讼行为的限制。

4.着重调解的原则。①法院调解是我国民事审判工作的优良传统和成功的经验,我国法律把它固定下来并确定为一项基本原则。它是我国民诉法的一个特点,其好处是可以促使双方当事人达成协议以解决纠纷,可以简化程序,有利于纠纷迅速彻底地解决,增强人民内部团结。②此原则贯穿在审判程序的各个阶段上。③调解不能成功或调解无效的案件,应当及时判决,不能久调不决。

5.巡回审理,就地办案的原则。它也是我国民事审判工作的优良传统和成功的经验。民事诉讼法肯定这个经验,并把它确定为一项基本原则。民事诉讼法第七条规定:"人民法院审理民事案件,应当根据需要与可能,派出法庭巡回审理,就地办案。"

一〇七、什么叫级别管辖和地域管辖?

1. 管辖是在人民法院之间划分审理第一审民事案件的权限范围和分工。

2. 级别管辖是指按照法院的组织系统划分各级法院受理第一审民事案件的分工和权限,它主要是根据案件的性质和影响的范围来确定的。我国法律废除以人的身份、职务、级别作为划分级别管辖的标准,因为它违反宪法"公民在法律面前人人平等"的原则。

按照我国民事诉讼法:①基层法院原则上管辖所有第一审案件,法律另行规定的除外。②中级法院只管辖涉外案件和在本辖区有重大影响的案件。③高级法院原则上不受理第一审案件,只受理在本辖区有重大影响的案件。④最高法院在实际上是不管辖第一审案件的,但法律上规定它有权管辖的第一审案件,一个是在全国有重大影响的案件,一个是它认为应当由自己审理的案件。

3. 地域管辖是确定同级法院之间在各自的辖区以内受理第一审民事案件的分工和权限。确定地域管辖,首先按行政区来划分,还要考虑当事人和法院的关系,诉讼标的和法院的关系。所谓当事人和法院的关系,一般是被告在哪个辖区,就由那个辖区法院受理,这叫原告就被告,这种情况叫普通管辖;所谓诉讼标的和法院的关系,就是指普通管辖之外的特别管辖,如侵权行为的发生地或结果地在哪里,就由那里的法院来管辖,即诉讼标的物在哪即由那里的法院管辖。

一〇八、什么是民事诉讼中的参加人?

1. 当事人。当事人是指以自己的名义向法院提出诉讼,请求保护自己的权益的原告和被提起诉讼的被告。当事人必须具备下列条件:①必须有诉讼权利能力。②必须有诉讼行为能力,能亲自进行诉讼活动。

2. 共同诉讼人。当事人一方或双方为二人以上的诉讼,为共同的诉讼。这些当事人就叫共同诉讼人。

共同诉讼人分为两种:①必要的共同诉讼人,即当事人对诉讼标的具有共同的权利和义务,在诉讼活动中必须协调一致。②普通共同诉讼,即诉讼标的是相同的,法院又认为他们之间的诉讼是可以合并审理的。他们各人之间没有共同的利害关系,可以各行其是。

3. 诉讼中的第三人。这就是对原当事人之间争议的标的全部或一部主张独立权利。他是参加当事人已经进行的诉讼,或虽不主张独立权利,但为了保护自己的合法利益而参加当事人已进行的诉讼活动的人。因此第三人有两种,即有独立请求的第三人和无独立请求的第三人。

4. 诉讼代理人。诉讼代理人是指以被代理人的名义并为了保护被代理人的民事权益,在代理权范围内进行诉讼活动,以实现被代理人诉讼权利并承担诉讼义务的人。诉讼代理人具有以下特点:①在同一诉讼活动中只能代理当事人一方,不能同时代理双方。②诉讼代理人不是以自己的名义而是以被代理人的名义来进行活动的,但代理活动所产生的法律后果是由被代理人承受的。③民事诉讼法依照代理人产生的原因不同,把代理人分为三种:法定代理人、指定代理人、委托代理人。

一〇九、简述普通民事诉讼程序。

民事诉讼程序是指人民法院在审理民事案件的过程中,法院和一切诉讼参加人从事各种诉讼活动必须遵守的法定的顺序、形式和方法。我国的民事诉讼程序分为两个部分:审判程序和执行程序。

1. 审判程序。它又分为第一审程序、第二审程序和审判监督程序。

第一审程序是最基本、最重要的诉讼程序,它又分为三种:①普通程序,是最系统最完整的程序。②简易程序,是普通程序的简化。③特别程序,是法律对某一些类型的案件另行规定的程序。

2. 执行程序。它是解决已经发生法律效力的判决。即在当事人不自动履行的时候,由法院强制其履行的程序。

3. 此外,民事诉讼法还规定了涉外民事诉讼程序的特别规定。

一一〇、简述第一审程序。

第一阶段:起诉和受理。这是民事诉讼的开始阶段。它包括原告人的起诉和法院的受理两个方面,是两种活动的结合。关于起诉,必须具备三个条件:①原告是与本案有直接利害关系的人。②必须要有明确的被告和具体的诉讼请求及事实根据。③属于法院主管和管辖。此外,要有起诉状,也可口头起诉。

关于受理,法院接到起诉状,经过审查符合受理条件的,应当在七日以内立案,不符合受理条件的也应在七日以内通知原告说明理由,不予受理。

第二阶段:审理前的准备。这就是审判人员在受理案件之后,开庭审理之前,应当进行必要的准备。这一阶段主要解决的问题是弄清楚双方当事人的请求和答辩;收集和调查证据;通知与案件有利害关系的人参加诉讼,解决诉讼保全和先行给付,等等。

第三阶段:开庭审理。这是法院解决民事案件的重要诉讼形式。其任务是审查证据,查明案情,分清是非,正确适用法律,确认当事人之间的权利和义务,进行调解或者做出判决,以制裁民事违法行为,保护国家、集体和个人的民事权益。法庭审理又分为三个阶段:①准备阶段,任务是查明和解决案件能否进行实体审理的问题。②法庭调查,任务是审查各种证据,对案情进行直接的全面的调查。③法庭辩论,由双方当事人对案件的事实和适用法律的问题进行辩论,顺序是先原告后被告,然后相互辩论,最后审判长按原告被告的先后顺序征询双方的最后意见。法庭辩论完毕,可以再次进行调解,调解不成,由法院做出判决。法院宣判必须公开进行,如当庭宣判的要在十天以内发判决书,如定期宣判则宣判后立即发给判决书。

一一一、简述第二审程序。

关于第二审程序是上级法院对下级法院第一审案件所做的裁判在其生效以前,因当事人的上诉,对案件进行审理的程序。第二审程序是由当事人的上诉而开始的,判决上诉期是十五天,裁定上诉期是十天;上诉应通过原审法院,也可以直接向上级法院提起上诉。在我国的第二审程序当中,开庭审理是原则,不开庭审理是例外。第二审法院也可以进行调解。第二审法院对上诉案件的处理,一般有:①维持原判,驳回上诉。②依法改判。③发回重审。

一一二、简述民事诉讼中的执行程序。

民事诉讼中的执行程序,指人民法院对不履行已生效的法律文书规定的义务的人,强制他履行义务的活动。

权利人申请执行和人民法院采取执行措施的根据,叫执行根据。执行根据有:①人民法院已生效的民事判决书、裁定书、调解书。②人民法院已生效的并具有财产内容的刑事判决书、裁定书。③法院先行给付的民事裁定书。④调解和仲裁机关已生效的裁决书、调解书。⑤公证机关依法赋予强制执行效力的债权文书。⑥法院制作的承认并协助执行的外国法院判决的裁定。

申请执行需要遵守法定的期限。

执行权属于法院审判权的组成部分。具体执行工作,由执行员、书记员进行,重大执行措施,应当由司法警察参加。

执行的措施有:①提取、扣留被申请人的储蓄存款或者劳动收入。②查封、扣押、冻结、变卖被申请人的财产。③强制被申请人交付法律文书指定的财物或者票证。④强制被申请人迁出房屋或者退出土地。⑤强制执行法律文书指定的行为。⑥划拨企业事业单位、机关、团体的存款。

在执行过程中,案外人有权提出异议。执行员应对此及时审查和处理。

法院如需要有关单位或个人协助执行,必须照办。

一一三、民事诉讼中有哪些法定的强制性措施?

有拘传、训诫、责令具结悔过、罚款、拘留五种。

一一四、什么是国际法? 国际法有哪些特点?

国际法是调整国家在国际关系中的行为的规章制度和原则。

1. 国际法的主体是主权国家和国际组织,它具有享受国际法权利、承担国际法义务的能力。

2. 它调整的对象是国际关系。

3. 它的立法者是国家自己。因为国际上没有一个超国家的机关来给它立法,所以国际法的立法者是国家自己,通过国家之间的协议来制定。

4. 它的执行是由国家自身的作用来保证的。

一一五、国际法的基本原则是什么?

国际法的基本原则主要有:互相尊重国家主权及领土完整,互不侵犯,互不干涉内政,平等互利,和平共处,民族自决等。

互相尊重国家主权及领土完整是最重要的原则。国家主权是国家重要的属性,是国家固有的在国内的最高权力和在国际上的独立权力,其他国家不得进行任何形式的侵犯、干涉和限制。一国的领土完整是国家主权最主要的内容,尊重一国的主权也就必须尊重一国的领土完整。

互不侵犯是指国家在其相互关系中,不得进行侵略,不得使用武力或武力之威胁以侵犯他国的政治独立或领土完整,不得以战争作为解决国际争端的手段。

互不干涉内政是指任何国家不得为了自己的利益去干涉别国的内外事务,不准以任何手段强迫他国接受自己的意识形态或政治制度。

平等互利包括平等和互利两方面的内容。所谓平等就是国家不分大小强弱一律处于平等地位,不承认特权;所谓互利,即不能以损害或牺牲对方的利益来满足自己的要求。

民族自决原则即民族自决权,指尚未取得民族独立的国家的民族有自由决定自己的命运,摆脱殖民统治,建立民族独立国家的权利。(这个民族自决原则不是指一个独立国家的内部的民族。)

一一六、国际法主体的概念、国家的基本权利和义务是什么?

国际法主体是指国际法律关系的参加者和由此而产生的国际权利和义务的承担者。国际法的主体主要是国家和政府间的国际组织,因为只有它们才能独立地享受权利和承担义务。

国家的基本权利和义务是指由国家的主权派生出来的那些权利和义务。基本权利是国家派生出来的那些权利,基本义务是尊重别国的权利。细分起来国家的基本权利是:①国家有独立权。②国家有平等权。③国家有管辖权,包括属地优越权(即在我的领土范围内的事和人都属于我管)和属人优越权(只要是我的人,他走到哪里也属我管)。④国家有自卫权,包括整个国防建设的权利。

一一七、什么是国际法中的承认和继承?

1. 承认。

承认指承认国家通过一定方式宣告承认新产生的国家和新产生的政府的存在,从而承认其产生的政治和法律后果。承认是主权国家的单方行为,同国家间的双方行为的建交有区别。

承认的种类主要包括对国家的承认和对政府的承认。

从法律后果上,承认可分为:①法律的承认,即全面和无保留的承认。这表示自承认之日起,双方相互承担国际法的义务。②事实的承认,即暂时和局部地使被承认的国家或政府参与国际活动的过渡性的承认。

2. 继承。

继承指新、旧国家间或新、旧政府间的权利义务的继承关系。

继承的内容包括条约的继承、财产的继承、债务的继承、档案的继承等。

一一八、什么是国籍？国籍是怎样取得的？

国籍指一个人属于特定国家的国民或公民的资格（身份）。具有某国国籍，表明他受这个国家的管辖，承担其法律所规定的权利义务，他在国外时受其外交保护。国籍由一国的国内法规定。

国籍的取得有两种情况：①原始国籍，即因出生而取得的国籍。这是各国的国籍取得的主要方式。但在这方面又有不同原则的区分。一是血统主义原则。不管一个人在何国出生，其国籍都取决于父母的国籍。二是出生地主义原则。根据一个人的出生地国家来确定其国籍。三是前二者的混合原则。②继有国籍，即因入籍而取得国籍。其中包括因自愿申请、婚姻、收养等情况，而取得国籍。

一一九、我国国籍法的主要内容是什么？

1. 以血统为主、出生地为辅的原则确定国籍。

2. 不承认双重国籍。

3. 尽量减少和消除无国籍的状况。

一二〇、什么是外国人？外国人的法律地位是怎样的？

外国人即不具有所在国国籍而具有别国国籍的人。无国籍的人视为外国人。享有外交特权和豁免权的人不在对外国人的管辖的范围之内。

关于外国人的法律地位：①由于他处在双重管辖之下，具有特定的法律地位，即原则上外国人在居留国不享有政治权利，不履行政治义务，通常只能在民事权利和义务方面享有同本国人大体相同的待遇。这就是所谓"国民待遇"的原则，而任何国民待遇都是有限制的，即限制在维持其生存的最基本的方面同本国人相同，如在就业、婚姻、受教育、物质供应等方面。②还有所谓"最惠国待遇"，即所在国给予某一外国自然人或法人的待遇，不得低于它给予任何第三国自然人或法人的待遇。其实质为不得给予某一外国人以歧视性的待遇。在国际交往中，最好的待遇是国民待遇而不是最惠国待遇。

一二一、什么是庇护和引渡？

1. 庇护。

庇护指对遭受政治迫害的外国人加以保护，准其入境或居留。庇护也叫准予政治避难。

驻外国的任何机构，均没有庇护权。

国际惯例有对外国政治犯予以庇护和不引渡的原则。

2. 引渡。

引渡指国家对处于本国境内的被通缉的外国人，应其国家的请求而把他移交给那个国家审判和处罚。

引渡与否，完全属于国家主权范围内的事情。

一二二、领土的构成和国界的涵义是什么?

国家领土是指国家主权支配下的地球的特定部分。它是一个立体的概念,由陆地、水域以及它们的地下层和空中空间所组成。

国界是把一国领土同另一国领土或公海分隔开来的界线。国界有陆地边界、水上(包括海上)边界和空中边界之分。

一二三、什么是领海? 什么是领海无害通过权?

领海是沿国家海岸或内水、受国家主权支配和管辖下的一定宽度的海域。

国家主权不仅及于领海,而且及于领海的上空、海床和底土。但是,为了国际航运事业的便利,各国都允许外国非军用船舶不经批准无害通过自己的领海。所谓"无害通过",是指不损害沿海的和平、安全和良好秩序的通过,还指不造成领海的污染。我国 1958 年的领海声明指出外国军舰在我国领海不享有无害通过权。在第三次世界海洋法会议以后,1982 年我国在海洋法公约上签字时也作了声明,我们不同意外国军舰在我国领海享有无害通过权。

一二四、什么叫毗连区、专属经济区、大陆架?

1. 毗连区。

毗连区指沿海国为了特定目的,在毗连领海的公海上划出一定宽度的区域,行使某种管辖权。毗连区不包括其上空。

1982 年《海洋法公约》规定,毗连区宽度不超过从领海基线算起的 24 海里。

2. 专属经济区。

专属经济区指领海以外,邻接领海的一个区域,其宽度为从领海基线起不超过 200 海里。它含毗连区。

沿海国在专属经济区的权利,包括勘探、开发、养护、管理海床、底土及覆水的生物和非生物自然资源,以及风力、海水、海流能源等方面的活动。但在本区域内,一切国家有航海、航空和铺设海底管线的自由。

3. 大陆架。

大陆架指一国的陆地进入海中自然延伸至大陆坡为止的海床和底土。按照《海洋法公约》,大陆架的标准是:从领海基线起 200 海里,至多不超过 350 海里,或不超过连接 2500 公尺深度各点的等深线 100 海里。

沿海国对大陆架(不包括覆水)拥有排他的专属权利,对大陆架资源的利用权利即海床和底土的矿物及其他非生物资源、属于定居种生物的收益权。

一二五、略述公海的法律制度。

公海指除去各国主权管辖以外的海域。它对所有国家开放。

最基本的公海法律制度是公海自由原则。公海自由包括航行自由、上空的飞行自由、铺设海底电缆和管道自由、建造国际法允许的人工岛屿及其他设施自由、捕鱼自由、科研自由。但是,公海自由不能滥用,即不侵害别国权益、不违反国际法,而用于和平的目的。

国家对公海的管辖权包括:①保卫船舶国籍,确定悬挂本国国旗的规则。②对悬挂本国国旗的商船享有专有的管辖权。③军舰和政府船只(做出标志)的豁免权。④对于海盗、贩卖奴隶、从事非法广播或干扰广播、无国籍或悬挂外国国旗但疑为本国船只等船舰,有登临检查权。⑤对违法船只的紧追权,迫其被拿获。

一二六、空中空间的法律地位是什么？什么是国家的领空主权？

空中空间的法律地位是:根据 1944 年的芝加哥公约,"缔约各国承认每个国家对其领土上空具有完全的和排他的主权"。

国家的领空主权,表现为国家对其领空行使完全的管辖和控制。它有权禁止外国飞机进入其领空,或依一定条件准其通过。对于擅自飞越领空的外国飞机,国家有权酌情予以警告、驱逐、迫降等。对于军用飞机的侵入,除有权采取上述措施外,还有权将飞机击落并向有关国家提出抗议,要求其承担责任。

一二七、略述反"空中劫持"的国际公约的基本精神。

反"空中劫持"的国际公约有 1963 年东京公约、1970 年海牙公约和 1971 年蒙特利尔公约。

这三个公约的基本精神是:以各种手段劫持或企图劫持航空器以及损害或危及航空器安全的行为,都是犯罪行为。有关国家对罪犯有管辖权,可以把他们引渡出去,如果不引渡就必须起诉。

一二八、使馆有哪几类工作人员？使馆的职能是什么？使馆及其人员享受哪些外交特权与豁免权？

使馆人员包括:①使馆负责人有大使、公使和代办三级。②具有外交级别的工作人员有一、二、三等秘书,专员及武官等。③行政、技术人员,如翻译等。④服务人员,如炊事员、保姆等。

使馆的职能是:①代表国家和驻在国进行国际交往。②维护他的国家和公民的合法权益。③以合法手段了解所在国的情况并向国内汇报。④开展友好交往,发展经济、文化等方面的联系。

因为使馆代表国家,享有一定的尊严,同时也为了执行职务的方便,所以使馆及其人员就享有外交特权和豁免权:①使馆和档案、文件不能侵犯。②通信自由。③使节和外交人员的人身不可侵犯。④通过海关免验等。

一二九、国际条约的概念、缔结程序是什么？国际条约在什么情况下才有效？

国际条约主要是指国家之间就相互交往中的权利义务所达成的书面协议。

缔结国际条约的程序是:①谈判。即就条约所涉及的问题达成协议,起草文本。②签字。即对谈判结果的一种确认。③批准。这是国内程序,是国家有缔约权的机关对它已经签字的条约的一种确认。④交换批准书。

有的条约规定正式签字后立即生效,重要的条约签字后尚须经过批准方能生效。

一三〇、什么是条约的加入和保留？

1. 加入。

加入是指没有在多边条约和国际公约上签字的国家,事后参加该约并接受其约束的国际法行为。加入是对开放性的条约而言的。

2. 保留。

保留指一个国家在签署、批准和加入多边条约或国际公约时所作的单方面声明,目的在于排除或更改条约中若干规定对自己的法律效力。对于基本条款不能保留。

一三一、联合国的宗旨和原则是什么？联合国有哪些主要机构？

联合国的宗旨是:维护国际和平与安全,促进全世界人民经济和社会进步。

联合国本身及其成员国应遵行的原则是:①会员国主权平等。②善意履行依照宪章所承担的义务。③用和平方法解决国际争端,禁止以武力相威胁或使用武力。④对联合国依照本宪章而采取的行为,会员国应尽力予以协助。⑤保证非会员国遵行上述原则,不干涉别国内政。

联合国的主要机构是:大会、安全理事会、秘书处、经济及社会理事会、国际法院等。托管理事会现在基本上没有活动了。

五个常任理事国有否决权,即"大国一致原则"。但弃权和缺席不等于反对。

联合国机构中只有安理会享有执行权。

一三二、简述解决国际争端的方法。

1. 和平的方法。

和平的方法有两种:①政治解决方法,包括当事国直接谈判、斡旋和调停,调查委员会和和解委员会。②法律解决方法,包括仲裁和司法(国际法院)。

2. 强制的方法。

强制的方法有:①反报。②报复。③次于战争的方法。如平时封锁、武装干涉,但这是非法的。④战争。

和平解决国际争端,是现代国际法的一项重要原则。

一九八四年下半年高等教育自学考试

党政干部基础科法学概论试题
及答题参考要点试题

试题

一、名词解释(每题 4 分,共 20 分)

1. 法律规范结构的要素。

2. 法制。

3. 经济合同。

4. 夫妻共有财产。

5. 和平共处五项原则。

二、简要回答下列问题(每题 5 分,共 20 分)

1. 我国法定的刑罚有哪几类?

2. 什么是定金?它有哪些作用?

3. 什么是刑事诉讼证据?我国法定的刑事诉讼证据有哪些?

4. 怎样理解民事诉讼中的处分原则?

三、什么是法?法有哪些基本特征?(15 分)

四、为什么说中华人民共和国宪法是我国的根本法?(15 分)

五、略述犯罪构成及其共同要件。(15 分)

六、试述所有权的概念,及所有权法律关系与债权法律关系的主要区别。(15 分)

答题参考要点

一、名词解释

1. 法律规范结构的要素。

第一,假定。即适用该规范的情况和条件。

第二,处理。即该规范要求做什么和不做什么、怎样做和不怎样做的内容。

第三,制裁。即违反该规范将导致什么法律后果。

任何一个法律规范均由这三个要素所构成。

2. 法制。

法制一词有广义和狭义的两种理解：前者指国家的法律和制度的总称。后者指所有国家机关、社会团体、公职人员和公民都严格地、平等地按照法律办事。狭义的法制是近代以来才有的。

3. 经济合同。

根据中华人民共和国经济合同法第二条的规定，经济合同是法人之间为实现一定的经济目的，明确相互权利与义务关系的协议。

4. 夫妻共有财产。

根据中华人民共和国婚姻法第十三条规定，夫妻共有财产是指夫妻在婚姻关系存续期间所得的财产。

5. 和平共处五项原则。

和平共处五项原则是1954年中国、印度、缅甸所倡导，并为许多国家所接受的国际法基本原则。这五项原则是：互相尊重主权和领土完整，互不侵犯，互不干涉内政，平等互利，和平共处。

二、简要回答下列问题

1. 我国法定的刑罚有哪几类？

我国刑法规定的刑罚的种类有二：

第一，主刑。即只独立适用，而不能作为其他刑罚的附加刑适用的刑罚。它包括管制、拘役、有期徒刑、无期徒刑、死刑。

第二，附加刑。即可以独立适用，也可以附加到主刑适用的刑罚。它包括罚金、剥夺政治权利、没收财产。

对于犯罪的外国人，可以独立适用或者附加适用驱逐出境。

2. 什么是定金？它有哪些作用？

定金是指合同当事人一方为了证明合同的成立和保证合同的履行，给付对方一定数额的货币。定金是为担保主债而设立的从债。它以主债的存在为前提；随主债的转移或消灭而转移或消灭。

定金的作用主要有：（1）定金是合同成立的证明；（2）定金是合同履行的担保。中华人民共和国经济合同法第十四条规定："给付定金的一方不履行合同的，无权请求返还定金，接受定金的一方不履行合同的，应当双倍返还定金。"

3. 什么是刑事诉讼证据？我国法定的刑事诉讼证据有哪些？

证据就是证明案件真实情况的一切事实。

我国刑事诉讼法规定证据有六种：物证、书证；证人、证言；被害人陈述；被告人供述和辩解；鉴定结论；勘验、检查笔录。

4.怎样理解民事诉讼中的处分原则?

《中华人民共和国民事诉讼法(试行)》在其基本原则中规定:"民事诉讼的当事人有权在法律规定的范围内处分自己的民事权利和诉讼权利。"这就赋予民事诉讼当事人以自由处分权。

民事诉讼中的处分原则主要表现在:对民事争议,当事人既有提起诉讼的权利,也有撤回诉讼的权利;既有放弃一部分或全部民事请求的权利,也有变更诉讼请求或诉讼理由的权利。

当事人在民事诉讼中的处分权是相对的。当事人在行使处分权时,只能在法律规定的范围内进行,而不应使国家、集体或他人的合法权益受到影响或侵害。所以人民法院对民事诉讼当事人的处分权要实行监督。

三、什么是法? 法有哪些基本特征?

法是奉为法律的统治阶级意志,由国家制定或认可并依靠国家强制力保证实施的行为规范的总和,目的在于保护、巩固和发展有利于统治阶级的社会关系和社会秩序。

法的概念表示了法有如下的基本特征:

第一,法是奉为法律的统治阶级意志,即国家意志。国家意志是统治阶级共同意志的体现。它是由统治阶级的物质生活条件决定的。

第二,法是经过制定和认可的行为规范的总和。制定和认可是法律规范成立的两种情况。

第三,法依靠国家的强制力保证实施。这种强制力主要是对付被统治阶级对法的破坏,其次也惩罚统治阶级内部出现的违法行为。

第四,法要保护、巩固和发展有利于统治阶级的社会关系和社会秩序。法通过其规范来调整人们之间的关系,规定人们的权利和义务,要求人们做什么和不做什么、怎样做和不怎样做,从而把人们的行为纳入统一的法律轨道。法作为一定的社会上层建筑,归根到底是为其经济基础服务的。

任何否定法的阶级性的观点都是错误的。

四、为什么说中华人民共和国宪法是我国的根本法?

第一,宪法的内容是规定我国基本的社会制度和国家制度,调整最基本的社会关系。它与调整我国某一方面的社会关系的部门法(如刑法、民法、诉讼法等)不同。

第二,宪法只能由最高国家权力机关即全国人民代表大会,经过特殊严格的程序,进行制定和修改。按照新宪法的规定,宪法的修改,由全国人民代表大会常务委员会或者五分之一以上的全国人民代表大会代表提议,并由全国人民代表大会以全体代表三分之二以上的多数通过。而法律和其他议案,由全国人民代表大会以全体代表的过半数便可通过。

第三,宪法有最高的法律效力,是其他一切部门法的立法基础。各部门法都以宪法为根据,都是为了实现宪法的规定;如果同宪法精神相抵触,就无效。

五、略述犯罪构成及其共同要件。

犯罪构成,指刑法规定的、确定某种行为构成犯罪所必须具备的主观和客观条件的总和。

犯罪构成的共同要件:

第一,犯罪的客体,即犯罪行为所侵犯的我国刑法所保护的社会关系。这是犯罪社会危害性的根本表现。

第二,犯罪的客观要件或客观方面,即犯罪的外部状况和特征。其中包括犯罪的条件,犯罪的行为,犯罪致成的结果,犯罪行为和犯罪结果之间的因果关系。

第三,犯罪的主体,即实施犯罪、依法应负刑事责任的人。犯罪的主体必须是法律规范所要求的人,自然人,具备刑事责任年龄和刑事责任能力的人。

第四,犯罪的主观要件(方面),即犯罪人对自己行为及其危害结果所持的心理态度。这分为故意犯罪(包括直接故意犯罪和间接故意犯罪)、过失犯罪(包括疏忽大意的过失犯罪和过于自信的过失犯罪)。

犯罪的目的和动机。

六、试述所有权的概念,及所有权法律关系与债权法律关系的主要区别。

1. 所有权是指民事权利主体依法对某项财产享有占有、使用和处分的权利。占有、使用和处分构成了所有权的内容。

所有权是伴随着私有制、国家和法的出现而产生的。所有权是所有制在法律上的表现。它是确认和维护有利于统治阶级的所有制的重要的法律工具。

2. 所有权法律关系与债权法律关系的主要区别如下:

①从法律关系的主体来看,所有权法律关系的义务主体是除所有权人以外的不特定的任何人;而债权法律关系的权利主体与义务主体则都是特定的。

②从法律关系的内容来看,所有权的实现无需借助于义务主体的行为;而债权的实现在绝大多数情况下,需要借助义务主体即债务人的行为。

③从法律关系的客体来看,所有权法律关系的客体都是物;而债权法律关系的客体则可以是物,也可以是行为。